Cervantes del envés

Juan de la Cuesta Hispanic Monographs

Series: *Documentación cervantina «Tom Lathrop»*, 50

FOUNDING EDITOR
Tom Lathrop†
University of Delaware

PUBLISHER
Michael P. Bolan
University of Delaware

EDITOR
Michael J. McGrath
Georgia Southern University

EDITORIAL BOARD
Vincent Barletta
Stanford University

Annette Grant Cash
Georgia State University

David Castillo
State University of New York - Buffalo

Gwen Kirkpatrick
Georgetown University

Mark P. Del Mastro
College of Charleston

Juan F. Egea
University of Wisconsin - Madison

Sara L. Lehman
Fordham University

Mariselle Meléndez
University of Illinois at Urbana - Champaign

Eyda Merediz
University of Maryland

Dayle Seidenspinner-Núñez
University of Notre Dame

Elzbieta Sklodowska
Washington University in St. Louis

Noël Valis
Yale University

Cervantes del envés:
Personajes en busca de su autor en las *Novelas ejemplares*

por

Francisco Javier Escudero Buendía

Juan de la Cuesta
Newark, Delaware

No portion of this book may be reproduced in any form without permission from the publisher.
For permission contact: libros@juandelacuesta.com.

Copyright © 2025 by Linguatext, LLC. All rights reserved.

Juan de la Cuesta Hispanic Monographs
An imprint of Linguatext, LLC.
103 Walker Way
Newark, Delaware 19711 USA
(302) 453-8695

www.JuandelaCuesta.com

MANUFACTURED IN THE UNITED STATES OF AMERICA

ISBN: 978-1-58871-410-7

Y esto puede ir tan lejos que –como es el caso de la literatura moderna– apenas sentimos la diferencia entre esta forma referida Memorabile y la forma artística Novelle[1].

ANDRÉ JOLLES, *Las formas simples*, 1874

Hace unos años, en una conversación tras una larga y amena cena en "La Carmencita" de Madrid, Stephen Gilman resumió una parte de nuestra conversación diciendo que uno creía que: O bien la literatura era producto de la imaginación creadora, o bien se inspiraba en la vida. Conociendo su palabra como yo la conozco, no habría duda de que su respuesta favorecía a esta última[2].

JOSEPH RICAPITO, *Cervantes's* Novelas Ejemplares, 1999

Muchos chismes que se venían oyendo se podían convertir en novelas. La leyenda se transmuta en un aspecto esencial de la operación literaria de novelar. De aquí que pudiera decir con orgullo "yo soy el primero que he novelado en lengua castellana"[3].

SANTIAGO MUÑOZ MACHADO, *Cervantes*, 2022.

---

1   Jolles, 1972, p. 197.
2   Ricapito, 1999, p. 1.
3   Muñoz Machado, 2022, p. 337.

Índice

1. Metodología: Estudio preliminar 9
2. La infancia y la familia (1547): *La gitanilla* 40
3. El cautiverio: Argel (1575-1580): *El capitán cautivo* y *El amante liberal* 61
4. Extremadura (1581): *El celoso extremeño* 78
5. El ciclo toledano (1584-1587): *La ilustre fregona* 95
6. El ciclo toledano (1584-1595): *Don Quijote* 119
7. La huella jerezana. (1563-1593): *La Galatea, El gallardo español y Las dos doncellas* 144
8. Barcelona, el Cervantes más político. (1571-1610): *Las dos doncellas* 162
9. Las comisiones de abastos (1587-1594): *La señora Cornelia* 176
10. El ciclo sevillano (1597-1600): *La española inglesa* 187
11. Valladolid (1604-1606): *El coloquio de los perros* 206
12. Cervantes a través de la mirada de sus personajes 225

BIBLIOGRAFÍA 231

FUENTES DOCUMENTALES 255

1
Metodología:
Estudio preliminar

1.1 Introducción

EN EL AÑO 2020 presentaba definitivamente mi tesis doctoral sobre los personajes históricos en *El Quijote*, después de años de recorrer los archivos españoles, miles de documentos revisados y con una pregunta que seguía latiendo sin respuesta. Todavía me ruborizaba entonces y lo sigo haciendo ahora. ¿Cuál es el origen del *Quijote*? Supongo que no me debería sentir tan culpable, cuando algo parecido se cuestionó Riley:

> Un viejo hidalgo se vuelve loco de tanto leer romances de caballerías, acaba creyendo que son reales y se le mete en la cabeza la idea de convertirse en un caballero errante para enderezar entuertos y emprender aventuras, como si el mundo fuera uno de sus libros de caballerías.
> Es difícil hallar una idea para una historia que se salga más de lo corriente, sea más sencilla y esté más llena de potencial. ¡Cuánto nos gustaría saber cómo se le ocurrió a Cervantes![1]

Sí, es cierto, me subyugaban las ideas de Millé y Giménez (1930)[2], rescatadas más recientemente por Antonio Rey Hazas y que su fuente originaria principal es literaria—el "Entremés de los romances"—[3], y que la escogió porque es una crítica a Lope de Vega[4]. Pero eso no explicaba por qué el personaje principal se llamaba Alonso Quijada o el entorno geográfico era La Mancha,

---

1 Riley, 1984, pp. 37-51.
2 Millé y Giménez, 1930.
3 Rey Hazas, Campa, 2006.
4 Rey Hazas, 2005.

cosas que no estaban en los libros de caballerías ni en los romances y que más bien parecían haber salido de la pura realidad. Tampoco el porqué de cada paso, de cada línea, de cada nombre. Sé que hoy por hoy son preguntas retóricas. No conocemos suficientemente la biografía de Cervantes como para poder ni siquiera acercarnos a contestarlas, pero al menos habría que estudiar técnicas para intentarlo.

Para este propósito no me servían la mayor parte de los estudios sobre el tema; están como ya dijo Ortega y Gasset, revisitado por Barbagallo, volcados sobre el "cómo" se escribió, pero no atienden a los objetos, a los personajes, en definitiva:

> Por otra parte, en la novela nos interesa la descripción, precisamente porque, en rigor, no nos interesa lo descrito. Desatendemos a los objetos que se nos ponen delante para atender a la manera como nos son presentados. Ni Sancho, ni el cura, ni el barbero, ni el caballero del Verde Gabán, ni madame Bovary, ni su marido, ni el majadero de Homais son interesantes. No daríamos dos reales por verlos a ellos. En cambio, nos desprenderíamos de un reino en pago a la fruición de verlos captados dentro de los dos libros famosos[5].

Me refiero a que la erudición de la crítica cervantista es tal, convertida ya en una especialidad autónoma por sí misma, que es una ciencia muy asentada con sus propios temas preferentes y tópicos. Si alguien me dice que se lee todo lo que se publica anualmente en el tema, con varias revistas y colecciones específicas en diversas editoriales, en varios países, está mintiendo. En alguna parte habíamos perdido todos los que formamos parte de este embrollo lo más sencillo, el origen, de dónde surgió todo.

Yo quería y quiero, por el momento, mantener la visión del niño del cuento del "Traje nuevo del emperador"[6], acercarme con esa inocencia que conforme iba leyendo, más y más iba perdiendo. Antes de olvidarla del todo, quería echar un vistazo hacia atrás y estudiar a Cervantes como un lector primerizo cualquiera.

Y para eso me di cuenta de que debía aproximarme al resto de su narrativa, sobre todo su novelística, mas no con los fundamentos de la novela barroca aprendidos de memoria, ni los libros de Riley, Ricapito o El Saffar

---

5   Barbagallo, 1995, p. 46.
6   Miguel de Cervantes lo conocía y le encantaba, pues es la base de su entremés "*El retablo de las maravillas*". Taylor, 1927, pp. 17-27.

debajo del brazo⁷. Debería ser algo mucho más sencillo. Quería desnudar estas novelas, en sus elementos más básicos, es más, tratarlas como si fueran una narración cualquiera, una conversación de esquina, de barrio y dejarlas en su esqueleto: Personajes, argumento y contexto⁸.

Tomé estos elementos en las *Novelas ejemplares*, los separé uno a uno. Anoté nombres sin cortapisas intelectuales, abiertamente, planteándome si podían ser históricos o no y si había alguna relación con Cervantes. Fui a los archivos por mí mismo, pedí cientos de documentos, miles de folios, consulté a mis compañeros archiveros y el portal PARES del Ministerio de Cultura de España. Tampoco confié en interpretaciones pasadas de los llamados "modelos vivos" y otras similares, pues no por nada a veces eran hipótesis que tenían más de cien años, cuando los ordenadores e internet eran una entelequia.

Y finalmente me pregunté por qué estaba ahí cada uno de ellos, cuál era su función en la narración, qué tenían en común unos con otros, qué era lo que buscaba el autor en su plan de obra poniendo uno aquí y no allá. Busqué a un Cervantes ordenado, coherente. Luego seguí por las tramas, y me interrogué también qué hacían allí y cómo interaccionaban unas con otras... Y entonces todo empezó a cambiar y las interpretaciones que había leído hasta entonces se me quedaban cortas, no era lo que me encontraba paso a paso.

Me interrogué por qué en *La gitanilla* comienza la narración en Madrid y acaba en Murcia; por qué aparece un Diego de Carriazo en la *Ilustre fregona* en Toledo, cuando el autor dice que es de Burgos; por qué aparece Alonso Quijada, el nombre real del casero de Cervantes en Toledo en un libro que habla de La Mancha. Tantos porqués sin respuesta que atestaban de artículos y de imágenes mis ordenadores, como poco sesenta personajes y no menos de diez o doce tramas superpuestas por novela que buscaban desesperadamente la explicación de su origen más allá de las lecturas de su autor.

La bibliografía y la crítica me repiten insistentemente que no me cuestione estas cosas, que todo está inventado, que todo es ficción, comenzando por los personajes y terminando por La Mancha. Y es cierto, todo depende del cristal como se mire, como bien dice Javier Blasco, ni siquiera la llamada y vendida narración histórica es realidad, sino un discurso sobre ella sin ninguna prueba de verdad. Por eso Cervantes se ríe del canónigo del *Quijote* cuando vende las crónicas de los héroes como historia, estando llenas de fal-

---

7   Riley, 1966.
8   Cristina Alonso habla de cinco elementos; otros hablan de seis y de muchos más: La acción, el punto de vista, los personajes, el espacio, el tiempo: Alonso Lafuente, 2002, pp. 93-107.

sedades y exageraciones: Son tan ficción como los libros de caballerías que el cura Pedro Pérez rechazó precisamente por eso.

Pero el archivero e historiador comprueba todo, sin cortapisas y va a los archivos y encuentra todos estos personajes en la época y en el contexto que dice Cervantes que deben estar, es más, hasta alguna de estas historias asociadas a personas que se llamaban como las denomina el poeta y hasta algunas de ellas los documentos dicen que estaban en su cercanía física.

Entonces volviendo la vista atrás, cuando se dice que estas historias y personas no son fuentes, que sus actos no coinciden suficientemente con la ficción, de nuevo creo que estamos hablando de cuestiones diferentes. Desde el punto de vista del documentalista que tiene el papel antiguo en la mano, esa persona existió y esa historia ocurrió; puede que a la vez, puede que en momentos diferentes. Problema distinto es si podemos demostrar que las conoció sin ningún género de duda y cómo las utiliza.

Por poner un ejemplo. Yo tomo un retrato de Picasso de Marie Thérese Walter, y me fijo en la fotografía de la modelo. Ya no es que me plantee la ontología del retrato, que, aunque fuera hiperrealista nunca sería ni la persona, ni siquiera una representación cercana, sino la interpretación que de ella hace el artista. No vamos a llegar a eso. Quedémonos en lo sencillo, en lo llano. Tomo el óleo cubista y la mujer y los pongo uno enfrente de otro, y obviamente no se parecen en nada, y entonces digo: No hay modelo, porque podría ser ella o el gallo de Orbaneja, el pintor de Úbeda (*Don Quijote* II, LXXI): a pesar de que el título de la pintura, es decir su nombre, es "retrato de Thérese".

Flaco favor le hacemos al autor pensando así, porque esa es su interpretación de "Therese", porque él la ve así. Debemos aceptar que si la modelo hubiera sido otra, también lo hubiera sido el retrato. Las similitudes en nombres y tramas que encontramos, muchas, pocas o circunstanciales no deberían atribuirse siempre al azar. Por mucho que creamos no hay "Quijadas en todas partes". Después de treinta años trabajando e investigando en los archivos uno aprende que lo que no existe, no se puede inventar, y que si buscas personas, apellidos y sucesos en un entorno erróneo, no aparecerá ninguno.

El cálculo de probabilidades nos cuenta que si lo hacen en un número tan alto como en la narrativa cervantina es que no es una casualidad y que es más probable que sea una técnica literaria y de trabajo. Que seamos incapaces de encontrar un precedente histórico en algunos casos, que haya nombres burlescos inventados, no implica por definición que todos los sean.

Que cambie, interprete, adapte, modifique y ficcionalice aspectos de la historia fuente y de su modelos no significa que borremos y descartemos por completo este antecedente. Ni que por el hecho de ser acontecimientos históricos les exijamos que rebasen un listón de intertextualidad que no pedimos para otro tipo de opciones. Nuestro trabajo debería ser entender qué se nos está contando así, no ser tan estrictos que pidamos al artista que sea completamente fiel al original. Simplemente por definición estamos hablando de literatura, no de historia.

Admitir que existe ese recurso, conocerlo y su influencia, más pequeña o más grande, nos abrirá un campo insospechado para entender el oficio, la personalidad del autor y en muchos casos hasta la propia narración—los personajes, el argumento y la geografía—. Sin esos antecedentes no se comprende en toda su plenitud, al menos para un aprendiz de historiador como es mi caso. Además, las fuentes folklóricas y contemporáneas del autor ofrecen una visión amplia, entendible e integradora de su narrativa que no aportan otras.

Luego ya vendrá el momento en que lo categoricemos todo, si lo consideramos historia o novela, si es más ficción o realidad, si son modelos vivos o ucrónicos. Dejemos esto para después. Afortunadamente muchos eruditos ya lo hacen; otros, por el contrario, niegan la mayor y rechazan el recurso por defecto de forma sin entrar a conocer el fondo del asunto.

1.2 Los personajes

Los modelos vivos: La propuesta de investigar las fuentes históricas de los personajes cervantinos y su relación con el autor no es ni mucho menos nueva. De hecho, tiene una tradición tal, que durante décadas fue el principal campo de batalla del cervantismo. Se la denominó teoría de los "modelos vivos". Según ella muchos personajes y temas de la narrativa cervantina se basaban en personas reales, que los cervantistas decimonónicos buscaron con ahínco en los archivos[9]. La crítica actual lo considera un tema agotado[10], y hasta secundario, pues como dice Isabel Lozano-Renieblas, es una realidad "el escaso interés que la materia histórica despierta en los estudios cervantinos contemporáneos, más orientados hacia el culturalismo"[11].

Se ha considerado tradicionalmente que se cometieron graves excesos a la hora de identificar personas reales con personajes de ficción en la narrativa cervantina, creemos que sobre todo por el exagerado número de personajes que se planteaban. Si es por esta cuestión exclusivamente, creo que es todo lo contrario, que los cervantistas decimonónicos se quedaron desde luego muy cortos en este tema. Entramos en aguas procelosas.

---

9   García López, 1999a, pp. 185-192.
10 En la última biografía de Miguel de Cervantes, esta teoría ocupa tres párrafos de un volumen de más de 800 páginas: Muñoz Machado, 2022, p. 324.
11 Lozano-Renieblas, 2013, p. 48.

Cuando comencé a leer sus textos, vi cómo se emocionaban y los autores solazándose y regodeándose en su victoria repetían una y otra vez cómo el realismo en Cervantes era apabullante porque habían encontrado que el Alférez Campuzano (*El casamiento engañoso*), Loaysa (*El celoso extremeño*), Diego de Carriazo y Juan de Avendaño (*La ilustre fregona*) y Tomás Rodaja (*El licenciado Vidriera*) eran personajes reales[12]. Es decir, cuatro, diez personajes a lo sumo de un total quizás de un centenar. ¿Y eso es demostrar el realismo en Cervantes? La ingenuidad de estos pobres eruditos me conmueve aún hoy día. Su investigación estaba en pañales: Es lo que ve un archivero un siglo después.

De hecho, en esta breve relación aparece el primer problema que creo más relevante que el número de identificaciones y es el error en estas. Como podremos ver en este presente estudio, los personajes históricos que con orgullo presentaban en el siglo XIX como los más probables, en realidad son los más complicados: El Alférez Campuzano, identificado tradicionalmente, no tiene una relación clara con Cervantes; el Diego de Carriazo, estudiante de Salamanca, no es el cervantino; y el Licenciado Vidriera, desde el punto de vista histórico y geográfico, no hay por donde cogerlo. Empezaron la casa por el tejado, sin saberlo, desechando otros mucho más sencillos.

Creo que esta hipótesis necesita una serie de requisitos que no cumplieron por la escasez de medios de la época, máxime con los recelos que siempre ha provocado. Como hemos dicho, lo primero que tiene que existir es una identificación lo más fundamentada posible, y para ello tenemos que contar con varios de los cuatro requisitos mínimos sin los cuales debemos rechazarla de plano: (1) En los personajes debemos buscar homonimia entre ambos mundos[13], (2) si es posible similitud entre la biografía del personaje real y relato de ficción, (3) en los argumentos coincidencia temporal y geográfica entre datos históricos y novelados, (4) y aún más importante la cercanía de-

---

12   "¿Qué duda puede haber de que Cervantes, como hizo en otro episodio de *El amante liberal* y en algunos de *La Galatea*, mezcló sucesos de su propia vida en la dramática relación de Viedma? El mismo procedimiento siguió con otras personas, a quienes hubo de conocer y cuyo carácter y sucesos llamaron su atención. Su alférez Campuzano de la novela ejemplar *El casamiento engañoso* fue realmente el alférez don Alfonso Campuzano que conoció por 1587 y 1588. El Isunza y el Gamboa de *La señora Cornelia* fueron amigos de Cervantes con esos mismos nombres y lo propio don Juan de Avendaño, a quien menciona en *La ilustre fregona*". Armas, 1905, p. 8.

13   No ayuda, por ejemplo, como hizo Fernández de Navarrete, identificar a los personajes del *Coloquio de los Perros* con eruditos de la época sin que Cervantes ni siquiera dijera sus nombres. Fernández de Navarrete, 1819, pp. 132-133.

mostrable de ambos con Cervantes, es decir intentar explicar cómo pudo conocerlos y el sentido de su inclusión en el relato.

En este estudio hemos intentado respetar estos asertos hasta donde nos ha sido posible, los archivos, el tiempo y nuestros conocimientos nos han permitido. Esto también lo pediría de las fuentes literarias. No daría por hecho que nuestro escritor pudiera tener un acceso más fácil a un libro que a un dicho popular, simplemente porque esté publicado. Probablemente sea al contrario.

Una vez terminada esta primera fase, desde luego hay que plantear algo que le faltó a este grupo de propuestas, que es una teoría global. Fundamentar el realismo de Cervantes en cuatro o diez datos sueltos es la mejor forma de comprar un billete al fracaso. En los estertores de la teoría, cada vez que vuelvo a leer la monumental biografía de Cervantes de Luis Astrana Marín en siete volúmenes (1948), me pregunto cómo no intentó separar vida del autor, que era en teoría su objetivo, del estudio de la obra, sus protagonistas y sus antecedentes: Los argumentos sobre personajes reales se diluyen en una maraña de documentos y datos que no hay forma de seguir, ni de sistematizar[14]. Este libro nunca se llegó a escribir.

Tampoco apoya a esta visión las polémicas por la identificación de un único personaje y máxime si es un secundario cualquiera, dando la impresión de excepcionalidad del fenómeno[15]. Nosotros hemos evitado el debate trasladándolo a otro terreno, dándole otra dimensión. La única forma, si es que la hay, de vencer el escepticismo es ofrecer un grupo amplio y compacto de argumentos, un bloque donde no importa que un secundario sea éste o aquél, que haya dos o tres errores de asignación, incluso que éstos sean un moderado tanto por ciento; es una grieta que no afectaría al total. Nuestro objetivo es acercarnos a demostrar que es una técnica literaria del poeta que aplicaba casi siempre en su narrativa y no algo ocasional o puntual: En definitiva, entender a Cervantes.

Personajes históricos en las *Novelas ejemplares*: Todo este discurso viene a colación de lo siguiente. Es una relación, no exhaustiva, de los personajes que de una forma u otra vamos a tratar en las dos partes de que se va a componer este estudio. Son unos sesenta, aproximadamente. De facto, la mayor parte de los personajes principales y un buen número de los secundarios, que en la ficción aparecen descritos con nombre y/o apellido, pensamos que tienen

---

14   Tanto es así que Emerson tuvo que realizar un índice que es como el octavo volumen de la colección. Emerson, 1978.
15   Asensio, 1903, pp. 442-445; Lozano-Renieblas, 2013, pp. 43-57.

referentes con personas reales. Somos conscientes de que esta afirmación en este momento es otro anatema más.

Ahora sólo nos interesa el concepto, y es entender que Cervantes adapta literatura, mitos, leyendas y cuentos tradicionales (*La ilustre fregona*, *El celoso extremeño*), añadiendo en la mayoría de los casos nombres de personajes históricos que conoce, de oídas o personalmente. A veces esto no es posible porque son incluso de un siglo anterior. No es algo aislado, ni ocasional. El número definitivo será mayor y podríamos cerrarlo en un futuro "diccionario de personajes históricos" que incluiría a cerca de doscientas cincuenta propuestas.

Actualizar el mito; la técnica de inserción de los personajes históricos en las tramas: La técnica concreta que utiliza es superponer los diversos elementos que van a constituir el relato en vertical, en niveles longitudinales. Escoge una narración tradicional, de forma oral o por influencia de algún otro escritor más o menos contemporáneo que la ha tratado, y busca un suceso similar más reciente de su entorno que le han contado de forma verbal que será su versión personal del cuento y la que nos llegará. El comportamiento de las personas es previsible, la historia es cíclica y se repite constantemente.

La *Cenicienta* estará situada en el Toledo que tan bien conoce y se sumará al mito fundacional presente de la familia Carriazo de Esquivias (1505), el *viejo celoso* será extremeño y transmutará unido al deleznable comportamiento de Sancho de Paredes (1518), el cuento de los dos amigos se fundirá con la muerte de la amistad de los Adorno y Villavicencio de Jerez (1563), etc. Esto es lo que llamamos *actualizar* el mito. No sucederá en todas las novelas ejemplares, pero sí en las más arraigadas en la tradición.

Sobre ella superpone personajes principales que corresponden a personas reales que según el momento y la circunstancia son conocidos por todos, o anónimos de su entorno más cercano. Salvo casos muy excepcionales, estos últimos no han protagonizado los hechos que se les atribuyen en la ficción. Por eso fracasaron los intentos de identificación de los teóricos de los "modelos vivos". Pero eso no significa que, por separado, no sean elementos verídicos.

Este bloque unido, a su vez se suele superponer sobre un entorno geográfico que nada tiene que ver ni con los personajes protagonistas, ni con el origen de la historia, y a su vez aporta una serie de personajes secundarios que son propios de esta geografía, también reales, pero que cuyo nexo con los anteriores es solamente la cercanía del autor. Pertenecen a otro contexto histórico y temporal. Por esto también buscar relaciones entre ellos saltando de un nivel a otro remite al fracaso.

La identificación entre realidad y ficción: En este contexto, los problemas con la identificación han sido, obviamente, importantes. En primer lugar, hay novelas (*La fuerza de la sangre*; *El licenciado Vidriera*), donde la opción del autor de inventarse el nombre y/o no ofrecer una época o geografía concretas, nos ha casi impedido por completo aproximarnos más a una identificación positiva. No es que no la tengamos, es que es dudosa hasta para nosotros. En otros casos no existe un nexo claro con el escritor (*El casamiento engañoso*). Después el acercamiento en muchos casos puede entenderse parcial: No puede ser de otro modo, porque el poeta cambia muchas veces los nombres propios, no así los apellidos, y la prudencia nos ha hecho limitarnos a describir un posible linaje de origen y no a un personaje concreto del mismo (principales: *El celoso extremeño*, *El casamiento engañoso*, *La ilustre fregona*, *El licenciado Vidriera*, mercaderes italianos diversos, secundarios).

El personaje ucrónico: Luego estaría el tema de la función que toman en la novela; no son lo que entendemos «modelos vivos», salvo en casos aislados, como veremos. Frecuentemente estamos hablando de nombres históricos, al estilo de lo que denominaba Isabel Lozano en El Persiles[16]. Pero nos alejamos en cierto modo de su concepción para abrazar algo más el historicismo. Cumplen un papel fundamental en la ficción en relación a otros elementos como el título, la trama y a la geografía, algunas de ellas estando incluso vivas cuando se redacta la novela.

Nos hemos planteado crear una nueva categoría llamada «personaje ucrónico», que es aquella inclusión de un personaje histórico en un contexto y realizando unos actos, repetimos de nuevo, que pocas veces en vida protagonizó personalmente por él mismo, puesto que suelen tratarse de facecias populares y orales, cuentos folklóricos o leyendas tradicionales.

¿Esto significa que descartemos por ello que esta mención se refiere a esa persona en concreto y no a cualquier otra? Para nosotros, como explicamos por extenso, esto no excluye en ningún caso que se pueda tratar de una mención expresa y directa a esos individuos que realmente existieron en el entorno del escritor. Un listado provisional y no exhaustivo podría ser:

---

16   Lozano-Renieblas, 1998, pp. 46, 177.

La gitanilla: María Cabrera, Teresa de Figueroa, Juan de Vera, Alonso de Cárcamo. Secundarios: Escudero Contreras, Gorrero Triguillos, Juana Carducha, Licenciado Pozo.

El celoso extremeño: Principal: Filipo de Carrizales, Sancho de Paredes. Secundarios: Loaysa.

El casamiento engañoso: Principales: Alférez Campuzano, Capitán Pedro de Herrera, Licenciado Peralta. Secundarios: Clementa Bueso.

La ilustre fregona: Principales: Diego de Carriazo, Juan de Avendaño. Secundarios: Alonso Genís y Ribera, El Conde de Puñonrostro, La Argüello, el doctor de la Fuente.

La fuerza de la sangre: Luis de Salazar y Rojas.

La señora Cornelia: Principales: Juan de Gamboa, Antonio de Isunza, Bentibollas, Alfonso d'Este. Secundarios: Crivelos de Milán, paje Santistéban.

La española inglesa: María Núñez, el Conde de Leste, Walter Raleigh, Thomas Tresham, La reina Isabel. Secundarios: Guy de Lansac, Arnauté Mamí, Roqui florentín, Conde Ernesto de Mansfeld, Hernando de Cifuentes.

Las dos doncellas: Principales: Villavicencio, Adorno. Secundarios: Calvete, Sancho de Cardona, Pedro Vique, Granolleques, Francisco de Lemos.

El coloquio de los perros. Principal: Luis de Mahudes. Secundarios: Nicolás "el Romo"; Nuflo de Colindres, Monipodio, el Asistente Sarmiento de Valladares, Piedehierro, el bachiller Pasillas, la Camacha, la Montilla, la Cañizares, Angulo "el malo" (+).

El licenciado Vidriera: Tomás de Rueda, Diego de Valdivia.

Rinconete y Cortadillo: Pedro del Rincón. Secundario: Monipodio.

A veces veremos cómo hablamos de los personajes principales como tramas elípticas en sí mismas; solamente cuando completamos una identificación aproximada y estudiamos la biografía de la persona histórica, entendemos su función en el texto, que hasta entonces está oculta al lector extemporáneo. Esto suena a una sentencia de Imperiale[17]:

> Todo lector del *Quijote* ha experimentado aquella extraña sensación de enfrentarse a un texto que nunca «dice» lo que uno lee a primera vista

---

17   Imperiale, 2008, p. 631.

porque la palabra se retracta constantemente para revolverse, embarullarse, camuflarse, enturbiarse y enredarse, desprendiéndose así de un sentido inicial que estábamos a punto de captar. Aquella inestabilidad de un texto literalmente vivo puede explicar su resistencia ante toda empresa de lectura dogmática o doctrinal.

En realidad, puede que estemos apostando en el mismo juego que criticó Gabriel García Márquez en tono de burla cuando decía que su profesor "era un cervantista de pacotilla que ve significados ocultos en todas partes"[18]. Si pensamos que no lo hacemos solamente es porque no es una hipótesis intertextual al uso. Tenemos en realismo y los documentos detrás de cada afirmación.

El realismo en el cervantismo: Mi condición de jurista me dicta saber cuándo estoy cerca de ganar un debate o mis argumentos son brindis al Sol para ganar tiempo. Y sé que el recelo en este caso no es siempre por una cuestión de fondo —no existe el realismo en Cervantes—, sino que se debe a veces a prejuicios y otras a falta de investigación. Cuando las circunstancias se muestran favorables, el cervantismo no tiene reparos en aceptar en ciertos casos los personajes históricos.

Por ejemplo, en el caso de *La Galatea* cuando se trata de poetas conocidos de la época desde la edición de Rodolfo Schevill y Adolfo Bonilla (1914) —y eso que Cervantes oculta hábilmente sus nombres—[19], en *Las dos doncellas* y *El Quijote* para los personajes aragoneses y catalanes[20], y en el global de la narrativa cervantina cuando hablamos de autobiografía —básicamente el cautiverio (*El capitán cautivo*, teatro de Berbería)—, o son las pocas novelas con escenarios internacionales —Portugal en *El Persiles*[21], en Italia (*La señora Cornelia*) (*El amante liberal*)[22], Inglaterra (*La española inglesa*)—. No hay más remedio, son personas tan importantes y conocidas en las crónicas de la época que no puede negarse que existieron y tenemos que darles su espacio. También habría que plantearse que, en correspondencia ecuánime, las anó-

---

18 Iglesias, 2007, p. 90.
19 "Por otro lado, algunos de los personajes del libro han sido identificados con poetas conocidos; Tirsi podría ser Francisco de Figueroa, Damón, Pedro Láynez, Meliso, Diego Hurtado de Mendoza. etc., incluso Lauso podría ser Cervantes": Colón, 1996, p. 82.
20 Roig, 1994, pp. 535-546.
21 Vargas, 2019, pp. 85-119.
22 Pini, 2017, pp. 121-138.

nimas también podrían ser reales[23], pero que, por razones obvias, son más difíciles de localizar e identificar.

1.3 Tipos de personajes históricos

Se pueden utilizar decenas de criterios para realizar una clasificación como ésta. Podríamos organizarlos por su importancia en el texto (principales y secundarios), por nacionalidades, por oficios, es decir, siguiendo lo convencional. No nos aportaría suficiente información sobre lo peculiar que es Cervantes al escoger protagonistas. Como este estudio atiende a lo sobrevenido, al igual que con las tramas, estaremos más pendientes de lo que nos cuenta el contenido de los descubrimientos documentales, es decir a los caracteres y biografía de los personajes históricos que hemos estudiado. Vamos a decir los *leitmotiv* de Cervantes más sorprendentes que nos hemos encontrado:

El grupo de los caballeros e hidalgos falsos: «El azote de los caballeros». Frente a la idea generalizada de la crítica tradicional de que Cervantes es un autor de arquetipos populares y de ventas, también una rémora del *Quijote*, en realidad si nos atenemos a los personajes principales en el global de su novelística esto no es así.

Es cierto que varias de las *Novelas ejemplares* se consideran genológicamente *picaresca* (principalmente *Rinconete y Cortadillo* y *El coloquio de los perros*, etc.)[24], pero son muchas más las que tienen como protagonistas a caballeros, antihéroes con los que se divierte Cervantes siendo su azote paródico (*Don Quijote*, *La ilustre fregona*, *La señora Cornelia*, *El celoso extremeño*, etc.)[25]. Y lo decimos porque el estudio de la biografía los pajes—trabajo de Cervantes en Italia—y mozos de mulas también existen, pero las más de las veces en esta colección son secundarios, el contrapunto gracioso y picaresco a veces.

Personajes de «frontera»: Llamamos así a estos personajes que por su periplo vital pudieron llamar la atención del novelista:

- El grupo de los «fracasados». Cervantes da una segunda vida a varios personajes dándoles hijos y descendencia cuando no la tuvieron, para

---

23   El profesor Martín Morán tiene actualmente un proyecto para su estudio. Martín Morán, 2022, pp. 239-254. Martín Morán, 2019, pp. 211-220.
24   García López, 1999b, pp. 113-124.
25   Escudero, 2022b.

no perder sus posesiones: Alfonso d'Este (*La señora Cornelia*), el conde Domicio, el duque de Nemours (*Los trabajos de Persiles y Sigismunda*).

- El grupo de los «traidores». Concentrados sobre todo en dos novelas (*Las dos doncellas*, *La española inglesa*), cambian por completo el sentido de las mismas, consideradas a veces inverosímiles o pseudohistoria, con esta interpretación adquieren otro valor.

Los mercaderes y banqueros: Principal, aunque no exclusivamente italianos. Cervantes retrata al perro Cipión diciéndole a Berganza como en Sevilla y otras ciudades andaluzas los mercaderes están pasando a la nobleza simplemente por orgullo y dinero (*El coloquio de los perros*). Es obvio que es un tema que le interesaba sobremanera, y es hasta básico en ciclos como el que hemos llamado "la huella jerezana".

Si pudiéramos proponer un símil contemporáneo, este es el ejemplo de aquellos directores que salen fugazmente en todas sus películas (Alfred Hitchcock, M. Night Shyamalan, Tarantino, o el hombre del sombrero de David Lynch). Miguel de Cervantes siempre incluye en sus novelas una referencia a un mercader o banquero, principalmente italiano, y este leitmotiv o técnica literaria se aplica también a *El Quijote*: Vivaldo (*Don Quijote*), Rótulo (*El amante liberal*), mercader rico innominado (*El coloquio de los perros*), Roqui, Herver y Cifuentes sevillanos (*La española inglesa*), Adorno (*Las dos doncellas*). En un momento determinado se puede convertir en un juego intentar localizar a este banquero o prestamista que desconocíamos porque no hemos hecho ni identificación, ni biografías correctas (por ejemplo, Hernando de Cifuentes en *La española inglesa*).

Autobiográficos: Todos los del cautiverio (*El amante liberal*, *La española inglesa*, etc.)
Historias de mujeres: Otro aspecto que destaca sobremanera es la gran cantidad de historias de mujeres con las que trata este escritor. En este tema siempre se acude a Dulcinea, a la pastora Marcela, o a Dorotea, en el omnipresente Quijote y a los argumentos inventados (*Don Quijote* I, XIII) [26]. Sin embargo, en una mirada más amplia en las *Novelas ejemplares* no solamente las protagonistas, no solamente los nombres, sino las tramas de personas históricas que afloran y que no se suelen tener en cuenta: María Núñez y Luisa de Carvajal (*La española inglesa*, 1597), María Cabrera y Teresa de Figueroa (*La gitanilla*, 1488-1595), Victoria Sultana (*El capitán cautivo*, 1595), Julia

---

26   Rubio, 2005.

Gonzaga y Cristina de Castro (*El amante liberal*), las antiheroínas (*Las dos doncellas, La fuerza de la sangre*), y eso sin contar los roles secundarios. De tal modo que se puede sostener que en las *Novelas Ejemplares* a Cervantes le interesan sobremanera las historias reales de mujeres de su época que ven coartada su libertad y que se empoderan, se enfrentan a la sociedad y a su destino marcado y luchan por recuperarla, incluso con métodos detectivescos (*La fuerza de la sangre*).

Por geografías y ciclos: Este es el criterio definitivo que hemos escogido para incluir la biografía de los personajes históricos. Se basa en el origen geográfico o en la relación personal con Cervantes, no en la novela en que acabaron retratados. Por ejemplo, en el llamado *Ciclo Toledano* podemos incluir a personajes tan variopintos como Alonso de Cárcamo (*La gitanilla*) o Pedro del Rincón (*Rinconete y Cortadillo*), que están superpuestos en entornos que no les corresponden. Otro ejemplo muy claro es el de las *comisiones de abastos*, donde hemos incluido a Juan de Gamboa y a Pedro de Isunza (*La señora Cornelia*) o a Deifebo Roqui (*La española inglesa*), Cornelio Rótulo (*El amante liberal*) puesto que entendemos que tuvo contacto con ellos o sus descendientes en sus comisiones andaluzas y en su paso por La Mancha del Campo de Calatrava.

1.4 LAS TRAMAS

Cuando comenzamos a estudiar las tramas cervantinas en las *Novelas ejemplares* y sus fuentes nos encontramos de inmediato con un grave problema. Muchos autores, tanto clásicos como más recientes, hablan genéricamente de "antecedentes", ya sea literarios, históricos o de cualquier clase, de la novela tal o cual. Entonces lees un artículo posterior y dice que no, que la fuente principal es otra, y así sucesivamente. Hasta a mí me ha tocado alguna reprimenda en algún congreso porque estaba hablando de fuentes de un personaje y entendieron que lo estaba haciendo de la trama de la novela.

1.5 CONCEPTO DE ESTRUCTURA TEMÁTICA

Entonces fui consciente de que antes de poder hablar de fuentes de cada una de las historias, teníamos primero que establecer cuáles eran estas, porque los argumentos se suceden de forma escalonada unos a otros (transversal), y otras veces superpuestos en niveles o estratos (longitudinal). Es decir, antes de empezar tenemos que estudiar cada una de las novelas dividiendo primero sus tramas por bloques en algo que hemos llamado "estructura temática".

Según hemos podido ver un número adecuado de estos sería unos cinco por novela. Aunque esto es algo extraordinariamente convencional, y ante el hecho de que nunca nos pondríamos de acuerdo sobre cuáles serían, ni su número, nos sirve como simple base o punto de partida indispensable para poder seguir avanzando[27].

Nosotros más o menos podemos decir que tendríamos habitualmente (1) un bloque presentación de los personajes principales; (2) el segundo sería un momento data donde la vida de los protagonistas da un giro, (3) después lo que se ha venido en llamar "peripecia" o pruebas del héroe para conseguir su objetivo, donde hay varios puntos crisis donde incluso llega a temer por su vida; (4) la anagnórisis final y (5) por último un final de novela donde suele haber una moraleja y se insiste en la veracidad de todo lo contado. A su vez dentro de cada uno de ellos debemos establecer una jerarquía en forma de árbol de tramas y subtramas, principales y subsidiarias.

No podemos ocultar que esta forma de narrar es propia de una fábula o cuento folclórico, y la influencia de este mundo oral que proponemos no sólo se limita a las pretendidas fuentes de sus argumentos. No debemos olvidar que siempre partiendo de un punto de vista irónico. Los personajes serán antihéroes y antiheroínas—léase don Quijote—que, bebiendo de la realidad, no son caballeros y damas con relucientes armaduras: Tienen sus luces y sus sombras.

Una vez que tengamos más o menos precisadas, aproximadamente, lo que consideramos historias, e identificados personajes, ahora sí que podemos proponer antecedentes, es decir, de dónde creemos que procede tal o cual sentencia. Porque no hay fuentes de la novela en general, sino específicas y diferentes de cada una de las tramas y tenemos que ser precisos para evitar confusiones.

Lo mismo sucederá con los personajes e igualmente también a la hora de definir el género de éstas. Lo decimos porque lo más común es que en cada bloque Cervantes mezcle los cinco grupos principales de antecedentes: (1) Sucesos [kasus], (2) leyendas-mitos [legend], (3) mitología clásica-bíblica-oral [myth], (4) hechos reales [memorabile] y (5) literatura. Siempre que podamos para describir el tipo de fuente folclórica que consideramos en cada momento utilizaremos la clasificación de André Jolles sobre *Las formas simples*[28]. Nos ha influenciado enormemente en este sentido la propuesta de Lozano-Renieblas y Romo Feito sobre el particular[29], aunque estos autores lo hayan hecho desde el punto de vista genológico, que no es nuestro caso.

---

27   Por ejemplo, el profesor Teijeiro establece solamente tres para la *La señora Cornelia*: Teijeiro, 1993, p. 154.
28   Jolles, 1972; Rohland de Langbehn, 2002, pp. 243-260.
29   Lozano-Renieblas, Romo-Feito, 2018; Lozano-Renieblas, 2022, pp. 529-542.

Por eso volvemos a precisar conceptos, cuidado con mezclarlos todos, cuidado con pensar que cada grupo y cada personaje tiene sólo un tipo de las mismas, repetimos, cuidado con hablar en este tema de forma genérica (las fuentes de toda la novela son...) y sobre todo no debemos ser taxativos privilegiando unas sobre otras—las literarias por mucho que estemos hablando de ficción—, o excluyendo a las demás, incluso las denostadas históricas, porque las hay y en gran cantidad. Solamente hay que saber buscarlas.

1.6 La oralidad en la vida y obra de Cervantes

No ocultamos que el trasfondo de esta forma de ver a Cervantes tiene que ver con que pensamos que su cultura es mucho más oral que literaria, en la línea de Margit Frenk[30], por mucho que pese, al menos a la hora de seleccionar los temas que quiere contar, frente al "cómo" lo hizo, que ya sería otra cuestión. Sabemos que la tradición desde Armando Cotarello, quien incluyó 429 libros leídos por el manco de Lepanto[31] o Riley que habla de las lecturas italianas[32], es totalmente opuesta a este aserto, pero para nosotros la cita del *Quijote* a la que siempre se echa mano—«el que lee mucho y anda mucho, ve mucho y sabe mucho» (*Don Quijote* II, XXV)—tiene tres partes: Leer, pero también andar y ver. Nos agarramos como un clavo ardiendo también a otras palabras de Riley sobre el realismo en Cervantes en su famoso libro *Teoría de la novela*:

> La principal contribución de Cervantes a la teoría de la novela fue un producto, nunca formulado rigurosamente, de su método imaginativo y crítico a un tiempo. Consistía en la afirmación, apenas explícita de que la novela debe surgir del material histórico de la experiencia diaria, por mucho que se remonte a las maravillosas alturas de la poesía[33].

Hasta que llega a Esquivias en 1584, y se convierte en un mediano terrateniente y luego cuando se marcha, su forma de vida itinerante, y siempre en camino pensamos le impide tener la suficiente estabilidad, tanto en un domicilio, como económica, para poder ser un intelectual a tiempo completo.

---

30   Frenk, 2005.
31   Cotarello, 1943.
32   "El Pinciano, Tasso, Carvallo, Piccolomini, Huarte, Giraldi Cinthio, Gracián Dantisco, Vives y quizá Castelvetro, en este orden de prioridad aproximadamente": Romo, 2008, pp. 591-600.
33   Montero Reguera, 2004, p. 3.

Un Cervantes que se pasó la mayor parte de su vida siendo soldado subido en un barco, viajando de un pueblo a otro tomando trigo y aceite, durmiendo en las ventas, que está cinco años de cautiverio y otro en la cárcel de Sevilla, difícilmente tiene acceso fácil y continuado a lo que entenderíamos hoy por una biblioteca[34]. Y si tuvo una propia, desde luego no se la pudo llevar en la grupa de su "pasilargo rocín" mientras viajaba (*Los trabajos de Persiles y Sigismunda*, prólogo). Ni la vida de entonces tiene que ver con la nuestra, ni fue un noble rentista que vivió toda su vida en la casa donde nació, como su personaje Alonso Quijada, con tiempo para garabatear vitelas con la pluma.

Muchos libros los escucharía en comentarios, que no leería, en sus tertulias literarias de sus colegas poetas en Sevilla y Madrid, principalmente, más que poder tener acceso casi siempre a un ejemplar propio. Pensamos que su cultura es mucho más oral y de calle de lo que se ha planteado y así lo expresamos en lo que llamamos "*el ciclo toledano*" donde todos los personajes son los hidalgos que le rodean, probablemente los mejores ami-enemigos de su mujer y su cuñado. Es lo que nos dicen las pruebas documentales, como a los teóricos de la literatura se lo dicen las trazas de lecturas que ven en sus novelas, también muy abundantes.

En cuanto al Cervantes autobiográfico, si entendemos sensu estricto contar su propia vida, como Lope de Vega, estamos de acuerdo con el profesor Teijeiro que hasta es complicado encontrar rastros expresos o directos de su familia o su infancia, por ejemplo. Reconocemos que el principal recurso de este tipo concreto es el cautiverio, porque el alcalaíno no es muy autobiográfico en general. Lo que no significa que no sea realista, todo lo contario, que lo es y mucho. En eso coincidimos con Schevill y Bonilla:

> Insistió éste en que sus *Novelas* eran suyas propias, «no imitadas ni hurtadas», y nadie ha querido discutir la exactitud de la afirmación. Con escasas excepciones, que se refieren a episodios aislados, o a ciertas anécdotas y frases corrientes, la *materia* de sus novelas es de su propia invención, o procede de su experiencia de la vida, de sus viajes y aventuras, sin perjuicio de que, a veces, se observe alguna que otra vaga reminiscencia de sus lecturas"[35].

---

34   También conocemos los planteamientos de que Cervantes tuvo su propia biblioteca, lo que conviviría con nuestra afirmación de su importante cultura oral. Eisenberg, 1987, pp. 271-328.

35   Schevill, Bonilla, 1922, pp. 371-406.

Otra cuestión en cómo escoge los temas y los personajes, que se pueda ver que sus ocupaciones laborales le influyen. De ahí que en *El Quijote* hable de ventas, en la casa del Caballero del Verde Gabán de tinajas, en su caminar de molinos de viento, agua y dehesas (todos elementos productivos), y los personajes italianos. La influencia de sus amigos poetas, para bien y para mal, es tremenda en los personajes. Y aquí estaría el tema de Lope de Vega. Hasta hemos denominado a una de ellas "la novela de los poetas" (*La gitanilla*).

1.7 El folclore en Cervantes

El folclore en la narrativa cervantina se ha hecho un espacio muy relevante. Tanto es así, que ha merecido un capítulo específico en la última biografía sobre el alcalaíno de Muñoz Machado: "Y la tercera, porque la literatura oral, de carácter popular y folclórico, fue una fuente de enorme valor para el escritor, que, aunque gozó de una imaginación portentosa como creador, encontró en aquella muchas inspiraciones"[36].

Todo esto se debe a que el hispanismo, sobre todo francés[37], ha profundizado en los cuentos, refranes, dichos, en lo carnavalesco del *Quijote*: Monique Joly, Agustín Redondo, Maxime Chevalier, Maurice Molho, Michel Moner entre otros. Un discípulo de este último, Pierre Darnis, desde su propia tesis doctoral (2006)[38] ha sostenido que hay tres novelas ejemplares que tienen claros orígenes folklóricos en sus tramas (*La fuerza de la sangre, La ilustre fregona, Las dos doncellas*). Chevalier dice que solamente hay dos cuentos folklóricos insertados en *El Quijote* (el de las cabras y el de los escudos prestados)[39]. Nuestros admirados profesores son muy prudentes, desde nuestro punto de vista ¿Qué sucede entonces con el argumento del *El celoso extremeño*, notoriamente ancestral, o el "cuento del mojón del vino y la llave" de Sancho Panza que hasta el mismo André Jolles sostiene como ejemplo de "kasus" en Alemania[40] (*Don Quijote* II, XIII)?

---

36   Muñoz Machado, 2022, p. 325.
37   Close, 2008, pp. 233-246.
38   Darnis, 2006, p. 285; Darnis, 2014, pp. 151-162.
39   Citado por Muñoz Machado, 2022, p. 331.
40   "La historia de los gastrónomos que debían examinar la calidad de un barril lleno de antiquísimo vino: uno comprueba un leve gusto a fierro, otro un gusto igualmente leve a cuero: y efectivamente cuando la pipa se hubo concluido, se encontró en el fondo del barril una pequeñísima llave atada a una franjita de cuero que debía haber caído al prensar las uvas". Jolles, 1972, p. 176.

Una fábula o leyenda histórica modernas: Estamos en una época de transición entre la oralidad y la escritura, entre el romance y la novela. Esta es una de las razones por las que el de Lepanto puede decir de sí mismo que, con estos mimbres clásicos, entremezclados con argumentos completamente nuevos, es el primero que novela en lengua castellana. Su técnica literaria, al menos en las novelas que parten de un cuento folklórico, supone la actualización del mismo al tiempo presente del autor. Lo que tienen las fábulas antiguas, además de finalizar con un final moralizante, que llamamos moraleja, muy similar a lo que entenderíamos por "ejemplarizante", es que son efectivas porque se repiten varias veces en cada época y lugar.

Evidentemente insistimos en que debe haber un proceso de selección intelectual por parte del autor. Lo que queremos decir es que Cervantes o escoge ese cuento y luego busca un hecho real en su entorno similar, o al revés, escucha una noticia más o menos antigua y le resulta tan similar a lo que ha leído o escuchado, que lo adapta. Esto es aplicable a varias de los cuentos o subtramas incluidos en *El coloquio de los perros*. A esto deberíamos añadir la intencionalidad satírica del autor frente a algunos de sus compañeros poetas que le podrían hacer variar su selección.

Como hemos visto, lo folklórico se ha destacado muchísimo, pero solamente como complemento secundario en forma de refranes o dichos intercalados, frente a la influencia de la novella italiana, pero está mucho más presente de lo que se acepta habitualmente. Para nosotros se puede percibir desde el origen remoto de muchos de los relatos hasta el armazón mismo de estos. En nuestro reciente libro sobre *El Quijote* hemos descrito gráficamente a Cervantes vestido con una toga como sus admirados poetas griegos Aquiles Tacio y Heliodoro[41], componiendo *fábulas modernas*. De todos modos, esta forma de narrar ya proviene del romancero[42].

Frances Luttikuitzen no entendía por qué existía una tergiversación tan flagrante de la historia con personas y situaciones que todavía estaban vivas o en el recuerdo, como Alfonso d'Este (*La señora Cornelia*)[43]. ¿Por qué no novelar la historia tal cual sucedió? No es extraño porque también nos provoca perplejidad al resto (ejemplos, *La española inglesa*, *Las dos doncellas*). Ahora bien, estamos en el proceso de intentar entender el mecanismo por el que se incluyen personajes históricos en papeles que no son los suyos, anacronismos con suturas consecutivas de personajes e historias notoriamente asíncronos,

---

41 Escudero, 2022b.
42 "El caso, la historia personal, la anécdota, la lamentación, la consolación, el sueño y el milagro, la burla y la protonovela", Beltrán, 2015, p. 25.
43 Luttikuizen, 1990, p. 268.

a veces con diferencia incluso de décadas o algún siglo (ejemplos, *La gitanilla*, *Las dos doncellas*). Todo ello en geografías perfectamente definidas y en escenarios donde los personajes de ficción atraviesan espacios donde acaecen sucesos históricos verificables. Esta técnica se utiliza tanto en nombres anónimos como conocidos. Somos conscientes que esto da una batería de argumentos a los escépticos para negar la mayor.

Aquí nos asaltan las ideas propuestas, entre otros por Riley, Vilanova o Juan Ramón Sánchez sobre la redacción de un género tan folklórico como la épica en prosa, que tanto influyeron en Cervantes y que pone en boca de Pedro Pérez en *El Quijote* (I, XLVII)[44], porque, ¿qué no son estos personajes de las ejemplares sino antihéroes venciendo las heroicidades corrientes del día a día? Sin embargo, hay otro ámbito que se adecúa aún más. Siguiendo también a Santiago Muñoz Machado y André Jolles sobre la transmutación de leyenda en novela esta idea podría explicar algunos de estos caracteres que nos resultan anómalos, además del argumento de la tan recurrida búsqueda de la verosimilitud.

Según Renáta Bojnicanová, aunque el cuento y la leyenda son géneros tradicionales y a veces tratados erróneamente como semejantes, existe un matiz diáfano que los diferencia: "La concreción con la que se refleja la realidad histórica es, precisamente, la característica gracias a la cual se puede establecer la diferencia entre los géneros legendarios y los cuentísticos". Esta misma autora hace una breve descripción de las características de una leyenda histórica dentro del folklore europeo y caracteriza los tres puntos en los que hemos insistido en nuestro análisis incluyendo muchos de estos caracteres que vemos en la novelística de Miguel de Cervantes.

1. Escenario. Este tipo de leyendas busca la localización concreta de los hechos. Suelen tener carácter local y rara vez traspasan la comarca.
2. Data: Cronológicamente suelen tener poca exactitud, y cuando la tienen suena extraña a los oídos. Es un rasgo típico del folclore en general que existan anacronismos.
3. Personajes: Las leyendas históricas, a diferencia de los cuentos populares, describen a los personajes con sus nombres o apodos. Esto se debe a que responden a personas reales e históricamente documentadas, aunque a veces pueden ser anónimos. Precisamente por esto, a veces es difícil demostrar su historicidad por ser desconocidos.
4. Caracteres:

---

44 Muñoz Sánchez, 2003, p. 159.

4.1. La fantasía y el realismo. No hay demasiados elementos de fantasía, no son comunes, pero a veces la realidad se mezcla con la ficción (magia, lo sobrenatural).

4.2. Las leyendas históricas muestran dos fenómenos característicos: La variabilidad y la movilidad, interrelacionadas en algún modo. La primera es que, como es conocido, cada narrador transmite con cambios la misma historia y esta evoluciona cada vez que se transmite. Más importante, la variabilidad, es una precisión de la primera:

4.2.1. Que un hecho se atribuya a dos personajes históricos diferentes.

4.2.2. Que un hecho antiguo se atribuya a un personaje posterior.

4.2.3. Que se le atribuya a una persona que no lo realizó[45].

¿Cuál es la diferencia entre el tratamiento de la información ancestral que hace el juglar o poeta anónimo y Cervantes? Pues muy similar a la diferencia entre narrar con intención de que sea historia o que sea literatura. Explicándolo de una forma muy sencilla, éste último no respeta el contenido del hecho real o mito como tal y que su finalidad es diferente: No quiere contar lo que escucha manteniendo su contenido con las inevitables variantes fruto del tiempo y de la transmisión oral ininterrumpida. Por definición sabe que está haciendo un relato de ficción y tiene voluntad de hacerlo de ese modo y con la libertad que le otorga este hecho.

1.8 LA CLASIFICACIÓN DE JOLLES EN CERVANTES: EL CONTENIDO TRADICIONAL DE SUS NOVELAS.

Novelas que comienzan con un suceso [kasus]: *La gitanilla, La señora Cornelia, El amante liberal, La fuerza de la sangre, La española inglesa, Las dos doncellas* y en *El capitán cautivo* (*Don Quijote*). Isabel Lozano-Renieblas llama Kasus al rapto, otorgándole ese concepto jurídico que le da Jolles[46]. También llama Suceso-Kasus al comienzo de *Las dos doncellas* y al de *La fuerza de la sangre*. No podríamos pasar este apartado sin hacer mención a que la bastardía de los protagonistas está excesivamente presente como *casos*: (*La fuerza de la sangre, La ilustre fregona, La señora Cornelia*). Esto nos puede in-

---

45 Bojnicanová, 2007, p.108 y p. 154.
46 Lozano-Renieblas, Romo, 2018, p. 195.

dicar un punto autobiográfico de Cervantes por el reciente reconocimiento de Isabel de Saavedra, su hija ilegítima (1599)[47].

Folclore (Märchen): Novelas que están basadas en un cuento oriental o lo contienen: *El coloquio de los perros, El celoso extremeño, La ilustre fregona,* (*El capitán cautivo—Don Quijote*).

Mito (Myth): Novelas donde alguna de las tramas es mitológica, (clásica y bíblica): *El amante liberal, Las dos doncellas, La española inglesa, El celoso extremeño.*

Leyenda (Legend): Novelas con leyendas y mitos secundarios, sin contar con otros relatos similares como chistes, consejas, refranes y demás[48]: *La ilustre fregona, La fuerza de la sangre, La española inglesa, Las dos doncellas, Don Quijote, El amante liberal, El coloquio de los perros, El capitán cautivo.* Lo que llamamos "mitos fundacionales" de los diferentes lugares o personas son fundamentales en la narrativa cervantina (*La ilustre fregona, Don Quijote*).

Hechos reales (Memorabile): Novelas donde alguna de las tramas principales está basada en lo que podríamos considerar un hecho real, aunque Jolles admite esta clasificación también en sucesos ficticios: *La gitanilla, El amante liberal, La española inglesa, El celoso extremeño, Rinconete y Cortadillo, Las dos doncellas, La ilustre fregona, El coloquio de los perros.* Con dudas *La fuerza de la sangre, La señora Cornelia, El casamiento engañoso, El licenciado Vidriera, Don Quijote.*

Conclusión: Para completar el último apartado, debemos precisar que los hechos reales que vamos a tratar en este primer estudio son aproximadamente los siguientes, en las novelas que especificamos y las fechas iniciales. No son *numerus clausus.* Como podemos ver hay mezcla de lo que podemos llamar "mitos fundacionales" o leyendas históricas medievales, sumadas a lo que podríamos considerar chismes o facecias más recientes, que pudieron suceder una década antes del cierre definitivo y publicación del relato: *La gitanilla,* 1595; *El amante liberal,* 1538; *El celoso extremeño,* [Diego García de Paredes] 1518; *La ilustre fregona,* [Diego González Carriazo] 1490-1505; *Don Quijote,* 1578-1594; *Las dos doncellas,* [Jerez], 1562; *Las dos doncellas,* [Barcelona],

---

47   Sliwa, 1999, pp. 267-274; Maganto, 2016, pp. 243-266.
48   André Jolles habla de memorabile que se basan en la realidad y otros que no. Nosotros optamos por el primero. Garrido, 2017, pp. 43-57.

1591; *La señora Cornelia*, [Isunza y Gamboa], 1513-1517; *La española inglesa*, 1597; *El coloquio de los perros*, [Mahudes], 1597.

1.9 Los mitos fundacionales de los donnadies: El historiador fabulando el presente

El interés del alcalaíno por estos que hemos venido en llamar *mitos fundacionales* es un leitmotiv de su obra. Centrémonos en analizar quiénes son los protagonistas y cuáles son estas leyendas en la novelística cervantina. No son cualesquiera, pertenecen a los linajes más importantes históricamente de sus respectivos territorios (fundadores). No están escogidos al azar, ni sirve cualquier hidalgo, ni pechero, campesino o ventero. Es una práctica muy selectiva.

Recordemos a Diego de Carriazo y Quiteria de Orozco (*La ilustre fregona*, siglo XV), a María Núñez (mito fundacional judeoconverso Amberes, *La española inglesa*, 1597), los Bentivoglio (señores desde el siglo XIV, *La señora Cornelia*) Villavicencio (fundadores Jerez y alcaides de su fortaleza, s. XIII), Juan Haldudo (fundador en La Mancha, *Don Quijote*, s. XV). Aunque muchas de las tramas sean cercanas a Cervantes [hechos reales: 1578-1591], la atracción por las leyendas de los pueblos y sus tótems ya sea en La Mancha, en Toledo o en Extremadura (Venus, Talavera, *Los trabajos de Persiles y Sigismunda*) es la explicación más plausible del origen de estas coincidencias.

¿Por qué precisamente estos cuentos e historias tradicionales? Así es como pensamos que novela Miguel de Cervantes. Los cuentos clásicos, la mitología que reverencia, tienen sus historias y sus patrones, son ya de sobra conocidas. Cervantes es el historiador del presente. Nos va a contar la génesis de los pueblos por donde pasa y los creadores de los mismos que conoce con otro aire, novelándolo. Al igual que lo hicieron Homero o Aquiles Tacio en los albores de los tiempos. Estamos en una época de transición, no es novela, ni tampoco es historia. Reinterpreta a los clásicos en un mundo nuevo, con odres viejos, pero con relatos diferentes: Es la alabanza de lo corriente, las leyendas de taberna, el pulso de la calle, los mitos de los donnadies también tienen derecho a ser inmortalizados en la alta literatura, no sólo los reyes y los semidioses como Hércules. Así lo cuenta la perra Berganza *(El coloquio de los perros)*:

> Pues todo lo que has oído es nada, comparado a lo que te pudiera contar de lo que noté, averigüé y vi desta gente: su proceder, su vida, sus costumbres, sus ejercicios, su trabajo, su ociosidad, su ignorancia y su agudeza, con otras infinitas cosas: unas para decirse al oído y otras para aclamallas en público, y todas para hacer memoria dellas y para desengaño de

muchos que idolatran en figuras fingidas y en bellezas de artificio y de transformación.

1.10 Existencia testimonial de los *modelos vivos*
Al cervantismo decimonónico le hubiera gustado esta afirmación: Los *modelos vivos* existieron, aunque de forma testimonial en el conjunto de la obra del manco de Lepanto. Son muchos más de los que desearía la crítica y muchos menos de los que nos gustaría a los positivistas. Desde un punto de vista amplio, según la clasificación que hemos propuesto, la mayor parte de las novelas tienen en alguna de sus tramas, principales o secundarias, un *hecho real*, es decir, una relación más o menos estrecha con un hecho real.

Ahora bien, desde un punto de vista estricto, si entendemos como *modelo vivo* un relato en que se mantenga parte del nombre original de la persona histórica en el personaje y además una historia protagonizada por el mismo en la vida real insertada en el relato de una forma más o menos identificable, entonces podríamos al menos proponer tres novelas con esta técnica de los *modelos*, la última con dudas (*La gitanilla*, *La ilustre fregona*, *Las dos doncellas*). Obviamente, se trata de aquellas más cercanas a la vida del autor, que más aportan de su personalidad, y cuyos protagonistas son tan desconocidos que no temió en principio que, salvo los implicados y su entorno, nadie podría saber que se trataba de personajes y hechos que realmente sucedieron. Es una técnica que empleó principalmente en sus ciclos toledano y sevillano.

1.11 El cambio en la interpretación de ciertas novelas
Esta visión tan realista supone para algunas novelas un cambio de interpretación sorprendente, y que entendemos será una hipótesis complicada de asumir. Por centrarnos en los relatos que vamos a tratar en esta primera parte del estudio:

La gitanilla: Estudiada superficialmente como un estudio sociológico sobre el mundo de los gitanos, está basada en un secuestro real acaecido en el año que expresamente dicta Cervantes (1595, Teresa de Figueroa) y se convierte en una crítica a Lope de Vega y su entorno. En sus personajes la hemos definido como "la novela de los poetas".

El amante liberal: Se proponen las historias de cinco mujeres que pudieron influir en los relatos de cautiverio del alcalaíno, sobre todo la primera: Julia Gonzaga, Cristina de Castro, Victoria Sultana, Dorotea Blanquete, Valide Safiye Sultán.

El celoso extremeño: La historia de Diego García de Paredes y los *Corajos* aparece como trasunto real de la trama de celos (1518); asimismo se estudian los Carrizales, hidalgos reales de Almendralejo (Badajoz).

La ilustre fregona: La anagnórisis final está basada en los amores de Diego Gutiérrez Carriazo y Teresa de Orozco (1505), de Esquivias. Es el mito fundacional de la familia. Como se mantiene el nombre, lo consideramos un *modelo vivo* que hasta ahora había sido erróneamente identificado —según nuestra opinión—.

Don Quijote, (I, I-VIII): En *El Quijote* ya hemos propuesto una serie de tramas que ocurrieron en La Mancha de la Orden de Santiago (1578-1591), en donde pudieron insertarse nombres de personajes históricos principales y secundarios (Alonso Quijada, Juan Haldudo, Francisco de Muñatones)[49].

Las dos doncellas: Extraordinariamente interesante desde el punto de vista de sus fuentes históricas, en su periplo andaluz proponemos un hecho real ocurrido en Jerez (1562), así como en Barcelona la detención del diputado Granollach y la expulsión de los genoveses (1591). Cervantes aquí muestra sus ideas políticas en forma de personajes condenados a muerte y al exilio.

La española inglesa: La historia de base ya ha sido propuesta por varios autores (María Núñez, 1597), pero nosotros añadimos una interpretación de la novela alternativa, así como la identificación de múltiples personajes, actualizando la bibliografía de los últimos años.

El coloquio de los perros: Consideramos esta novela como un testamento vital del propio autor, también una colección de cuentos al estilo del *Decameron* o *El Conde Lucanor*, todos orales, muchos de ellos sucesos, e identificamos dieciséis de ellos, organizándolos conforme a la teoría de las *tres edades*.

1.12 La clasificación de la colección: Más allá del idealismo
Nuestra hipótesis, lógicamente, tiene consecuencias en cuanto a la clasificación de las *Novelas ejemplares*. Tradicionalmente se ha atendido a un criterio de verosimilitud frente al destinatario. La clasificación de las novelas se ha propuesto en idealistas, realistas e ideorealistas[50]: (*El amante liberal, La espa-

---

49   Escudero, 2021a.
50   Cervantes, García López, 2001.

ñola inglesa, La ilustre fregona, La fuerza de la sangre, Las dos doncellas, La señora Cornelia, 1), (El celoso extremeño, Rinconete y Cortadillo, El casamiento engañoso, El coloquio de los perros, 2), (La gitanilla, El licenciado Vidriera, 3). Como algún autor ha comentado, cada teórico tiene su propuesta, pero podemos decir que las que más predicamento han tenido son las de Ruth El Saffar—muy citada por considerar los romances anteriores y las realistas una evolución posterior—[51], Murillo[52] y por supuesto Riley[53], estas últimas basadas en la distinción entre "romance" y novela, muy del gusto del hispanismo norteamericano. Que nos perdonen, con pequeñas diferencias es similar a la clásica en sus conclusiones:[54] Predominantemente romance: (*La Galatea, Los trabajos de Persiles y Sigismunda*); (*El amante liberal, La española inglesa, La fuerza de la sangre, Las dos doncellas, La señora Cornelia*); predominantemente novelesca: (*Don Quijote*); realistas: (*El celoso extremeño, Rinconete y Cortadillo, El casamiento engañoso, El coloquio de los perros*), mixtas: (*La gitanilla, La ilustre fregona*).

Desde este nuestro que es un criterio puramente historiográfico y realista carece de sentido hablar de novelas realistas e idealistas, o romances y novelas. Además, considerar a *El amante liberal, La española inglesa, La gitanilla* o *La ilustre fregona* como idealistas o mixtas estando basadas en hechos reales, nosotros, siendo coherentes, no lo podríamos sostener. Nos atenemos exclusivamente al tipo de fuentes y no al contenido o resultado final. Como veremos, por sus precedentes casi todas las novelas se pueden considerar realistas y atienden a los mismos orígenes. Otra cuestión sería si tomamos como criterio el resultado final, obviamente.

1.13 REFLEXIÓN FINAL: LO COMPLICADO DE LA INVESTIGACIÓN Y DE LA CLASIFICACIÓN

El estudio del profesor Ricapito sobre la historicidad de las *Novelas Ejemplares*, un libro para mí de cabecera pues su subtítulo es *Entre historia y creatividad*, selecciona para su estudio solamente las novelas que considera más "históricas" y son cinco: *La gitanilla, La española inglesa, El licenciado Vidriera, La fuerza de la sangre* y *La señora Cornelia* principalmente[55]. Bueno, nosotros

---

51   El Saffar, 1974 p. 189.
52   Murillo, 1988, pp. 231-250.
53   "Casi cada crítico tiene una propia". Cervantes, García López, 2001, "Prólogo" LXIV.
54   Riley, 1984, pp. 37-51.
55   Ricapito, 1999, p. 1.

hemos escogido para este volumen aquellas en donde hemos obtenido mejores identificaciones basadas en hechos documentados en los archivos.

Las que nos han dado mayores problemas,—algunos irresolubles-, las más difíciles, las hemos dejado pendientes para posteriores estudios y son: *El licenciado Vidriera, La fuerza de la sangre, Rinconete y Cortadillo* y *El casamiento engañoso*. Según Ricapito tres de las más "realistas" para nosotros no lo son y de hecho dos que él considera basadas en hechos históricos (*La gitanilla, La española inglesa*), lo son por lo que nosotros llamamos el contexto histórico o escenario, no por los personajes, ni las historias en que están basadas. Es decir, hemos intentado llegar mucho más allá en el análisis y nos hemos encontrado con un muro que en principio no es visible ¿Cómo puede ser que desde el punto de vista externo parezcan más basadas en la realidad las que con una exhaustiva búsqueda documental son las más complicadas? Cervantes es un extraordinario, y su interpretación muy compleja hasta en este aspecto.

1.14 El Contexto geográfico: Los ciclos

Como ya hemos advertido desde el principio, entendemos a un autor que bebe de la experiencia diaria y por tanto sus cambios de residencia y de entorno social deberían haber influido en su obra. Lo hemos comprobado documentalmente y parece ser que es una propuesta plausible. Por tanto, entendemos que geografía, personajes e historias forman un todo y que deben ser estudiados de forma global, en conjunto, con ciertos límites.

Aquí sabemos que entramos de nuevo en un tema complicado, y si no podemos leer la opinión de Pierre Nevoux: "En contra de cierta historiografía de la literatura, positivista e ingenua, a la que gustaría creer que basta con reconstruir el contexto histórico de una obra para posibilitar su plena comprensión, se recuerda que cualquier interpretación está mediatizada por el método adoptado y la subjetividad del crítico"[56]. Somos conscientes de que avanzar en el realismo cervantino y sus fuentes significa bascular entre la ingenuidad y el atrevimiento más absoluto.

1.15 Más allá del cautiverio

También frente a la opinión mayoritaria que ve el cautiverio en Argel como una de las escasas fuentes autobiográficas del autor, nosotros la extendemos a todos los lugares donde pudo tener una residencia y una situación económica estables que le permitieran reflexionar y escribir. Por ello una vez realizada

---

56 Nevoux, 2008, pp. 309-329.

una identificación provisional de argumentos y personajes con sus homólogos históricos, hemos establecido una serie de ciclos en la narrativa según la influencia de los escenarios que le tocó vivir.

Al tomar este nuevo criterio para organizar las novelas, se produce un resultado diferente. Por supuesto que las comisiones de abastos en Andalucía y su experiencia sevillana copan casi todas sus influencias directas, pero no nos dejemos engañar: El abanico es mucho más amplio. Ahora bien, el alcalaíno, es cierto que no es muy autobiográfico, sino más bien lo que podemos entender por "realista": No refleja experiencias propias, sino gusta de mitos, leyendas, consejas y chismes familiares y privados de aquellos que le rodean.

La familia, 1547: Es cierto, como afirma el profesor Teijeiro Fuentes, que los asuntos familiares parecen pasar de largo en la narrativa cervantina. Es como si su infancia, hermanos y padres no existieran. En esta colección, solamente encontramos trazas en la *trama presentación* de *La gitanilla*, y fuera de ellas en el *Entremés de la elección de los Alcaldes de Daganzo*.

El recorrido italiano, 1568-1570: En *La señora Cornelia* y el *El amante liberal*, aunque no los personajes.

El cautiverio en Argel, 1575-1580: Importante pero sobredimensionado si lo analizamos bajo este criterio presente y la enorme bibliografía dedicada a este tema frente a otros. Son de este tema en su novelística: el cuento de *El capitán cautivo* (*Don Quijote* I), *Los falsos cautivos* en La Mancha (*Los trabajos de Persiles y Sigismunda*, III), el personaje de Arnaute Mamí (*La española inglesa*), liberación por Trinitarios (*La española inglesa*), pasajes (*El amante liberal*), ¿milicia? (*El coloquio de los perros*). Si lo centramos en las *Novelas ejemplares*, ninguna de ellas está dedicada exclusivamente al tema del cautiverio, ninguno de los personajes principales lo es, y son dos menciones en cuentos secundarios. ¿Qué queremos decir con esto? Qué pesa mucho en la crítica las comedias de cautivos (cuatro), *El Quijote*, y la presunción de que es el único tema autobiográfico. Comparado con el resto, es más importante en la novelística el tema de la burla a los hidalgos y caballeros rústicos, por ejemplo.

Extremadura, 1580-1581: Con muchísimo peso en *El Persiles*, es el pariente pobre de los estudios geográficos. Hasta su novela más conocida (*El celoso extremeño*) se pone en duda por estar situada en Sevilla y por temas onomásticos (extremeño, extremado).

El ciclo toledano, 1584-1602: Nuestra aportación más importante, pensamos. El peso de Toledo, Esquivias, Mancha Toledana (Gobernación de Quintanar de la Orden) está a la altura, o un peldaño por encima, de otras más valoradas. Cervantes decide y puede ser escritor a partir de su residencia en esta comarca (1585). Se dedican a Toledo: *La ilustre fregona*, *La fuerza de la sangre*, *Don Quijote* (novela ejemplar), *Entremés del Retablo de las maravillas*, como personajes Alonso de Cárcamo (*La gitanilla*) y Pedro del Rincón (*Rinconete y Cortadillo*).

Las comisiones de abastos: Hacemos tres grupos (Sevilla, Jerez, Comisiones) cuando podríamos hacer un único sobre Andalucía. Entendemos que es más específico. Aquí el autor hace una serie de homenajes en sus novelas a aquellos que le ayudaron en momentos complicados. Juan de Gamboa y Pedro de Isunza (*La señora Cornelia*), Deifebo Roqui (*La española inglesa*), Cornelio Rótulo (*El amante liberal*).

La huella jerezana, 1563-1593: Otra de las interesantes aportaciones. Debió haber una historia, un cuento o un mito sobre los caballeros jerezanos que Cervantes reitera una y otra vez en varias versiones. Incluimos *La Galatea*, *El gallardo español* y la primera parte de *Las dos doncellas*.

Cervantes en Barcelona, 1571-1610: Segunda parte de *Las dos doncellas*, aunque el tema de los bandoleros catalanes es un *leitmotiv* de Cervantes (*La Galatea*, *Don Quijote* II).

El ciclo sevillano, 1597-1600: Están situados en Sevilla pasajes de las siguientes novelas: *La española inglesa*, *Rinconete y Cortadillo*, *El celoso extremeño*; varios cuentos (*El coloquio de los perros*), la historia puede proceder (*La gitanilla*).

1.16 Más allá de la onomástica: Literalidad

Otra de las cuestiones claves en nuestra propuesta es el paradigma de no alejarse de lo que dice el texto literalmente. En esta idea nos apoyamos por ejemplo en Luis Iglesias: "Como no hay refrán más certero que el de que «un loco hace ciento», el desequilibrado protagonista de nuestra narración atrae como un imán las lecturas más disparatadas, faltas de todo contraste con lo que el texto dice literalmente"[57].

---

57   Iglesias, 2007, p. 90.

Ya vimos que el hispanismo francés había ahondado decisivamente en las trazas folklóricas de Cervantes, pero también lo han hecho en un tema que parece condenado a una enemistad con el realismo: La onomástica[58]. Algo que en principio no tendría por qué ser así. Según Tatiana Bubnova, y sus antecedentes en Allaigre, la "onomancia es un procedimiento constante en Cervantes"[59]. Esta es una idea que también ha calado con fuerza en la interpretación cervantina, y en principio sería correcta, podría convivir con el historicismo, si no fuera porque en el fondo todas estas propuestas de onomatopeyas en los nombres propios y relaciones entre ellos—Quijada con una parte de la armadura, Haldudo con faldudo (*Don Quijote*), Carrizales con Carriazo (*El celoso extremeño*, *La ilustre fregona*)-, y no digamos los acrónimos—que si tal nombre tiene el mismo número de letras que Cervantes— apartan en cierto modo la compatibilidad con la existencia de estas personas históricas, dándole prioridad a una pretendida búsqueda de significados ocultos en el propio lenguaje.

1.17 MÁS ALLÁ DE LA VEROSIMILITUD

Varios de los mejores cervantistas del momento han tratado el tema de la verosimilitud: Darío Villanueva[60], José Montero, Adrián Saéz, Isabel Lozano-Renieblas, Miguel Zugasti[61], sin olvidarnos del clásico de Rogelio Miñana[62]. Se ha planteado la búsqueda de la verosimilitud como único motivo para incluir personajes, situaciones y escenarios reales en su narrativa. Queremos pensar que Riley está más de nuestro lado: "Más que una mera repetición del dogma de la verosimilitud era el esbozo de una importante—y casi indispensable—función de la novela moderna: La de dar una idea de lo que Hazlitt llamó "la trama y la estructura de la sociedad como realmente es". Es aquí donde se produce la divergencia entre novela y poesía"[63].

Pero nosotros hacemos el siguiente planteamiento. La verosimilitud parte del hecho de que el escritor nos está engañando. Está vendiendo al lector un relato inventado que se lo quiere hacer pasar por real. En nuestro caso la insistencia va desde el Quijote y casi todos los finales de novela. Cuantos más elementos verosímiles se incluyan, más posibilidades hay de que este objetivo

---

58   Reyre, 2005, p. 236; Reyre, 1980; Pelorson, 2003, pp. 97 y ss.; Redondo, 1990, p. 38.
59   Bubnova, 1990, pp. 567-590.
60   Villanueva, 2005, pp. 11-30.
61   Zugasti, 2005.
62   Miñana, 2002.
63   Montero Reguera, 2004, p. 3.

llegue a buen puerto. Pero desde nuestro punto de vista, para que el escritor sea tan bueno que el lector sea engañado, este último tiene que saber que las descripciones que le están vendiendo pueden ser reales, al menos deben sonarle a verdaderas o conocerlas. Esto es fácil en los grandes nombres de la monarquía, los reyes, los nobles, los caballeros.

Pero si los nombres de los personajes reales que utilizas en tu cuento son desconocidos, gente de calle, la búsqueda del engaño no tiene sentido como concepto y objetivo, porque no hay destinatario de éste. Juan Haldudo es un personaje real de La Mancha (*Don Quijote* I, IV), completamente desconocido. Cervantes lo incluye como el primer malvado del *Quijote*. ¿Por qué llamarlo Juan Haldudo y no Pedro Fernández, si da lo mismo, si de todos modos el lector no lo conoce?

Si el escritor está buscando la verosimilitud, ¿qué más da poner Fernández que Pérez si tan verosímil en La Mancha es uno como otro?, ¿por qué no inventárselo como en otras tantas ocasiones, léase Sancho Panza? En nuestra visión la búsqueda únicamente de la verosimilitud en los nombres anónimos no es una respuesta suficiente.

Efectivamente, la explicación más plausible para nosotros es que además hipótesis, de ésta, hay algo más, y es un componente personal y autobiográfico. En este argumentario nos falta la parte realista que tantas veces no se tiene en cuenta. Probablemente no solamente el nombre, sino la historia es un cuento o cancioncilla oral, lo ha escuchado tal cual, y él lo va a ficcionar, manteniendo parte de los nombres y parte del relato. Esto se ha hecho así en multitud de comedias del teatro áureo, por ejemplo, Lope. Esta es nuestra explicación. Esta es la historia que nos cuentan los archivos y los documentos tal y como vamos a explicar a partir de ahora.

2
La infancia, la familia y Lope Alcalá de Henares, Guadalajara (1547)
La gitanilla

2.1 Contexto histórico: ¿El mundo de los gitanos?

No es casualidad que comencemos nuestro periplo de la mano del propio Cervantes por *La gitanilla* porque de entre todas es la más personal. Lo repetiremos varias veces, pero consideramos *El Persiles* el testamento familiar (1617), el *Viaje del Parnaso* el literario (1614), *El coloquio de los perros* el novelístico y la novela más parecida a un panegírico íntimo es, contradictoriamente, *La gitanilla*. Y esto lo sostenemos porque está plena de referencias indirectas en sus personajes y relatos a diferentes familiares y personas con las que se cruzó en su vida, incluida una crítica final a Lope de Vega al puro estilo toledano.

No nos lo habíamos planteado, no es un criterio que hayamos tenido en cuenta, pero también es la primera cita de la colección de novelas, y hemos coincidido plenamente con el autor. Avalle-Arce lo atribuye a que es la más adictiva para el lector: "A mí no me cabe duda que la tipología literaria de los personajes y el tipo de argumento que allí se expone fueron los motivos decisivos para escoger a *La gitanilla* como primera de la colección, vale decir, como la trampa más indicada para atrapar al ingenuo lector en forma tal que éste ya no pueda dejar las *Novelas ejemplares* de la mano"[1]. Huelga decir que para nosotros el motivo es porque es la más íntima. Pero, ¿qué tiene de personal el mundo de los gitanos?

---

[1] Avalle-Arce, 1981, p. 9.

Seguro que si preguntáramos a la mayoría de los expertos mostrarían mueca de contrariedad sobre esta afirmación. ¿Pero el tema de la novela no es la vida de los gitanos?[2]. Seguro que, si preguntáramos a dos de los autores que más han insistido en el realismo en la narrativa cervantina, Ricapito y Ruth El Saffar[3], así lo afirmarían. De hecho, el primero comienza su examen de esta novela con el subtítulo de "en la encrucijada de la historia y la creatividad" como hemos visto[4]. Pero claro, lo hacen desde el punto de vista externo, del mero espectador. Nosotros preferimos el mensaje más profundo.

2.2 ¿QUÉ ES *LA GITANILLA* ENTONCES SEGÚN SUS FUENTES ORALES?
Es cierto que es un acercamiento de Miguel de Cervantes a las costumbres del pueblo gitano, pero es mucho más. Desde nuestro punto de vista temático y de sus fuentes históricas esta novela es la historia de un secuestro [kasus][5] al que se le unen una conseja que recoge el propio Cervantes sobre el conde Maldonado [folclore, *El coloquio de los perros*][6] y dos historias reales, como son las de María Cabrera (1488) y Teresa de Figueroa (1595), esto último una novedad para el cervantismo. La historia de amor y el matrimonio final pueden tener fuentes literarias según Forcione[7]. El rapto ocurrió realmente y lo que cambia el manco de Lepanto es sustituir a la autora real—la mujer del Corregidor de Murcia—, por una anciana gitana, con lo que cambia por completo el sentido final de la fábula.

El que el narrador haya tenido en mente y mezclado dos historias de dos mujeres que hoy llamaríamos empoderadas ya de por sí es llamativo, pero además que sean de épocas tan diferentes y en principio tan indisolubles entre sí como el agua y el aceite, nos da idea de la complejidad del pensamiento de Cervantes y de cómo de nuevo realiza la búsqueda de *facecias* presentes para actualizar cuentos folklóricos y mitos muy anteriores, en este caso recuerdos familiares.

Pero aun así es mucho más. Montero Reguera ya había observado que *La gitanilla* es la novela de los poemas por encima del resto y con gran dife-

---

2   Starkie, 1954, pp. 139-186.
3   El Saffar, 1974.
4   Ricapito, 1999, p. 11
5   Lozano-Renieblas, Romo, 2018, p. 195.
6   Rey, 1999, p. 131.
7   Según Zimic, citando a Forcione, la relación y posterior matrimonio de Preciosa y don Juan provienen de novelar un *Coloquio* erasmiano. Zimic, 1996, pp. 1-2; Forcione, 1982, pp. 93-223.

rencia[8]. Podemos añadir a la vista de su trasfondo que también lo es de los poetas: Tendremos referencias directas al Licenciado Pozo, pero veladas a Juan Rufo, Juan de Vera e incluso, otra vez, al propio Lope de Vega. Esto nos confirma que existe un plan maestro en todas las composiciones, y que como proponemos, temas y personajes son coherentes entre sí, un bloque monolítico que guarda una estrecha línea geográfica, temática y argumental.

2.3 Estructura temática de *La gitanilla*

Ahora bien, el discurso no va a ser tan sencillo. Como ya adelantamos, a la hora de acercarnos a las fuentes de las fábulas cervantinas no podemos hacerlo en bloque y como un elefante en una cacharrería. La sucesión y añadido de cuentos en forma transversal es tal, que necesitamos trocearlos y parcelarlos para su estudio individualizado. Aun así, es una clasificación insuficiente y parcial centrada en las historias troncales.

Deberíamos añadir las numerosas referencias parciales y aisladas a refranes, motivos folklóricos sobre el mundo gitano y demás que no lo son, que trufan todo el texto, al nivel de lo estudiado por Pepe Montero Reguera en *La ilustre fregona*[9] y Muñoz Machado para toda la obra cervantina. Lo son por ejemplo los cuentos del "entierro de la mula"[10], el simbolismo religioso en el secuestro en "el día de la Ascensión del Señor"[11], el lunar por el que se identifica a la protagonista en la anagnórisis final y todas las referencias geográficas y temáticas a Talavera y a otros lugares. En este sentido podemos entender que *La gitanilla* está formada al menos por cuatro bloques temáticos principales con sus correspondientes subtramas:

Historia preámbulo, 1: Podemos considerarla un [bios]. No se especifica que la abuela de Preciosa la ha secuestrado en este momento. Dentro de la misma existen varias subtramas con sus propias funciones: El caballero intenta comprar a Preciosa con cien escudos de oro, lo que provoca la respuesta de la joven. Esta puede ser la dramatización de cómo el noble, el III Duque del Infantado, compró a María Cabrera, que accedió, no como en la ficción [hechos reales, 1.1]. Después tenemos la inclusión del *Romance de la reina Margarita*, esposa de Felipe III, que nos puede situar cronológicamente la acción de la novela (+1599) [momento data, 1.2]. Aparecen también los personajes

---

8   Según Jolly existen nueve poesías, siete para García López. Montero Reguera, 2013, pp. 34-36.
9   Montero Reguera, 1993, pp. 337-360.
10 Pabón, 1999, pp. 393-401.
11 Sherman, Reeves, 2020, pp. 189-199.

facilitadores del héroe, doña Clara y el Escudero Contreras, un recuerdo probablemente de un mito de la casa de los Mendoza de Guadalajara [mito, 1.3]. La Corte, Guadalajara, Alcalá de Henares, son el escenario no declarado de este cuento, donde se insertan el resto [medio geográfico, 1.4]. La elección de Madrid como comienzo, puede tener que ver con la historia real de Teresa de Figueroa, como veremos en la anagnórisis [hechos reales].

El segundo bloque es lo que la crítica llama *la peripecia* o las pruebas del antihéroe [folclore, 2]. No se nos dice su nombre auténtico. Permanece oculto hasta el final. Aquí como es habitual en las *Novelas ejemplares*, hay varios relatos paralelos: Aparece un competidor amoroso de Andrés Caballero, que se llama Alonso Hurtado, probable recuerdo también de los Mendoza [trama crisis, 2.1]. Aparece interpolada una descripción de su historia, que habla de huir a Sevilla después de una muerte con dos amigos genoveses que le van a ayudar a escapar. Tiene trazas de hechos reales, 2.2, y vuelven a aparecer los genoveses en una novela.

Después tenemos insertado el chisme o anécdota del gorrero Triguillos, personaje real [folclore, 2.3]. Su función es romper la dinámica de los protagonistas, llevándolos a Murcia en vez de a Sevilla [trama bisagra, 2.4]. Es un recuerdo de un personaje cordobés, familia del poeta amigo de Miguel de Cervantes, y de él mismo, Juan Rufo, cuyo apellido paterno es Triguillos. El escenario es Talavera y La Mancha, similar a *El Persiles* [medio geográfico, 2.5] Para finalizar este bloque se produce una segunda prueba amorosa para Andrés Caballero, esta vez femenina. En esto sigue el esquema de otras novelas de la colección (*La ilustre fregona*): Juana Carducha; su historia es una leyenda extraída de las Cantigas de Alfonso X *El Sabio* [leyenda, 2.6]. Se produce la muerte de un soldado, y el héroe tiene en grave riesgo su vida (*La ilustre fregona*). Es el momento clímax dramático.

El tercer grupo es la anagnórisis final. La gran sorpresa de esta novela puesto que se trata de un hecho real [3]. La explicación de por qué la narración comienza en Madrid y termina en Murcia se debe al respeto del autor por el hecho histórico. En 1595, el mismo año que cita Cervantes, la niña de tres años Teresa de Figueroa, hija del Corregidor de Murcia, Fernando de Vera, fue retenida por su Madre y escondida en una villa de Madrid debido a la acusación de su marido por pecado nefando. La descripción del hecho por parte del poeta ofrece dudas sobre si se trata de un recuerdo, más bien parece una burla. La cronología del hecho se especifica (1595) y se confirma con la fecha que Fernando de Vera es Corregidor en Murcia [momento data, 3.2]. Tanto éste como el corregidor de que le sustituye en la ficción, Francisco de Cárcamo, y su hijo, responden a personajes históricos con leves cambios en su nombre.

Definitivamente termina con la mención al Licenciado Pozo, poeta cantando alabanzas, como en múltiples relatos de esta colección. El hermano de la niña secuestrada en la realidad, Teresa de Figueroa, es el Conde de la Roca, insigne poeta y excelso amigo de Lope de Vega. Su biógrafa sostiene que Cervantes le conoció en Sevilla. La inclusión de un hecho tan luctuoso, aunque suavizado en las manos de nuestro escritor, no sentaría nada bien a los implicados. Escándalo muy conocido en la corte. Se puede entender una crítica velada al entorno de Lope de Vega. *La gitanilla* en todo caso es la novela de los poemas y los poetas. Este descubrimiento supone un giro de 180° a la interpretación de la novela como exclusivamente una historia folklórica del mundo de los gitanos.

2.4 Personajes principales. Juan de Cervantes, María Cabrera y los Mendoza: Un hecho clave en su vida

Leyendo la biografía de Cervantes del profesor Teijeiro Fuentes—no declarada como tal-, se nos queda el cuerpo con esa sensación desasosegante de que cuando el poeta tomó la pluma se había olvidado de su infancia, su familia y sus recuerdos de niñez. Eso es lo que nos dice el peso de éstas en su narrativa, poco menos que testimonial. En las *Novelas ejemplares* apenas hay dos citas de Alcalá de Henares, muy de pasada en *El coloquio de los perros* y en *La ilustre fregona,* y lo mismo podemos decir de Córdoba, de donde procedían sus abuelos, Juan de Cervantes y Leonor de Torreblanca: "Cabría, así pues, considerar la importancia de Córdoba en la existencia de nuestro autor ya que constituye uno de los domicilios más estables de la familia Cervantes, si bien la presencia de esta localidad andaluza en su obra literaria es nuevamente menor y apenas testimonial"[12].

Tenemos que salirnos de la colección de novelas de Cervantes para encontrar una referencia indirecta a Alcalá de Henares y a la familia Mendoza, protectora de los Cervantes. Nos referimos al *Entremés de la elección de los Alcaldes de Daganzo,* localidad contigua a Alcalá de Henares. También un hecho real acaecido en la villa, cuando el Conde de la Coruña, otro Mendoza, intentó sustituir a los alcaldes locales por un alcalde mayor (1589-1592), lo que llegó a la Chancillería de Valladolid. El suceso está recogido, según Noel Solomon en *La Política para corregidores y señores de vasallos* (1597), de Castillo de Bovadilla[13]. Añadimos que Cervantes devoraría este libro ardiendo en

---

12   Teijeiro, 2014, p. 115.
13   Pérez Priego, 1982, pp. 137-144.

deseos de ser corregidor algún día y lo parodiaría con Sancho en el palacio de los Duques al igual que sus ordenanzas que son calcados a los autos de buen gobierno de la época (*Don Quijote*, II)[14].

María Cabrera: Si podemos encontrar alguna referencia a esta parte desconocida de su vida, veladamente puede ser en esta muy personal novela de *La gitanilla*. Hay que partir de Juan de Cervantes, abuelo del escritor, trabajó para Diego Hurtado de Mendoza, Duque del Infantado, quien le nombró lugarteniente de la Alcaldía de las Alzadas en sus estados (1527) y al año siguiente oidor del Consejo del Duque. En algún documento, según Krzysztof Sliwa, le llama "primo"[15]. Es un hombre cercano, de su círculo de confianza, tanto es así que su hija, María de Cervantes, tiene una aventura amorosa con su hijo Martín de Mendoza, Arcediano de Talavera y Guadalajara (1489-1555): Es decir, que, salvando las distancias, durante un tiempo fueron consuegros de facto.

Este clérigo fue conocido como *el Gitano*, puesto que su madre fue María Cabrera, una zíngara que había llegado a España con un conde (1488). Mostraron al segundo Duque del Infantado unas zambras danzando y unos espectáculos ecuestres donde ésta destacó sobremanera en el día del Corpus[16]. El noble la colmó de regalos y consiguió que accediera a sus deseos, sin matrimonio de por medio, por supuesto. Aunque esta descripción se incluyó por escrito en el *Nobiliario del Cardenal Mendoza*[17], no consideramos que tuviera acceso a ella por este medio. Cuando llegó a los oídos de Cervantes por medio oral y familiar, todo estaba acabado ya habían pasado más de sesenta años, por lo que la podemos considerar ya una leyenda.

Las similitudes con la ficción son evidentes: Un noble hijo de un caballero se queda prendado de una gitana que canta y baila como los ángeles, y que ofrece mucho dinero por los amores de *Preciosa*—que esta en la ficción en un primer momento rechaza—. Además, el oponente de éste, Andrés Caballero o Francisco de Cárcamo—, se llama en la ficción Alonso Hurtado, el mismo apellido que utiliza la casa de los Mendoza una y otra vez.

El conde Maldonado: La segunda versión de *La gitanilla*: *El coloquio de los perros* parece ser un banco de pruebas, un reservorio de nuevas versiones y

---

14   Porras, 2005, pp. 151-177.
15   Sliwa, Eisenberg, 1997, pp. 106-14.
16   Astrana, 1948-1958, Tomo I, Capítulo V, p. 129. López de Meneses, 1972, pp. 247-250.
17   BN, Mss. Sign. II, 517. Starkie, 1954, p. 161.

futuras *Novelas Ejemplares* inconclusas. En ellas. el alcalaíno vuelve a hablar como personaje de Monipodio en Sevilla (*Rinconete y Cortadillo*) también aparece de nuevo el dramaturgo toledano Angulo *El malo* (*Don Quijote*, episodio "Cortes de la Muerte"). Y según Muñoz Machado[18], tenemos también la versión de la conseja o cuento [folclore] que, junto con la leyenda de María Cabrera (1488) [leyenda], completaría los elementos que nos faltan de esta historia. Según el propio Cervantes, que es aquí fuente de sí mismo: Se trata de un paje de un gran señor que se enamoró de una gitana; ésta le exigió que se hiciera gitano y que se casara con ella. Tras ello, los gitanos le nombraron conde[19]. Como vemos, faltan los elementos del baile, del intento de compra con dinero y regalos que aporta la historia antecedente. El resultado final es una suma de todos los argumentos que hemos estudiado.

Un episodio clave en la vida de Cervantes[20]: Mary C. Iribarren, siguiendo a Astrana Marín y Walter Starkie, lo explica meridianamente claro. El tema de los gitanos tuvo un peso fundamental en la casa familiar de Miguel de Cervantes y sería objeto de múltiples conversaciones durante años por cuatro motivos que no dejan en muy buen lugar a la familia del escritor alcalaíno:

Martín de Mendoza, llamado *El gitano*, Arcediano de Guadalajara sostuvo a su tía abuela María de Cervantes económicamente durante mucho tiempo. Ella iba por Guadalajara como "una gentil amazona, cabalgando en su jaca blanca con la guarnición de terciopelo, por las calles de Guadalajara, o asombrando en las fiestas, juegos de cañas y torneos con aquella cargazón de joyas y perlas orientales". Le firmó en 1529, ya que no se podía casar con ella, un convenio para pagarle 600.000 maravedíes en forma de dote.

Cuando los Mendoza se niegan a seguir pagando los gastos de los Cervantes, el patriarca de la saga, Juan de Cervantes, les denuncia y empieza un agrio toma y daca en los juzgados. El Duque ha muerto. Él pierde su trabajo, su estatus, su casa y hasta tiene que huir por este asunto a Alcalá de Henares. Es encarcelado en Valladolid en 1532. El giro de los acontecimientos es fundamental en el devenir de la familia: "A partir de entonces, empiezan las desventuras y empobrecimiento de preponderancia que le daba su relación con la Casa del Infantado". Miguel de Cervantes nace en Alcalá de Henares por este motivo; si no, hubieran probablemente residido en Guadalajara.

---

18   "También es una conseja la que contaba que un paje se enamoró de una gitana, circunstancia que agradó tanto a los demás gitanos que lo adoptaron por señor. Esta conseja puede estar en el germen de La gitanilla".
Muñoz Machado, 2022, p. 336.

19   Leblon, 2017, p. 17.

20   Starkie, 1954, pp. 139-186.

Miguel de Cervantes y su familia viven en Alcalá en casa de su tía María de Cervantes y sostenidos por ella, con el dinero obtenido de Mendoza *el Gitano*. La pérdida de ese sostén les lleva a los problemas económicos que su padre, Rodrigo de Cervantes, y el manco de Lepanto arrastrarán toda su vida: "De modo que, durante toda la niñez de Cervantes, la influencia familiar de la antigua querida de *El Gitano* fue considerable"[21]. De ahí que entendamos que esta novela es muy personal.

2.5 Personajes secundarios: Juan de Contreras, Antón Ruiz Triguillos y Juana Carducha. El mito del escudero Juan de Contreras (1435)

Con la función de facilitadores de la heroína, nos aparecen dos personajes, doña Clara, mujer del Teniente de Corregidor, el escudero Contreras y una serie de criadas. El escudero se nos plantea como el arquetipo del sirviente ruin y zafio, al estilo de un proto-Sancho Panza o del paje Santisteban de turno (*La señora Cornelia*), puesto que cuando su señora le pide dinero para dárselo a Preciosa, al sirviente sólo se le ocurre decir que le den dinero para que lo desempeñe por la cena del día anterior, lo que le hace ganar una reprimenda como "impertinente".

Salvando la siempre complicada homonimia de la época[22], teniendo en cuenta el punto de partida de la novela y su contexto, no podemos más que pensar que a Cervantes se le vino a la memoria algún cuento de su niñez y juventud sobre el escurridizo escudero Juan de Contreras y lo deslizó como una pieza más de este complejo puzle de dobles sentidos.

Este personaje es mítico dentro de la historia de los Mendoza de Guadalajara, por el misterio que le rodea. Era el escudero de Aldonza de Mendoza, esposa de Fadrique Enríquez de Castilla, su primo, señor de Lemos y Conde de Trastámara; cuando esta señora muere en 1435, especifica en su testamento que sus albaceas sean un prior y este escudero Contreras, a cambio de lo cual recibe mil florines de oro o la heredad de Burguillos (Toledo), así como su hijo doscientos[23].

Parece ser que el encargo oculto que no podía ser revelado, es el cuidado de un hijo ilegítimo, llamado Alfón. Pero que a un escudero su ama le con-

---

21   Iribarren, 2008, pp. 187-196, 189-190.
22   [Restitución de bienes, caballo y salario a Pedro de Contreras, escudero; 1501-03-22, Granada]. AGS. CCA, CED, 5, 80, 2.
23   A tanto ha llegado el misterio de este personaje, que se le relaciona con la teoría del Cristóbal Colón de Guadalajara, pero nunca se le ha vinculado con Cervantes. García de Paz, 2019, pp. 98-100.

vierta en alta nobleza de un plumazo dándole el señorío de un pueblo toledano, colmaría las expectativas de cualquier Sancho Panza de turno con su idílica Ínsula Barataria (*Don Quijote* II, XLV), y no deja de ser desde entonces tremendamente sospechoso. Si hay un candidato a que podamos remitirnos a un mito y a un personaje real desde luego este Juan de Contreras sería uno de los primeros en quién pensaríamos.

2.6 El Gorrero Triguillos y la burla al poeta Juan Rufo, su pariente[24]

Antón Ruiz Triguillos, un judeoconverso cordobés (1596)[25]: El *Gorrero Triguillos* cumple la función en esta novela de ser lo que hemos llamado personaje y trama bisagra o giro argumental y geográfico, momento que aprovecha Cervantes para además incluir otra anécdota, que escucharía probablemente en su infancia cordobesa: La del engaño genial de la hechicera al incauto haciéndole meterse en una cuba de agua desnudo con una corona de ciprés para buscar un tesoro.

Luis Astrana Marín pone como ejemplos incontestables de personajes reales en la obra cervantina precisamente a Alonso López, el clérigo de Alcobendas (*Don Quijote* I, XIX), al *Gorrero Triguillos* de *La gitanilla* y al doctor de la Fuente de *La ilustre fregona*[26]. No tenemos ahora tiempo para fundamentar nuestro asombro, como así lo hizo una declaración similar de José de Armas (1905)[27], como vimos. Sigamos leyendo este estudio y sabremos el por qué, pero es obvio que nosotros hubiéramos escogido otros más evidentes.

La identificación de este personaje accidental con el sevillano Antón Ruiz Triguillos ya fue hecha nada menos que por Francisco Rodríguez Marín en 1914, aunque con un secretismo tal que nunca llegó a decir de dónde obtuvo la documentación para su aserto[28]. De todos modos, la catalogación de los archivos ha llegado a tal punto que es fácil saber a qué expediente se refería[29]: Se trata del intento de pasar a Indias por parte de toda la familia, en un

---

24 Una pequeña biografía en: Lucía, 2016, p. 77.

25 Multitud de personajes secundarios cervantinos tienen estudios específicos, escasamente desde el punto de vista histórico. En este caso sobre el simbolismo del cuerpo desnudo del gorrero en la tinaja. Mariel, 1998, pp. 430-444.

26 Astrana, 1948-1958, p. 51.

27 Este autor propuso como evidentes el Alférez Campuzano (*El casamiento engañoso*), Isunza y Gamboa (*La señora Cornelia*) y Juan de Avendaño (*La española inglesa*), los más complicados de identificar. Armas, 1905.

28 Rodríguez Marín, 1914-17, pp. 95 y 96.

29 [Antón Ruiz Triguillos] Expediente de información y licencia de pasajero a indias de Antón Ruiz Triguillos, natural de Córdoba y vecino de Sevilla, Agustina,

expediente con casi treinta folios, y una burda genealogía, y decimos intento porque eran judeoconversos, se les localizó, y no pudieron hacerlo. Lo más importante que nos aporta este documento es que Triguillos era cordobés, y ahí es donde el punto de la historia de este personaje también da un giro inesperado como el propio personaje de ficción.

Los Triguillos y los Torreblanca cordobeses: El que los Triguillos de Córdoba, que no los de Sevilla, estaban asentados en esta ciudad y que se dedicaban a los más variados oficios artesanales como nos describe Cervantes ha sido profusamente estudiado por Blanca Navarro, quien nos habla de un Juan Ruiz de Triguillo, propietario de una haza de tierra en 1468, Martín Ruiz Triguillos, clérigo, Antonio Triguillos aprendiz de trapero, Antonio Sánchez de Triguillo, aprendiz de vainero (1468)[30]; esto entroncaría claramente con la descripción de Cervantes de unos trabajadores manuales, en este caso un simple gorrero. La referencia cervantina la podemos entender, como en la mayoría de los casos, a un linaje, no a un miembro concreto.

Sin embargo, la clave llega con otro de los expedientes de licencia de pasajeros a Indias, en este caso con éxito (1594): Beatriz de Torreblanca, de Córdoba[31], hija de Gonzalo de Triguillos y Victoria Díaz se marcha al Perú con toda su familia[32]. Dado que esta pasajera—que viaja con casi todos sus hijos, pero sin su marido Luis Sánchez Jurado—no ha tomado el apellido ni de su madre, ni de su padre, queda claro que lo hizo de sus abuelos o bisabuelos, es decir, que sus antepasados son cordobeses, coetáneos de Leonor de Torreblanca, abuela de Miguel de Cervantes, y podemos deducir que entonces parientes en algún modo, y éstos emparentaron con los Triguillos de la misma vecindad por las mismas fechas.

Isabel, Francisco, María, Josefa y Antonio, y con su suegra Ana de los Ángeles, todos naturales y vecinos de Sevilla, a Nueva España. No pasaron, Sevilla, 1596/06/29. AGI. Contratación, Leg. 5252, n° 1, R. 7.

30   Navarro, 2014, pp. 217, 218, 299 (cuadro), 434.

31   [Beatriz de Torreblanca] Expediente de información y licencia de pasajero a indias de Beatriz de Torreblanca, natural de Córdoba, hija de Gonzalo de Triguillos y Victoria Diaz, casada con Luis Sánchez Jurado, con sus hijos: Luisa y María, a Perú, Sevilla, 1594/01/18. AGI. Contratación, Leg. 5246, n° 2, R. 8.

32   A excepción de su hija María que se marchará en 1603, ya como criada: [María Torreblanca] Expediente de información y licencia de pasajero a indias de María Torreblanca, criada de Francisco Díaz Durán, natural de Sevilla, hija de Luis Sánchez Jurado y Beatriz Torreblanca, a Perú, Sevilla, 1603/06/13. AGI. Contratación Leg. 5276A, n 42.

Un guiño a Rufo: El nombre de Gonzalo Triguillos era extraordinariamente conocido en la Córdoba del seiscientos. Según las investigaciones de Enrique Soria Mesa, un tal Antón de Triguillos fue quemado por la Inquisición cordobesa por judeoconverso, y su hijo Gonzalo reconciliado: "Gonzalo Triguillos, hijo de Antón Triguillos, condenado, vecino en San Salvador, es reconciliado y una hija suya de edad de seis años nieta de condenado, novecientos maravedís"[33]. El primer matrimonio del que desciende esta línea de Triguillos cordobeses, el formado por Constanza Díaz y el candelero y dorador Gonzalo, tuvo que huir a Portugal, en principio justificándolo por las deudas, pero quedan claros los motivos reales, que no son otros que la persecución que estaban sufriendo por su fe.

Uno de sus descendientes, Gonzalo Ruiz Triguillos, fue uno de los ocho hermanos de Juan Rufo, padre del autor de *La Austríada*, y dada la coincidencia de apellidos con el frustrado Antón, pasajero a Indias (1596) y la proximidad de fechas, queda claro que estamos ante un pariente muy cercano de los Rufo mercaderes, probablemente primos, lo que explica el conocimiento de Cervantes.

El último de los hermanos del padre de Juan Rufo que voy a mencionar fue, en el sentido que nos interesa, el más importante, ya que concibió a Juan Ruiz Triguillos, cuyo testimonio ante el Santo Oficio es el que ha dado pie al descubrimiento del carácter converso de estos. Gonzalo Ruiz Triguillos se llamó, usando del apellido materno; fue mercader de paños y casó con Victoria Díaz, hija de Mateo de Montemayor y de Catalina de Molina. Es esta línea la que debemos seguir por un momento, pues nos transporta de nuevo a ámbitos bien trascendentes en la vida del nuestro escritor

La cuestión es que Beatriz Gutiérrez de Torreblanca es hermana de Juan Ruiz Triguillos[34], y por tanto ambos primos hermanos de Juan Gutiérrez Rufo, el autor de *la Austríada*[35], al que, como es sobradamente conocido, Miguel de Cervantes le dedica un soneto laudatorio en el *Canto de Calíope* de *La Galatea* (1585), lo que se desconocía es que además de muy buenos amigos, probablemente eran también parientes muy lejanos con algún antepasado común:

> De Juan Gutiérrez Rufo el claro nombre quiero que viva en la inmortal memoria, y que al sabio y al simple admire, asombre la heroica que

---

33   Soria, 2018, p. 22. Tomado según el autor de: AGI. Contaduría Mayor de Cuentas, Leg. 100. Córdoba, entrada 667, pp. 21, 26.
34   AHN. Inquisición, Leg. 1492, exp. N° 1. Tomado de: Soria, 2018, p. 17.
35   Ramírez, 1912.

compuso ilustre historia. Dele el sagrado Betis el renombre que su estilo merece; denle gloria los que pueden y saben; dele el cielo igual la fama a su encumbrado vuelo[36]. Cervantes, *La Galatea, VI* (1585)

2.7 JUANA CARDUCHA, CÓRDOBA Y *LAS CANTIGAS*.
Juana Carducha es una mujer malvada que aparece en su función de trama crisis, el último escollo que tiene que salvar el héroe, en este caso Andrés Caballero, antes de obtener el amor de su amada. Ahora bien, en la estructura del cuento folklórico tradicional, que Cervantes volverá a repetir en *La ilustre fregona*, el antihéroe cervantino se juega la vida y tiene que demostrar —como prueba definitiva— que está dispuesto a llegar a las últimas consecuencias, incluso a entregar hasta su bien más preciado a cambio de obtener el don que busca. En el caso concreto de *La gitanilla*, acusado injustamente, mata a un soldado y va a ser ajusticiado por el Corregidor de Murcia.

El origen de la trama: Cervantes reproduce aquí casi al milímetro la leyenda con ciertos rasgos verosímiles [folclore / leyenda] recogida en la Cantiga CCCLV de Alfonso X *El Sabio*; dice así: Una mujer persigue a un mancebo de Mansilla (La Rioja) mientras hace una peregrinación dentro del Camino de Santiago a la Iglesia de Santa María la Blanca en Villalcázar de Sirga (Palencia), y viéndose rechazada, le acusa de violación. El inocente acaba sin embargo con una soga al cuello, y justo cuando va a ser ajusticiado es salvado por la Virgen María[37].

Estos sucesos, que pudieron ocurrir varias veces a lo largo de la historia, y atribuidos en virtud de la *movilidad* en el folclore a diferentes agentes, pudieron ser leídos por el poeta, y mayormente pensamos escuchados también en forma oral en alguno de sus múltiples viajes. Esta es la idea que ya sostuvo Marcel Bataillon (1950)[38], aunque con un milagro diferente esta vez atribuido al apóstol Santiago, al igual que Avalle-Arce (1982) lo localiza en un libro de Pedro de Medina (1548), esta vez situado en Santo Domingo de la Calzada. Evidentemente estamos hablando de tres o cuatro versiones de la misma leyenda y es difícil saber cuál de ellas fue la fuente directa. Otros antecedentes que se han propuesto es la historia de José, o Heliodoro, más alejadas de nuestra idea[39].

---

36 Escobar, 2018, p. 146.
37 Pérez de Tudela, 1986, p. 69.
38 Bataillon, 1950, pp. 274-76.
39 Cervantes, García López, 2013, p. 846-847.

Leitmotiv cervantino: En cuanto a la protagonista de la historia, que como siempre es sobrevenida, un nombre sobrepuesto que en nada tiene que ver con la historia que protagoniza en la ficción. Dado que estamos en una novela de ambiente familiar, y el anterior personaje es cordobés, pensamos que la inercia le juega una mala pasada al narrador. Es más que probable que los Carducho también lo sean y allí escuchara hablar de ellos o desde luego en sus recorridos por Andalucía. Catalina Carducho, mujer de Nicolás de Miranda, aparece cancelando un censo en la Encomienda de las Casas de Córdoba, dentro de la Orden de Santiago, en el año 1628[40].

Ahora bien, los Carducho es la castellanización del apellido italiano Carduccio, son florentinos, descendientes de mercaderes. Estamos hablando de nuevo de un *leitmotiv* de Cervantes, de uno de los "cinco italianos" que aparecen en las *Novelas ejemplares*, y que hay que estudiar en su conjunto.

2.8 El Licenciado Pozo: El primer final de novela resulta ser coherente

"Y de tal manera escribió el famoso licenciado Pozo, que en sus versos durará la fama de la Preciosa mientras los siglos duraren". Así termina *La gitanilla* con este alegato a la veracidad, que es un final común en la colección (*El amante liberal, La española inglesa, La fuerza de la sangre, La ilustre fregona, Las dos doncellas*). No hace falta profundizar mucho para entender que se puede tratar de una burla al lector y que por supuesto para nada responde a la realidad[41]. Sin embargo, las relaciones tan intensas entre este poeta, Lope y Cervantes, al menos nos da pie a afirmar que el alcalaíno en este momento es coherente con su discurso: La inclusión del Licenciado Pozo no es casual, ni aleatoria.

El cervantismo decimonónico, como reconoció Avalle-Arce, había identificado a este poeta como Francisco del Pozo, amigo de Lope de Vega y corrector de sus obras, pero esto cambió hacia Andrés del Pozo, granadino y canónigo de La Ventosa (Cuenca)[42]. No desdeñemos la importancia de este personaje, teniendo en cuenta que tiene elogios de Nicolás Antonio o Dámaso Alonso. El primero dice que hace "métrica legendaria y jocosa". Cervantes

---

40 [Fernando de la Cerda, Comendador de las Casas de Córdoba, contra Nicolás de Miranda y Catalina Carducho, su mujer, sobre un censo. Madrid, 1628]. AHN. OOMM. AHT. Exp. 508.

41 "Fueron esas líneas, leídas en forma harto inocente por el cervantismo decimonónico y finisecular, las que cimentaron en buena medida lo que se vino en llamar los "modelos vivos". García López, 1999, pp. 185-192.

42 Bermúdez, 1608, p. 131.

había usado la palabra *humanista* una sola vez anteriormente, en el *Viaje del Parnaso,* a propósito del doctor Andrés del Pozo: "Humanista divino es, según pienso: el insigne doctor Andrés del Pozo". Según Isaías Lerner, Cervantes debió conocer en Italia a este sacerdote granadino allí residente[43].

No sé hasta qué punto con los nuevos descubrimientos no tendríamos que plantearnos de nuevo esta propuesta que hizo en su momento Francisco Rodríguez Marín[44], porque hasta su biógrafo más reciente, Jesús María Morata, lo hace. Este erudito propone al menos dos licenciados o doctores llamados Pozo, sino tres: Uno nacido en Granada, que pasa por Roma, hace unas poesías a la muerte de Margarita de Austria, y acaba de cura en La Ventosa, una pequeña pedanía de Cuenca "afín al grupo de la Spongia". Y otro llamado Francisco del Pozo, amigo de Lope de Vega, que propone sea el retratado por Miguel de Cervantes[45] en este caso. Esta última versión coincidiría más con el tono general de la novela.

2.9 La Trama principal: El secuestro de Teresa de Figueroa (1595).
Juan de vera y Acevedo, Corregidor de Murcia: ¿Dónde está mi hija? (1594-1595): Nunca lo hubiéramos pensado. Ni siquiera yo y el que diga lo contrario miente. El descubrimiento del proceso por pecado nefando del Corregidor de Murcia Fernando de Vera en la misma fecha que vaticina Cervantes en su novela es una ficha de dominó que amenaza con arrastrar al realismo a otras historias, hasta ahora dudosas, de su narrativa: Sin ir más lejos *La ilustre fregona* o *Las dos doncellas*.

La insistencia de Cervantes porque quedara claro para el lector presente de que se estaba refiriendo al suceso que algunos tenían en mente, es tal, que llega a citar la fecha exacta del hecho luctuoso [1595], mantiene el cargo exacto del corregidor y cambia levemente su nombre. En otras novelas el autor no resulta tan nítido y contundente, es más difuso, como veremos, y es más difícil encontrarle y entenderle. No hay duda posible, aunque en los primeros test ha causado cierto desasosiego[46].

La anagnórisis final de la niña consiste en descubrir que no es gitana, que es noble, y su nombre es Constanza de Acevedo y Meneses, hija de Fernando de Acevedo, Caballero de Calatrava y Corregidor de Murcia, y de su mujer

---

43 Lerner, 1990, p. 835; Vidal, 2008, pp. 165-190.
44 Cervantes, Avalle-Arce, 1982, p. 158.
45 Según este autor, sólo el estudio de los archivos diocesanos conquenses podría dar una solución a este dilema. Morata, 2001, p. 6.
46 Escudero, 2020c.

Guiomar de Meneses, y la desaparición se precisa como nunca en los textos cervantinos: Ocurrió el día de la Ascensión del Señor del año 1595 a las ocho de la mañana[47]:

> Abrióle con priesa el Corregidor [de Murcia], y leyó que decía: "Llamábase la niña doña Costanza de Azevedo y de Meneses; su madre, doña Guiomar de Meneses, y su padre, don Fernando de Azevedo, caballero del hábito de Calatrava. Desparecíla día de la Ascensión del Señor, a las ocho de la mañana, del año de mil y quinientos y noventa y cinco.

Ya hemos visto en muchos puntos de este estudio como múltiples autores avisan de este posible engaño y de paso lo infructuoso de buscar referencias históricas en algo que no las tiene, pero puestos a intentarlo de nuevo vimos por dónde podríamos comenzar la búsqueda. Los estudios sobre Fernando de Vera y Vargas, Corregidor de Murcia, han sido prácticamente inexistentes hasta fechas recientes. Y si han tomado un nuevo brío desde el año 2000 hasta la actualidad no es ni mucho menos por su excelente labor al frente del gobierno, sino porque en el momento en que en 1594 se le abrió proceso de residencia, habitual en todos estos cargos al finalizar su gobierno, el juicio se enrareció súbitamente, y lo que era un procedimiento administrativo tasado, se convirtió en un proceso por sodomía, divorcio y custodia de sus hijos, con ocultación y rapto de su hija por parte de su esposa incluida[48]: Dada la importancia actual de los estudios de género ha cobrado nueva vitalidad por este motivo.

El proceso se conserva en Simancas, y consta de tres legajos y más de cinco mil folios, —solamente la residencia 3.115—. Como adelanto de un estudio mucho más profundo que merece, podemos decir que las relaciones entre ambos esposos se enrarecieron hasta límites insospechados y por supuesto irreconciliables. Fernando de Vera acusó a su esposa de intentar envenenarlo con una hechicera morisca llamada María de Luna, venida expresamente del reino de Granada, quien le preparó un pollo en la mesa[49]; también de que su mujer se había intentado suicidar cuando estaban en Mérida con una manzana con tosigo:

---

47   Sherman, Reeves, 2020, pp. 189-199.

48   El primer autor que nos consta consultó específicamente el rapto de la hija del Corregidor Fernando de Vera en su tesis doctoral; después hemos localizado el proceso en el PORTAL PARES del Ministerio de Cultura de España: Garza, 2000, p. 273.

49   Son los legajos 387, 388 y 389. AGS. CRC, Leg. 389, 2, p. 74.

> Si saben que la dicha doña María es una muger arroxadissa y de mala conçiencia, y que como tal se quiso matar así propia con veneno en el lugar del Alguijuela, aldea de la çiudad de Mérida, por çierto enojo que tomó y con efecto tomó cantidad del tosigo y solimán en una mançana[50].

A su vez los testigos de ella, además del pecado nefando, le acusan de haberle buscado un amante a su esposa. Finalmente, en la última andanada de acusaciones, el marido dice que tanto ella como su primo Meneses, que la azuza a seguir, procuraban que él fuera quemado en Murcia y se vestirían de rojo para celebrarlo.

> Pregunta 25. Si sauen que la dicha doña María de Çúñiga y don Fadrique de Meneses, su primo hermano, dixeron en esta Corte muchas vezes a muchas personas que quando tuviesen nueua de que en Murcia auían quemado al dicho don Fernando de Uera, su marido, se vesterían de encarnado[51].

La primera pregunta que surge es si los escritores y el vulgo de la época pudieron hacerse eco de este hecho. Para María Ángeles Martín Romera, quien ha estudiado el caso de forma precisa muy recientemente (2018), es obvio que sí, porque la propia Corte y el Consejo de Castilla intentaron parar el escándalo murciano[52]. Además, la propia autora compara éste con otros casos como el de Eleno de Céspedes, más conocidos y estudiados, sin advertir que también se trata de un personaje cervantino, reflejado en *El Persiles* como la Maga de Alhama[53]. Esto abunda aún más en nuestra percepción, casi una certeza, de que al menos una versión oral de la historia pudo llegar a oídos de Cervantes. Las primeras alegaciones del corregidor son tan similares a la ficción cervantina, que huelga hacer mayores esfuerzos por demostrar la genética entre ambos hechos:

> Don Fernando de Vera y Vargas, vezino de la ciudad de Mérida, vuestro Corregidor y Adelantado que he sido del Reyno de Murcia, digo que: Hauiéndome preso en la dicha ciudad por la causa porque de presente lo estoy, Doña María de Çúñiga, mi mujer, se vino a esta Corte y se traxo

---

50   AGS. CRC, Leg. 389, 2, p. 153.
51   AGS. CRC, Leg. 389, 2, p. 165.
52   Martin Romera, 2018, p. 158.
53   La transcripción completa del proceso en: Ruiz Rodríguez, Hernández Delgado, 2017.

consigo a doña Teresa de Figuerosa, mi hija, y no me la ha querido entregar, ansí la ha escondido y trasportado y porque mi voluntad es que la dicha mi hija esté en la ciudad de Mérida en compañía de Doña Bartholina de Vera y Doña Leonor de Vera, mis tías, personas de mucha virtud en el conuento de Señora Sancta Olalla.

Pido y suplico a Vuestra Alteza manda dar su Real Prouisión para que las justicias de qualquiera parte destos reynos donde la dicha doña Teresa de Figueroa mi hija estuuiere o la tuuieren escondida, la saquen e me la entreguen o a quien mi poder huuiere para lo qual esta pido justicia. [Firma] Don Fernando de Vera. En Madrid, a 7 de julio de 1595 años[54].

Sobre el cambio de apellido real de Fernando de Vera al definitivo literario de Fernando de Acevedo con el que nos regala Cervantes, es una pobre distracción, que seguro no engañó a nadie en la época. Los Vera de Mérida eran los pretendientes del mayorazgo de los Acevedo de Badajoz[55]. Tanto es así, que sus inmediatos descendientes, como Fernando de Acevedo y Vera, caballero de Santiago, tomarán el apellido Acevedo por delante del Vera del siglo antecedente [1639][56].

En cuanto al nombre de su esposa en la ficción, Guiomar de Meneses, también tenía un recado para los más avezados. En el proceso por pecado nefando entre ambos, como hemos visto el principal testigo que declara es el primo hermano de ella (María de Zúñiga), llamado Fadrique de Meneses, por lo que este apellido también estaba en su linaje más próximo[57].

---

54   El estudio del incidente procesal del secuestro de Teresa de Figueroa queda pendiente para posteriores estudios. [Proceso del fiscal de S.M., Pedro Martínez, contra Fernando de Vera, corregidor que fue de la ciudad de Murcia; Luis de Roda y Vicente de Miranda, por homosexualidad y escándalo público]. AGS. CRC, Leg. 387, 1. El secuestro de la hija, Teresa de Figueroa, se ventiló en pieza separada, Leg. 389, expediente nº 2.

55   [*Juan Antonio de Vera, conde la Roca, con don Fernando de Vera y Acevedo, su hermano y otros consortes, sobre la tenuta de cierto mayorazgo llamado de los Acevedos. Badajoz*]. AHN, Consejos, Leg. 24869, Exp.6. ff. 17-r y 18—v.

56   *"D. Fernando de Acevedo y Vera, Caballero del Hábito de Santiago vecino de esta ciudad, dijo, que yo y mis antecesores, por tener la casa principal de nuestra morada junto a la Iglesia Parroquial de Santa María del Castillo de esta ciudad para que la dicha iglesia estuviese con más decencia compramos algunas casas y las derribamos para que hubiese plazuela delante de la dicha Iglesia"* [*1639*]. Altieri, 1985, pp. 29 y 30. Tomado de: *AMB, Libro de actas del Concejo*, 26 de mayo de 1639.

57   AGS. CRC, Leg. 389, 2, p. 156 y 161.

2.10 Los Cárcamo: Otro aviso a Lope de Vega

La vieja gitana nos narra brevemente quiénes son los protagonistas de la novela: Se trata de Francisco de Cárcamo y de su hijo Juan de Cárcamo (alias Andrés Caballero), ambos Caballeros de la Orden de Santiago, y el padre, además, corregidor. La identificación con el corregidor de Toledo Alonso de Cárcamo ya es antigua, a pesar de que era Caballero de Calatrava y no de Santiago, pero parece ser que a pesar de todo tenemos que pensar en este personaje, puesto que las conexiones con Cervantes son infinitas, y no sabemos por dónde empezar a enumerarlas.

El manco de Lepanto se debió encontrar con ellos y sus *hazañas* varias veces a lo largo de su vida y en muy diferentes contextos, no solamente en el militar y berberisco como pretende parte de la crítica[58]. En primer lugar, los Cárcamo son cordobeses[59], y ya sabemos que los abuelos de Cervantes, Juan e Isabel de Torreblanca, proceden de allí, su nieto debió pasar temporadas en esa ciudad y muchos personajes de su narrativa, además de estos, lo son.

Segundo, cuando Cervantes llega a Toledo, el corregidor de la ciudad es don Alonso de Cárcamo (1593-1598), caballero de Calatrava, y lo volverá a ser entre 1604-1607[60]. Aquí viene de nuevo la conexión lopesca que destaca Abraham Madroñal, y cuyo rastro, según nuestro criterio, aparece cada vez que Cervantes tiene en mente Toledo como espacio geográfico de su narrativa: Otro *leitmotiv más:* "En este sentido cabe señalar la importante relación del poeta con el poder civil de Toledo: En las dos ocasiones en que el caballero calatravo don Alonso de Cárcamo alcanza el cargo de corregidor de Toledo, de 1593 a 1598 y de 1604 a 1607, Lope se ve favorecido especialmente y comisionado para escribir, por lo menos, dos comedias"[61].

Tercero, el manco de Lepanto coincidirá de nuevo con el corregidor Alonso de Cárcamo en Valladolid en las fiestas de coronación de Felipe III en 1604. De esta experiencia también extraerá varios personajes, como el paje Santistéban (*La señora Cornelia*) y la historia de *La Vulnerata* (*La española inglesa*), que estudiamos en su momento. Ya sabemos, pero no está mal recordarlo, que al manco de Lepanto se le atribuye la *Relación de lo sucedido en la ciudad de Valladolid desde el punto del felicísimo nacimiento del príncipe don*

---

58 Fernando de Cárcamo, aparece como protagonista del *El gallardo español*. Touil, 2021, pp. 79-89

59 [Pruebas para la concesión del Título de Caballero de la Orden de Calatrava de Alonso de Cárcamo y López de Haro Figueroa y de Guzmán, natural de Córdoba. 1592] AHN. OOMM, Caballeros Calatrava, Exp. 452.

60 Aranda, 1999, pp. 227-311.

61 Madroñal, 2017, p. 285.

Felipe[62], donde precisamente aparece don Alonso de Cárcamo organizando el juego de cañas para la ocasión:

> Vestido su majestad en la posada del marqués de la Laguna, que es junto al pasadizo de don Alonso, desde una ventana fue ordenando todo lo que se había de hacer para el juego de cañas; y en ejecutar sus órdenes entendían don Alonso de Cárcamo, y Haro, corregidor de Toledo, del hábito de Calatrava, y don Gonzalo Manuel, de la misma Orden, caballeros cordobeses, que, como ejercitados en tal juego, fueron llamados para que asistiesen en él y hiciesen ejecutar lo que su majestad mandase[63].

Francisco de Cárcamo, caballero de Santiago, no quiere ir a Flandes: ¿Casualidad o burla premeditada?: Hay dos menciones finales que hace Cervantes a los Cárcamo que pueden ser un guiño humorístico al lector versado en la heráldica de la época. Lo primero es que cuenta que, al ser recibido en Murcia, se hicieron fiestas por ser "muy bien visto". Hay que tener en cuenta que el corregidor Alonso de Cárcamo fue conocido por dos actuaciones: La primera cuando fue corregidor de Ávila y condenó a muerte a varios de los nobles de la ciudad; la segunda, cuando llegó a Toledo: Se le consideró "noble caballero, magistrado probo y devoto cristiano; pero hombre de pocas letras, sencillo y crédulo en demasía". Es otro personaje de frontera con más claroscuros que fiestas en su biografía[64]. Mención paródica, sin duda.

La segunda cita es al conocimiento que tuvo Francisco de Cárcamo de que su hijo era Andrés Caballero, *el gitano*, y descubre que no ha ido a Flandes como le había dicho. La cuestión es que tenemos que saber que sí hubo unos Alonso y Francisco de Cárcamo, esta vez sí, caballeros de Santiago en Flandes tal y como se dice en la ficción. El problema es que deberíamos decir unos proyectos de, puesto que no les despacharon el título. Alonso lo intentó en 1611, y Francisco en 1641[65]. La posibilidad de que Cervantes mezcle aspec-

---

62 Marín Cepeda, 2005-2006, pp. 161-93.
63 Cervantes Saavedra, Marín Cepeda, 2005-2006, p. 249.
64 De Ceballos-Escalera, 2017, p. 68.
65 "Minuta de las pruebas de D. Alonso de Luna y Cárcamo, natural de Amberes. No se despacharon. 1611. Pruebas del Maestre de Campo D. Francisco de Luna y Cárcamo, Corregidor de Badajoz, natural de Bruselas, hermano entero del de arriba. Quedáronse acordadas diligencias, sin embargo, de las órdenes de S.M. que aquí están, para que se hiciesen en la Corte". AHN. OOMM, Caballeros de Santiago, Exp. 4684.

tos de diversos personajes históricos del linaje es real, porque lo hace en otras obras (*El celoso extremeño*).

La opción de que esta mención a caballeros Cárcamo de Flandes sea otra burla contra ellos, tiene también su razón de ser, puesto que no lo eran en vida del autor y fueron rechazados en sus pretensiones por no cumplir los requisitos exigidos en el expediente de limpieza de sangre por conversos. Y todo ello a pesar de un apoyo expreso del Consejo del monarca. De hecho, el alcalaíno también lo hizo con otro personaje similar, el corregidor de Cáceres, al que cataloga de corrupto en la ficción (*Los trabajos de Persiles y Sigismunda*, III).

2.11 Escenario. El inesperado cambio de sentido de *La gitanilla*: El conde de la Roca, Sevilla y Lope

A pesar de que la acción comienza en Madrid, atraviesa La Mancha y termina en Murcia, estamos convencidos de que el autor probablemente escuchó esta historia en Sevilla. Nos basamos en la biografía del Conde de la Roca de Carmen Fernández-Daza. Esta historiadora nos ofrece una serie de claves para entender por qué el suceso del secuestro de Teresa de Figueroa (1595) su hermana, acaba siendo la trama anagnórisis y principal de una novela cervantina.

La primera, que Francisco de Vera y Zúñiga y Cervantes se conocían, no hay duda, puesto que le dedica un soneto en el *Viaje del Parnaso* (1614). Su encuentro, como con Lope, se produjo en las academias sevillanas como la de Arguijo o Juan de Ochoa. La segunda, novedad para el cervantismo, es que el Duque de Béjar, que patrocinó el primer Quijote[66], era también el mecenas de Juan de Vera, padre del futuro conde[67]. Luego veremos como este noble nos volverá a aparecer con otro personaje, Luis de Carrizales, completamente inesperado (*El celoso extremeño*). Dos menciones subyacentes desconocidas que habrá que tener en cuenta en el futuro.

Ambos probablemente al principio tendrían un embrión de amistad, pero que se enfriaría con el acercamiento de éste a Lope de Vega[68]. Tampoco descartaríamos nosotros un encuentro en Toledo, puesto que en 1604 Juan de Vera le dedica un soneto a las orillas del Tajo: "Cuando las Ninfas del Castalio Coro, Lope, oyeron tu plectro sonoro en el Tajo"[69]. Desde luego *La gitanilla* es definitivamente la novela de los poetas.

---

66   Díez, 2015, pp. 29-51.
67   Fernández-Daza, 1995.
68   Hay copiosa información sobre este Conde de la Roca, su obra literaria y política. Rivero, 2019, p. 703. Vian, 2020, pp. 817-829.
69   Fernández-Daza, 1994, p. 117.

El tono con el que se narra el encuentro entre la Corregidora y Preciosa, abrazándose y bañándose en lágrimas una a la otra, parece demasiado tierno como para esconder una burla soterrada. Pero eso es lo que nos cuentan los documentos. Al entorno de Lope, y en concreto al noble Francisco de Vera, sinceramente, creemos que no le haría demasiada gracia la novelización parcial del suceso del secuestro de su hermana Teresa de Figueroa, por mucho que Cervantes eliminara, como siempre, los datos más truculentos de la historia real: El proceso, la cárcel, los intentos de asesinato, los de suicidio de la madre y la acusación de pecado nefando de su padre; y lo envolviera todo en una historia de gitanos, que por otra parte es la que ha prevalecido. Si nosotros hemos podido encontrar su origen, en la época el escándalo era público y notorio. Podría entenderse también un desagravio, pero sinceramente, no lo vemos.

Sobre el final de esta historia, sabemos que se le dio solución pasados los años. Teresa de Figueroa se casó con Fernando Becerra de Guevara, alférez mayor de Badajoz[70],—por cierto, un gran aficionado al teatro y las comedias—, y al menos tuvieron una hija llamada Violante Becerra de Zúñiga, que a su vez no tuvo sucesión[71].

---

70 "Doña Teresa de Figueroa casó con don Fernando Vecerra de Guevara, señor de Torremejía, Alferez mayor de Badajoz". López de Haro, 1622, p. 479.
71 Salazar y Acha, 1996, p. 400.

3
El cautiverio
Argel
(1575-1580)
El *capitán cautivo* y *El amante liberal*

> No de la imaginación este trato se sacó, que la verdad lo fraguó bien lejos de la ficción. Dura en Argel este cuento de amor y dulce memoria, y es bien que verdad y historia alegre al entendimiento.
>
> Miguel de Cervantes,
> *El trato de Argel* (1582)

3.1 La libertad en las *Novelas ejemplares*: La mística del cautiverio

Cuando uno se acerca a la novelística cervantina desde el punto de vista autobiográfico, imbuido de tópicos y prejuicios, piensa que va a encontrarse incontables referencias al episodio que por antonomasia más ha llenado las páginas del cervantismo secular, el cautiverio de Cervantes en Argel (1575-1580): "Hay un hecho fundamental en la vida de Cervantes: su cautiverio. Este evento traumático no solo ocupa un lugar central en la producción literaria cervantina, sino que constituye el eje, o vórtice fantasmático, al que la escritura de Cervantes retorna sin cesar"[1].

Cervantes sale de Nápoles en la Galera Sol, y desgraciadamente es apresado frente a las costas catalanas, y pasa, según su propio testimonio, cinco años y medio de cautiverio en Argel, tiene cinco intentos de fuga, sus cartas

---

[1] Garcés, 2007, pp. 161-172.

de recomendación y su consideración de esclavo de alto estatus le salvan de una muerte segura. Cita a su secuestrador dos veces como personaje en sus novelas (*La española inglesa*, *El capitán cautivo*). Todo esto lo sabemos.

Pero una vez que entramos a examinar las *Novelas ejemplares*, ninguna de ellas está dedicada en exclusiva a esta parte de su vida, ni los protagonistas tampoco. Podríamos considerar que *El amante liberal* al menos es de tema berberisco y así la trataremos. Sí, es cierto, las menciones son variadas, en *La española inglesa*—donde aparece una de las menciones a Arnaute Mamí, su captor—, los Trinitarios que liberan al protagonista al final de la novela; y una pequeña mención a la milicia en *El coloquio de los perros*. No nos olvidemos el episodio de los falsos cautivos en La Mancha de *El Persiles* (1617). Todos cuentos cortos y secundarios, entremezclados con otros de la temática más variopinta ¿Nada más? y ¿nada menos? Poco bagaje para tanto interés como la crítica ha demostrado por este episodio vital del autor.

Queda claro que varios puntos han hecho que *El Cautiverio* entre en la mitología cervantina por la puerta grande. En un análisis rápido pensamos que el que se considere uno de los pocos episodios autobiográficos que pasó a su obra, junto con el tema morisco. Se ha pensado que su exclusividad lo hace presumiblemente especial. Creo que muchos especialistas lo consideran único. Además, el que haya aparecido la *Información de Argel*, y sea uno de los pocos documentos cervantinos estudiados, editados por extenso y de forma individual varias veces por filólogos y no historiadores y archiveros como suele suceder habitualmente con el resto de fuentes históricas, considero que ha ayudado a consolidar el mito[2].

Después su contenido aventurero, épico, la soldadesca, las batallas, la libertad. Demasiados ingredientes para no darle un aroma de heroicidad y romanticismo. No negamos que la libertad es parte fundamental de las *Novelas ejemplares* y *El Persiles*, pero como concepto que subyace en el fondo inmanente y permanente referencia frente a otros argumentos sobrepuestos.

Finalmente, *El Quijote* y el teatro cervantino, también tienen muchísima culpa de esta tendencia, sobre todo éste último, por las conocidas cuatro comedias llamadas de cautivos: *Los baños de Argel, Los tratos de Argel, La gran sultana* y *El gallardo español*. *El Quijote* es un tornado, un vendaval mediático que lo fagocita todo, "el cautiverio es el mayor mal que puede venir a los hombres" (*Don Quijote* II, LVIII). Ante frases como éstas no se puede objetar nada en contra y los demás temas quedan en un segundo plano, ocultos tras de ellas, entre bastidores, aunque sean otros anhelos del propio autor, tan válidos como el que más.

---

2   Sáez, 2019.

El problema es que después de años de investigación en los archivos se demuestre que no es el único episodio autobiográfico o personal de Cervantes incluido con profusión en sus novelas, como ya estamos intuyendo. Y luego que pongamos todos en una balanza para comprobar su peso relativo. Entonces tendremos que reasignar la importancia de cada tema en su justa medida.

1.2 El Cautiverio: *El capitán cautivo*[3], un ejemplo. Proemio

La crítica entiende que existe una cierta autobiografía en este relato[4], sobre todo por el tema del cautiverio y el ambiente turco, pero en realidad el argumento trata una cuestión sensiblemente diferente a como se ha descrito en algunas ocasiones. La cuestión que se trasluce es claramente el del *reconciliado*, es decir, el renegado que huye de tierras musulmanas recupera su fe y vuelve a su casa, aunque hayan pasado décadas y pierdan privilegios, incluso riquezas. El tema del cautiverio, como se ha indicado, en este caso concreto es subsidiario, se diluye en el principal.

Los problemas que puede encontrarse, legales—dudas inquisitoriales sobre su autenticidad—, económicos y de reintegración son obviados por el buenismo de Cervantes. Pero estamos hablando de una situación que también vivió, la de las dudas de sus compañeros sobre su sinceridad después de cinco años de cautiverio en que sobrevivió.

1.3 La estructura temática: ¿Un banco de pruebas?

El *capitán cautivo* es considerada una historia interpolada dentro del primer Quijote (1615). Por supuesto no forma parte de la colección de las *Novelas ejemplares* (1613), y no debería estar aquí en este estudio, pero todos convendremos que pudiera ser perfectamente una de ellas.

Además, la vamos a tratar en primer lugar no por casualidad, sino precisamente porque es el ejemplo, un prototipo o esquema de cómo estudiaremos el resto de las novelas. Y todo viene al punto de que hay un artículo que analiza la estructura temática de esta historia y sus fuentes que, consideramos fundamental, absolutamente brevísimo y podríamos decir que inconcluso,

---

3   Parodi, 1990, pp. 433-442.
4   Sáez, 2016, pp. 85-104; Moner, 1988, pp. 57-71. "La clave de este vivir radica, pues, en el cautiverio, y esa experiencia sirve asimismo para explicar una amplia zona de la producción literaria cervantina. Por ello, la experiencia histórica del cautiverio y su expresión artística han recibido particular atención por parte de los cervantistas". Avalle-Arce, 1975, pp. 279-333.

del profesor Alfred Rodríguez basándose en las propuestas de otros autores anteriores como Murillo, Allen, Thompson o Avalle-Arce[5].

Según él la estructura transversal se compone de tres partes: (1) La primera que sería de raíces folklóricas, el cuento del *Padre y los tres hermanos*, que en la clasificación jolliana sería un [folclore]; (2) Una segunda que trata la experiencia en el ejército del protagonista, y que por tanto es autobiográfica [hechos reales]; (3) y en tercer y último lugar el contacto, enamoramiento y huida de los amantes, que es otro cuento llamado *la hija del ogro* [folclore].

El mismo Rodríguez reconoce que su análisis está supeditado a las investigaciones que existían en su momento. En nuestro caso creemos que su propuesta es correcta, pero es incompleta. En primer lugar, porque nosotros consideramos que hay más hechos reales en este cuento, además del obvio autobiográfico de la milicia del autor. Ya lo dijimos, pero frente a la corriente dominante, creemos que el cervantismo decimonónico no se excedió en su historicismo, es más, se quedó corto en ocasiones, como es este caso.

Nosotros completaríamos el análisis transversal-horizontal añadiendo más tramas, porque es más complejo: Además, en la última parte la vuelta a España de los protagonistas tiene también un trasfondo histórico que sería la misma historia de Victoria Sultana (1595) u otra similar [hechos reales]. Y eso que no decimos nada del resto de las subtramas, hasta completar cinco o siete como en el resto de *Novelas ejemplares* (secuestro y abandono de Agi Morato, ataque de los franceses, final de novela, etc.).

En segundo lugar, que hay otro segundo nivel longitudinal (vertical) que son los personajes, tanto principales, como secundarios, en su mayor parte reales, y que están insertados como el último nivel superpuesto en la base de estas historias folklóricas y autobiográficas. Aunque en principio no estamos hablando de "modelos vivos" puesto que los personajes históricos nunca protagonizaron los hechos tal y como se cuentan. Isabel Lozano-Renieblas para *El Persiles* los llama *nombres históricos*[6]. No vamos a tratarlos en esta ocasión individualizadamente. Existe sobrada bibliografía sobre el tema[7], y carecemos de espacio en esta ocasión para comentarla.

En tercer lugar, que nos encontramos con una de las primeras experimentaciones de un estilo o técnica literaria de Cervantes a la hora de elegir argumentos, que supone tomar uno o varios cuentos tradicionales y actualizarlos a su presente (*El celoso extremeño*, *La ilustre fregona*, *El coloquio de los*

---

5   Rodríguez, Irwin, 1994, pp. 259-263. Tiene una versión anterior, incluso mecanografiada, mucho más simple. Rodríguez, Velázquez, 1987, pp. 253-259.

6   Lozano-Renieblas, 1998, p. 177.

7   Garcés, 2005.

perros, *Las dos doncellas*), en este caso con el tema de Berbería y el cautiverio. En este sentido, la mezcla de datos históricos, con leyendas y hasta lugares geográficos como *La cava rumia* es algo que ya ha sido destacado por Alberto Montaner en *El capitán cautivo*:

> La vinculación de la historia del cautivo con la leyenda de la mora Zaida y, en un plano más general, con el motivo épico de frontera de la païenne amoureuse devuelve el relato cervantino a su verdadera dimensión, la de la fusión de datos históricos destinados a hacer verosímil la narración con una tradición literaria que hace posible catar el vino añejo vertido en el odre nuevo[8].

Dado que es uno de los primeros (1605), un ensayo o banco de pruebas como lo denominamos, puede que aquí cambiara este modus operandi comenzando por decidir contar la historia de un cautivo, que es la suya, y adornarla al principio y al final con cuentos folklóricos. El caso es que el resultado final de las fuentes en todas las novelas con esta estructura es muy similar como veremos.

1.4 *El cautiverio* y *El amante liberal*: Estructura temática

El amante liberal ha sido considerado un relato bizantino, y lo es sin duda, en tanto en cuanto Aquiles Tacio y Heliodoro influencian a Cervantes en crear un relato casi inverosímil en que, como en los personajes clásicos en que se inspira, los héroes y heroínas huyen, viajan por tierras desconocidas y oscuras, son esclavizados y pasan una serie de pruebas que hoy consideraríamos fantásticas y hercúleas.

Según nuestro criterio, el inmenso talento de Cervantes toma este esquema, no más que un esqueleto metálico vacío y lo rellena con una serie de historias que circulaban por su época y que rondaban entre el mito, la leyenda y la más pura realidad. Por supuesto ha tenido que escucharlas, buscarlas, aprehenderlas, acomodarlas unas a otras y que la sutura entre todas no indique que ha existido una compleja operación anterior. Es una técnica extremadamente laboriosa.

Si no hubiera leído en un trabajo académico formal, sin ir más lejos, la vida de Cristina de Castro (1608), secuestrada y cautivada dos veces, pues pensaría que el periplo bizantino de *El amante liberal* está compuesto puramente por la imaginación cervantina. Ahora tengo serias dudas. La realidad del turco en el Mediterráneo que vivió Cervantes en sus propias carnes, con

---

8 Montaner, 2006, p. 278.

sus idas y venidas, sus sucesos inverosímiles, supera a cualquier ficción que nos podamos imaginar.

Pienso que vamos a leer una narración en la que se mezclan o superponen un secuestro en un contexto geográfico de Chipre-Sicilia-Argel [kasus, 1570], mito verosímil [Giulia Gonzaga, mito, 1534], autobiografía [1580] y diferentes huidas reales de los reconciliados [Cristina de Castro, Victoria Sultana; hechos reales, (1596, 1604)]. Es cierto, es una propuesta que mezcla no sólo diferentes géneros, sino relatos de épocas muy distanciados unos de otros.

Esto ha provocado que se haya denominado a los cuentos del alcalaíno desde pseudohistoria, narrativa entre noticia y fantasía, hasta un anacronismo irresoluble[9]. Esto lo percibiremos hasta en *El Quijote*. Parece que no tiene sentido, pero para nosotros nunca ha habido problema. Una cosa son los ingredientes, que son folklóricos e históricos, cualesquiera, de decenas de procedencias y que además no dejan de serlo porque se conviertan en otra cosa, y el resultado final que es diferente a la suma de sus partes: es creatividad y ficción, en un momento en que los límites entre historia y literatura no están tan definidos:

> Las libertades que Cervantes se toma con la cronología, incluso en las obras inspiradas en los años del cautiverio, pero igualmente la voluntad de situar en una realidad histórica concreta, aunque estilizada, unos episodios al parecer preeminentemente novelescos muestran Canavaggio que la práctica cervantina no respete las fronteras trazadas entre noticia y fantasía[10].

Trama presentación, 1: El profesor Aldo Ruffinato hace un resumen bastante acertado del transcurso de la novela, que sirve como presentación de los personajes principales y del escenario donde se van a suceder los acontecimientos: Nicosia (Chipre); Ricardo, Leonisa, Cornelio y Mahamut (Halima)[11].

Todo comienza con dos *flashes back* tanto de Ricardo, el protagonista, como de Leonisa, quienes estando ya secuestrados y viviendo en Nicosia, salen de su tienda y cuenta a Mahamut cómo está enamorado de Leonisa pero ella lo está de Cornelio [Rótulo], al que describe con encendidos epítetos. El analizar el por qué de la elección y situación de cada uno de estos elementos será el objeto de este breve discurso.

---

9   Así lo dice el profesor Canseco en el caso de *La gran sultana*. Cervantes, Gómez Canseco, 2010, p. 37.
10 Joly, 1977, p. 419.
11 Ruffinatto, 2013, p. 186.

Kasus-Secuestro, 2: En un segundo bloque temático Cervantes se convierte en el escritor de las *Novelas ejemplares* que vuelve a sus temas tipo y comienza otra vez con su *leitmotiv* del secuestro de ambos y su separación física [kasus, *La española inglesa*, *La fuerza de la sangre*]. Aquí, según nuestro criterio, se insertan al menos tres historias con tres recursos diferentes que se entremezclan como es habitual en su narrativa: Fuentes literarias—la novela bizantina—, autobiográficas [cautiverio], actualmente las únicas reconocidas por la crítica, y otras dos que aportamos en este momento como son la de Giulia Gonzaga [mito-hechos reales] y la de Cristina de Castro, u otra anterior, que serviría como probable antecedente histórico de la elección de Nicosia como contexto geográfico de la novela [hechos reales].

Novela bizantina/Fuentes literarias, 2.1: Aunque el peso de la novela griega bizantina *Leucipe y Clitofonte* de Aquiles Tacio, *Teágenes y Cariclea* de Heliodoro, lo empapa todo, tenemos que acotar claramente el dónde y el para qué de cada fuente. Donde realmente se percibe la influencia directa en el argumento es principal y exclusivamente en una de las tres o cuatro subtramas de este segundo bloque de la novela: Según Stefan Schlaefli en un resumen muy claro: "Ambas obras tienen en común la historia de dos jóvenes amantes que se tienen que separar y entran al servicio de amos, los cuales se enamoran de sus esclavos y para conseguir su amor requieren la mediación de la pareja, ignorando su relación. La pareja aprovecha esta ignorancia para poder verse y planificar su huida"[12]. Esto se traduce en la práctica en un *cruce de parejas*, común en la comedia teatral de la época, en que la mujer del Cadí se enamora de Ricardo-Mario, y el Cadí de Leonisa, lo que es aprovechado por los cautivos en su beneficio.

Mito-Hechos reales, 2.2.: Giulia Gonzaga. La descripción de la historia de Leonisa, dividida en dos bloques con saltos temporales en la narración, es la de una mujer italiana considerada la más bella del mundo, cantada por los poetas, que es secuestrada para llevarla a Constantinopla al sultán. Tiene demasiadas concomitancias con el intento de captura de Giulia Gonzaga[13] en Fondi (Italia) en 1534, como para que no haya relación simbiótica entre ambos.

Autobiografía, 2.3: Miguel de Cervantes: Se hace mención del equívoco de la importancia del personaje y su alto rescate, que es un hecho real que le suce-

---

12   Schlaefli, 2013, p. 15.
13   Reyes, 2014, pp. 68-69.

dió a Cervantes (1580). Creemos que no es ni la única fuente histórica, ni la más relevante en esta categoría de esta novela.

Contexto histórico/hechos reales, 2.4: Chipre/Argel. Sin embargo, Cervantes sí que refleja una serie de opiniones y situaciones del imperio otomano que responden a la realidad: La corrupción del estado, la aplicación de la justicia sin apelación del cadí[14]. Dentro de ellas, nos planteamos si la rocambolesca historia de la captura de Cristina de Castro, hija del gobernador de Chipre y su más estrambótica huida y nuevo cautiverio pudo haber llegado a oídos del autor.

Momento crisis / historia enlace, 3.1: Hazán Bajá, Alí Bajá y el cadí (obispo de Nicosia) se disputan la compra de Leonisa, siendo este último el que consigue engañar a los dos y quedarse con la esclava con la promesa de enviarla a Costantinopla ante la presencia del Gran Turco.

Momento crisis / Pruebas, 3.2: La intriga se hace más compleja cuando el Cadí, para liberarse de las reclamaciones de los otros dos pretendientes de Leonisa (Hazán Bajá y Alí Bajá), se dispone a llevar Leonisa a Costantinopla con el propósito de matar a su mujer Halima en el viaje y hacerle creer al Sultán que ha sido Leonisa la que se ha muerto (quitándose así de encima la obligación de ofrecérsela al mismo Sultán).

Conclusión, 3.3: Sin embargo, durante la navegación, las naves de los bajaes (Alí y Hazán) abordan la del Cadí con el resultado de que los turcos se matan unos a otros permitiendo a Ricardo y a los cautivos cristianos recobrar su libertad, abandonar al cadí en un bajel y llevarse a Halima con el esclavo Mahamut (ambos renegados) a Trápani en una de las naves.

Última prueba, 3.4: Al llegar al puerto, Ricardo con un gesto de suma liberalidad se dispone a devolver la dama a su antiguo amante (Cornelio). Pero la generosidad de Ricardo obtiene el merecido premio con la decisión de Leonisa de ofrecer su amor al amante liberal.

Finales de novela, 4: Lógicamente Ricardo y Leonisa se casan, tienen múltiples hijos. Las menciones a los poetas que alaban su belleza tienen referencias en las alabanzas a Julia Gonzaga de diversos rapsodas conocidísimos. Esto la aleja aparentemente de cualquier historia real y de la propia verosimilitud,

---

14 Önalp, 2001, pp. 380-381.

pero es cierto que muchas de estas renegadas volvieron a tener hijos con sus nuevos maridos cristianos como veremos.

1.5 Personajes: Cinco mujeres en la «frontera». Julia Gonzaga, Cristina de Castro, Victoria Sultana, la hija de Agi Morato, Valide Safiye Sultán

La historia de *El amante liberal* propone nombres de personajes principalmente inventados: Ricardo, cautivo de Hazán Bajá, Mahamut, renegado, Leonisa hija de Rodolfo Florencio, de Trápana, y Cornelio Rótulo, hijo de Ascanio Rótulo. Esto nos ha complicado desde el principio la búsqueda de referentes reales, hasta hacerla una misión casi imposible. En el caso de los secundarios, al ser muy conocidos, su estudio viene de antiguo y la conclusión más probable es que el autor no conociese a los Bajáes de Chipre y los sustituyera por los nombres de los más cercanos de Argel.

Sin embargo, las historias de renegadas han tenido un resurgir en los últimos tiempos, y hemos decidido aportar la historia de cinco mujeres que seguro pudieron influir oralmente en Cervantes. Dos de ellas, Julia Gonzaga y Cristina de Castro, creo que entran por primera vez en el universo cervantino por derecho propio. La más conocida de ellas de todos modos es Victoria Sultana, o la *Sultana* a secas (1595), una increíble historia que acaba de rescatar María Sánchez-Pérez como antecedente real del cuento de *El capitán cautivo*[15].

1.6 Julia Gonzaga, la mujer más bella del mundo (1534) [mito/hechos reales, literaria, *El amante liberal*]

Quizás sea ésta la historia real con más coincidencias con el texto definitivo de la novela y que influye en varias partes de la misma, al mismo nivel que lo hace la de María Núñez en *La española inglesa*, es decir que está siempre en un segundo plano, mientras que hay continuas interrupciones y superposiciones con otras historias secundarias interpoladas con diferentes fuentes.

Somos conscientes de las reticencias que atrae siempre la búsqueda de la historicidad en este campo: Cervantes en casi todas las ocasiones describe a sus heroínas con la cualidad de una virtud y belleza sin parangón—con notables excepciones, Estefanía de Caicedo por razones obvias (*El casamiento engañoso*)—, y que termina casi todas sus novelas ejemplares diciendo que sus hazañas han sido cantadas por los poetas[16].

---

15 Nosotros ya teníamos escrito el capítulo cuando llegó esta nueva información: Sánchez-Pérez, 2022, pp. 231—247.
16 García López, 1999, pp. 185-192.

Por eso cuando a Leonisa su enamorado, Ricardo, dice que "que era la de más perfecta hermosura que tuvo la edad pasada, tiene la presente y espera tener la que está por venir; una por quien los poetas cantaban que tenía los cabellos de oro, y que eran sus ojos dos resplandecientes soles", el erudito no ve más que otra mención retórica más cuyas fuentes son la poesía y la novela italiana.

Por eso a veces hay que temerle a Cervantes, tanto como a los que le interpretamos, y no bajar la guardia. El relato de una mujer del sur de Italia, cuya belleza no tiene igual, cuyos ojos son también excepcionales, que es secuestrada para llevársela como esclava al sultán Solimán, y cantada por los poetas, se parece demasiado a la historia real mitificada y mistificada de Julia Gonzaga, un hecho que se ha llamado a veces por la historiografía "el rapto de la mujer más bella del mundo".[17] Cuento por otra parte que ya ha aparecido en monografías cervantinas, sin que por ello sepamos que con anterioridad a esta propuesta se haya hecho asociación alguna con *El amante liberal*[18].

Sinceramente pensaríamos en una leyenda más, sino fuera porque aparece en la misma época en la muy seria *Jornada de Carlos V a Túnez* del muy riguroso Gonzalo de Illescas, pocas décadas después de que sucedieran (1534). De paso estamos proponiendo una nueva fuente literaria además de la clásica en estos casos de la *Topografía e historia general de Argel* de Fray Diego de Haedo. Veamos la versión original del relato:

> Entráronse por la tierra de noche hasta Fundi docientos turcos con intención de prender a la hermosísima Julia Gonzaga, nuera de Próspero Colona, una de las más hermosas mujeres que se han visto en el mundo en nuestros tiempos (según refiere Ariosto en su Orlando furioso, y ansí lo oí yo decir a quien la conoció), y es averiguado que volaba la fama de su extraña hermosura y graciosísimos ojos. Fue grandísima ventura poderse escapar esta señora; porque los turcos entraron la ciudad y mataron casi a todos los que dentro hallaron, profanando y destruyendo los templos y las honradas sepulturas de los coloneses, con las banderas y trofeos de sus victorias, que allí estaban. Quisiera infinitísimo Barbaroja haber a las manos a la señora Julia para hacer presente della a Solimán; pero no quiso dios que aquel bárbaro hozase de tan rara belleza. Robó después la ciudad de Terracina con la mesma crueldad que hizo Fundi[19].

---

17 Melé, 1922, p. 105.
18 Sola, de la Peña, 1996.
19 Illescas, 1804.

El mismo cronista ya nos da la pista de que el primer poeta que alaba la belleza y presencia de Giulia Gonzaga es nada menos que Ariosto en su *Orlando Furioso* [Canto XLVI]; pero es que la lista es interminable, y no sólo poetas, sino hasta obispos y humanistas de todo tipo que participaron en su corte de Nápoles (Bernardo Tasso, Benedetto Varchi, Paolo Giovio, Vasari, Camesecchi), y es extraordinariamente conocido que hay un retrato de Sebastiano del Pombo, y una copia de Tiziano. No pretendemos hacer una biografía de un personaje tan conocido en la historia europea. No tendría sentido.

> A Giulia Gonzaga, que cuando asienta la planta o fija los serenos ojos, no sólo le cede la primacía toda belleza, sino que también la admira, cual si fuese una diosa bajada del cielo (Orlando Furioso)[20].

No se nos ha pasado por alto la mención a los ojos, que es la misma que hace Miguel de Cervantes en *El amante liberal* de Leonisa. Otras coincidencias que tampoco hemos ignorado es que esta novela también tiene una referencia al sultán Solimán, cuando en teoría ya estaba muerto en el momento de la conquista de Chipre (+1566)—"¡Viva, viva Solimán sultán, ¡y Hazán Bajá en su nombre!"-, así como la mención al emperador en el cuento interpolado de "Carlos V y la mora", también anacrónico. Giulia Gonzaga recibió personalmente en Nápoles a Carlos V cuando llegó de la Jornada de Túnez.

El problema es que estamos hablando de un personaje que no es precisamente conocido por su intento de secuestro, ni mucho menos. Ya sabemos que fue una mujer muy controvertida por sus amistades con Valdés y otros calvinistas, lo que le costó acabar sus días en presidio en Nápoles[21]. Como ya advirtió la malograda cervantista e historiadora de la reforma Frances Luttikhuizen, no es la primera vez que el alcalaíno cita a los Gonzaga más heterodoxos[22].

En su otra novela de corte italiano *La señora Cornelia* la duquesa madre, llamada Margharita Gonzaga, citada en la ficción sin decir su nombre, era conocida en la época con el apodo de "la princesa de los hugonotes"[23]. Tanto es así que todos estos nombres, por ser demasiado recientes y Cervantes traerlos y llevarlos de aquella manera sin respetar la verdad histórica—al duque de Ferrara le otorga un hijo que no tuvo y que hubiera impedido al Papa quedarse

---

20   Para ver un resumen del resto de los poemas dedicados a Julia Gonzaga, en italiano, véase como ejemplo: Pérez-Rincón, 2011, p. 138.
21   Hare, 1910.
22   Luttikhuizen, 2020, pp. 1-20.
23   Luttikuizen, 1990, p. 268.

con el estado—, fueron en muchos casos *censurados* a posteriori en nuevas ediciones de las *Novelas ejemplares*[24].

Para nosotros todos son personajes de *frontera*, muy del gusto del escritor por el simple regusto literario, ya lo veremos en *Las dos doncellas* con tres personajes consecutivos condenados a muerte. No pretendemos crear una nueva categoría, ni atribuir mensajes ocultos del autor. Somos conscientes del peligro de malinterpretación de estas propuestas.

3.7 Cristina de Castro, hija del gobernador de Chipre (1604-1615) [contexto, *El amante liberal*]

El cervantismo histórico recogió una narración de dos chipriotas en 1587 muy similar a la que nosotros vamos a tratar[25]. Aquí nos encontramos con la misma disyuntiva que aparecerá en la EI con el saco de Cádiz (1596). ¿Por qué elige Chipre como entorno en la trama presentación y no lo hace con Argel o Constantinopla como en otras obras, ciudades que conoce mucho mejor? Podemos contestar que, porque puede, pero eso no responde a la pregunta. Sucede igual que con *La Mancha* y *El Quijote*. Habrá alguna razón histórica o personal que desconocemos, aunque sea oportunista o quizás autobiográfica, para escoger un lugar sobre otro, no la pura intuición o casualidad.

Si escogió la de la judeoconversa portuguesa María Núñez y de Clotaldo (sir Walter Raleigh?) para escoger la geografía de Cádiz y Sevilla en *La española inglesa*: ¿Por qué no hacer lo mismo con la de Cristina de Castro u otra similar, conocida o desconocida, del cerco de Nicosia-Famagusta (Chipre)?

El profesor Floristán Imízcoz ha localizado en el Archivo General de Simancas un memorial (1612) en nuestra opinión fundamental para entender el contexto histórico en que se gestó *El amante liberal*[26]. Cristina de Castro, en su nombre español una vez bautizada, era la hija del gobernador de Chipre, que en teoría era Astorre Baglioni, servidor anteriormente del cardenal Ascanio Colonna. Según ella misma en su informe, a la caída de Famagusta (1571), fue quemado vivo.

---

24   Luttikuizen, 1997, p. 171.
25   "Francisco Rodríguez Marín recoge en una Relación verdadera de un caso extraño sucedido en Argel enviado de Roma, año de 1587 ("Colección Salazar", de la Biblioteca de la Academia de la Historia) la noticia sobre dos chipriotas, madre e hija, cautivadas en 1531, llevadas a Constantinopla y luego a Argel, donde por fuerza las casaron con renegados, las cuales recobraron su libertad cuando en 1587 escaparon a Roma, con no poco riesgo, en una fragata armada por cautivos, rescatados antes con dinero facilitado por ellas". Oliver, 1947-48, p. 248
26   No lo hemos estudiado personalmente. [Memorial de Cristina de Castro, 1615/03/30]. AGS, Estado, Leg. 1674, s.f.

Fue esclavizada y llevada a Constantinopla con su madre, y obligada a casarse con Alí Pachá, capitán general, con el que vivió nada menos que treinta y cuatro años y tuvo un hijo (1605). A pesar del tiempo transcurrido, decidió huir, tomó sus joyas, su dinero, dos hijos, liberó a los más de veinte esclavos cristianos de su marido.

Fue de nuevo capturada cerca de Malta por unos piratas, que la llevaron a Túnez, donde permaneció otros cuatro años de cautiverio. Compró su libertad y la de uno de sus siervos, con el que había contraído matrimonio, con un carbúnculo (broche) que tenía en el pelo. Su hijo no pudo salir porque le pedían quinientos escudos.

Suponemos que llegaría a Nápoles aproximadamente en 1609, y sería bautizada por el nuevo virrey, Pedro Fernández de Castro, de ahí su apellido y su nombre[27]. No hace falta comentar que la relación con Cervantes es evidente, se construye sola. En 1608 Pedro Fernández de Castro parte desde Barcelona para ser el nuevo virrey de Nápoles, y el manco de Lepanto quería marcharse con él para que "hubiera tenido en Nápoles lo que nunca consiguió en Madrid, un alto puesto en la corte"[28]. Para ello le hace una famosa dedicatoria en el segundo Quijote (1615). Ahora, no podemos saber si esta relación incluyó el conocimiento de esta pequeña historia contemporánea chipriota.

3.8 Victoria Sultana y Dorotea Blanquete (1594-1598) [hechos reales, *El capitán cautivo*, *Don Quijote*]

Versión literaria, 1: El cervantismo histórico ya había localizado una primera versión de esta historia que vamos a tratar con otras coordenadas y menos datos, pero en el mismo año. Armando Cotarelo recordó un relato de Fray Jerónimo de Sepúlveda sobre una mujer alemana, sultana de Argel, que escribió a Felipe II en 1595, para que le enviara una nave para escapar, lo que hizo desde Valencia (1915)[29]. Esta es la versión valenciana, literaria, que ha sido rescatada recientemente por María Sánchez-Pérez con multitud de detalles. Además de esta versión del fraile, esta autora ha localizado dos pliegos más de Francisco Pardo y Jerónimo Castro (1595), así como la versión completa de la anterior publicada por Zarco Cuevas (1916-1924). Las coincidencias que se destacan son: La belleza de la mujer, el renegado que la rescata, el jardín

---

27 Floristán, 2019, pp. 83-104.
28 Coincide con la opinión de Martín de Riquer y Canavaggio sobre este tema. De Armas, 2014, pp. 87-98.
29 Oliver, 1947, p. 248. María Sánchez-Pérez ha localizado una versión que probablemente sea la primera en el cervantismo: Bastús y Carrera, 1834.

donde se encuentra, los obstáculos, los barcos[30]. Coincidimos en que hay genética entre ambos relatos, el legendario pretendidamente real, y la versión cervantina.

Versión documental, 2: Lucas de la Torre, nada menos que en 1916, dio a la luz un documento que como ya reconoció en su momento Avalle-Arce, ha pasado completamente desapercibido. Las similitudes con el relato de *El capitán cautivo* también son sorprendentes. Se trata de la historia de Victoria Sultana, llamada *de Miguel* a partir de su matrimonio cristiano, y de una de las hijas que tuvo con el Bajá, Dorotea Blanquete[31]. Si no fuera porque existe una cédula real expedida en Madrid a tres de febrero de 1595 dirigida a Juan Fernández de Velasco, Capitán General de Milán, parecería otra conseja más.

Según declara la misma Victoria de Miguel Sultana, fue esposa de Mahamet Bajá. Aprovechando que venía a tomar el cargo de Virrey de Argel, se concertó con el capitán de la galeota que lo traía, Francisco de Miguel, otro renegado, que cuando llegaran al puerto de Modona (Mesina, Grecia), matarían a todos los turcos, se casaría con él y se liberarían. Así lo hicieron. Se fueron a la isla de Candia (Creta) allí se casaron, después de reconciliarse él, ella, sus cinco hijos y criados.

El problema es que en la Jornada de la Liga Santa (1571) perdió la galeota y la vida su marido, quedándose ella sin sustento. Al pedirlo, y concedérselo (veinte escudos al mes), hemos tenido la oportunidad de conocer esta curiosa historia que si fuera cierta—la muerte de un virrey de Argel por la rebelión de los renegados—debería haber llegado a los anales de las luchas en el Mediterráneo convulso de la época.

> Y que después desto el dicho capitan siruió con su galeota en la Jornada de la Liga y otras occasiones hasta que se perdió peleando con Turcos perdiendo juntamente con la vida la dicha galeota, que era el principal caudal que tenía, quedando la dicha doña Victoria y sus hijos en Mecina con mucha necesidad, he tenido por bien de hazerle gracia y merced (según por la presente se la hago) de veynte escudos de entretenimiento al mes para ayuda a su sustento, librados en esse estado[32].

La veracidad de la historia, con los presumibles adornos que pudiera añadir su protagonista, ha sido confirmada por los descubrimientos documentales

---

30   Sánchez-Pérez, 2022, p. 244.
31   Alonso Acero, 2006.
32   De Torre, 1916, pp. 350-358.

de Beatriz Alonso Acero (2006)[33], José Manuel Floristán Imízcoz (2019) y María Sánchez-Pérez (2022)[34], que añaden que fue nada menos que Juan de Austria, a quién lógicamente sirvió el capitán de Miguel, quién ordenó que se establecieran en Mesina (Sicilia)[35]. Como vemos, las versiones entre las crónicas y las documentales no son la misma, son sustancialmente distintas. Entre otras cosas en la de Victoria Sultana el sultán es asesinado, la Sultana se casa con su liberador en Creta, tienen hijos y viven en Mesina (Italia), hasta que muere el nuevo marido. Es como un relato posterior a la otra. No hay ninguna referencia a la recepción en Valencia de que habla la segunda versión. Por las fechas, nombres y circunstancias no pueden ser dos mujeres diferentes (1593-1595), lo parece, pero ¿es el mismo suceso o uno complementa al otro?

Conclusión: Su hija, quien siguió apareciendo cada cierto tiempo en los asuntos de la monarquía, se llamaba Dorotea Blanquete o Blanqueta, como reconoce la propia Beatriz Alonso, un nombre *muy cervantino*, sospechosamente diríamos nosotros, teniendo en cuenta que en *El Quijote* aparece en el mismo cuento como personaje[36], y que, ésta sí, es la hija de un virrey tuco que es asesinado—no abandonado como lo es edulcoradamente Agi Morato en la ficción—, y que ha abjurado de su nueva religión y se reconcilia con el cristianismo. Sinceramente, es imposible conocer los entresijos del poeta, pero esta historia al menos tiene algún punto de contacto más con la ficción que la siguiente, la más conocida de *la hija de Agi Morato* en *El capitán cautivo* (*Don Quijote* I).

3.9 Un apunte: La hija de Agi Morato [*El capitán cautivo*, *Don Quijote*, *Los baños de Argel*]

Como dice Jaime Oliver Asín existe una relación genética entre *El capitán cautivo* del *Quijote* y *Los baños de Argel*, que son el mismo cuento con otra

---

33 Bennassar, 1989.

34 [Pidiendo que se paguen los gastos ocasionados por sacar de Argel a la sultana y a otras personas. 1595]. ACA, Consejo de Aragón, Leg.0684, nº 037. Sánchez-Pérez, María, 2022, p. 242

35 Floristán, 2019, pp. 83-104. Tampoco hemos consultado personalmente estos documentos: [Consulta del Consejo de Italia, 1594/12/02] AGS, SP, 7 s.f.; [Consulta del Consejo de Italia, 1594/12/02] AGS, SP, lib. 361, f. 48 v.

36 "Un nombre muy cervantino, Dorotea—que también comparte con otra hija de don Felipe de Cárdenas, que años después adoptó el nombre nada menos que de Dorotea de Austria—, y que también aparece relacionado con una hija de otra notable excautiva, Ana Mena, y su heredera a su muerte en Barcelona en 1594. Misterios de la elección de un nombre". Sola, 2007, p. 337.

versión[37]. Así sucederá con *El celoso extremeño* y *El viejo celoso*, o como propondremos nosotros aquí con las tres versiones del sustrato de *Las dos doncellas* en Jerez. Esta técnica es ya muy conocida en el cervantismo.

Las similitudes entre ficción y realidad que destaca Oliver Asín son: Que Agi Morato era un personaje principal; que es verdad que los cristianos lo consideraban *hombre de bien*; que su hija había recibido educación cristiana de la esclava Juana de Rentería; que fue prometida de Abd al-Malik, fue dotada y se celebró una boda fastuosa. A Jaime Oliver Asín le pudo el ímpetu si es que es verdad que intentó hacer de la hija de Agi Morato un *modelo vivo* de la hija de Agi Morato. Y por otro lado no profundizó en la historicidad de las tramas de la novela, que por otra parte conocía.

Porque estos caracteres no tienen nada que ver con ellas: Estamos hablando de una historia de reconciliados: Y en primer lugar, es un hecho que se casó con Abd-Al-Malik y nunca renegó y esto es un dato fundamental del argumento tanto del *Amante* como del *baño*. Este punto, como muchos otros, debió tener otras fuentes alejadas de los personajes de Agi Morato y su hija. Nosotros nunca le consideraríamos *demasiado historicista* como Jean Canavaggio[38], probablemente todo lo contrario[39]:

> Como es obvio, la historicidad del suceso narrado por Cervantes se reduce a la presentación de padre e hija y, en Los baños, a la mención de su boda con Muley Maluco, aunque en la comedia resulta ser una hábil pantomima, que deja a Zara las manos libres para escapar con don Lope[40].

3.10 Valide Safiye Sultán (1550-1618)

Terminamos este recorrido con una mujer, un personaje histórico que sí comienza a ser admitido en la crítica como referente, lo que nos sirve para reafirmar la posibilidad de plantearnos el resto. Según Luis Gómez Canseco, el sultán descrito como Amurates en *La gran sultana*, con sus tres caracteres principales en la comedia—cruel, festivo y lascivo—responden según los embajadores venecianos de la época con bastante exactitud al Murâd III (1546-1595) de la época.

---

37 Oliver, 1947-48, p. 248.
38 Joly, 1979, p. 418.
39 No es el único caso, en plena efervescencia del positivismo hubo otros libros dedicados a un único personaje. Asensio, 1903, pp. 442-445.
40 Montaner, 2006, pp. 247-280.

También responden a la verosimilitud del personaje de Catalina de Oviedo, la sultana, que tenía el referente de una cautiva cristiana, llamada Safiye, de Corfú. Según Canseco, en su dramatización Cervantes cambió los hechos históricos haciéndola española, dejándola ser cristiana —algo de todo punto inverosímil añadimos—, y que además pudiera vestir como hasta entonces. Aquí se produce el problema de que Murâd murió en 1595, y el secuestro aparece en la ficción fechado en 1596[41].

---

41   Cervantes, Gómez Canseco, 2010, p. 35-37.

4
Extremadura
(1581)
El celoso extremeño

4.1 "No ha muchos años que de un lugar de Estremadura salió un hidalgo": Almendralejo (Badajoz)

CERVANTES SALE DE SU cautiverio en 1580, y parece ser que, sin solución de continuidad, tiene una especie de misión de espionaje en Lisboa y en Orán de la que vuelve en 1581[1]. El recorrido que hará desde Lisboa a Castilla lo rememorará en el Libro III de El Persiles paso a paso, entremezclando leyendas locales (Badajoz), con mitología clásica (*Céfalo y Pocris* en Badajoz, *Venus* en Talavera, etc.). Nunca se ha hecho justicia a la importancia de Extremadura en la obra del alcalaíno[2]. En el caso de esta novela, la onomástica ha tomado ventaja al positivismo.

El celoso extremeño, en nuestra visión, básicamente no es más que la actualización del cuento oriental ancestral y del «viejo y la joven» [folclore], que como sabemos Cervantes volverá a revisitar en su obra teatral, en el entremés del *Viejo celoso*[3], cosa que hará en otras muchas ocasiones conocidas, y desconocidas, sin ir más lejos con las propuestas que hacemos en *Las dos doncellas, El gallardo español y El Persiles*.

La primera cuestión que plantear, dónde pudo escucharlo Cervantes, es por definición irresoluble: El cuento folklórico del viejo celoso que se casa con una joven, la encierra, es engañado y muere tiene unas raíces tan profundas en la tradición indoeuropea y tantas versiones que es difícil precisar el

---

1 Lucía, 2016, p. 43.
2 Necesitaríamos más estudios como este: Teijeiro, 2014, pp. 312-323; Teijeiro, Gómez Canseco, 2015.
3 Cervantes, García López, 2013, p. 975.

origen remoto del mismo, lo que tampoco es algo demasiado preocupante, ya que podemos conformarnos con las versiones orales más cercanas que pudo conocer.

Las fuentes y modelos tradicionales que se han propuesto son muy conocidas y se pueden condensar en literarias [El *Decameron* de Boccacio[4]] y tradicionales, el tipo folklórico 1377 según la clasificación de Thomson y Aarne, que son las que pensamos más adecuadas: Una de las primeras versiones fue la del sabio preislámico Luqmān ibn Aden y aparece dentro del libro de As-Sarray, *Lizas de los amantes* (s. XI)[5]. A principios del siglo XX todavía Ángel González Palencia pudo escuchar una versión urbanita en Marruecos[6], pero la complejidad de la cuestión viene dada porque María Jesús Lacarra muestra cómo existieron bastantes versiones del cuento que cambiaban, se influenciaban unas a otras y evolucionaban[7]: Del *Sendebar* a la *La Historia de los siete sabios* (1510), la *Disciplina Clericalis*, *Libro de los exenplos*, *Novella* nº 8 (Diego de Cañizares), cuentos del Arcipreste de Talavera (1498), el *Decamerón* (1496)[8], etc.

Pero seríamos muy injustos con el escritor si nos limitáramos a hacer una revisión tan simple de las fuentes folklóricas de esta novela. Porque Cervantes sigue siendo muy cervantino y no puede dejar de ser él mismo. El cuento de *el celoso* tamizado a través de su pluma es mucho más que un relato ancestral. De momento el poeta lo sitúa en la geografía y el contexto de la Extremadura de finales del siglo XV y principios del siglo XVI, el período llamado de las *banderías trujillanas*, un momento en que la lucha entre linajes en la ciudad de Trujillo (Cáceres) llenó las calles de sangre, incluso entre parientes. Como dijimos, es el mismo período y circunstancias al que volverá en el Libro III de *El Persiles* (1617).

En cuanto al cómo hace esta trasposición, el autor repite esquemas escogiendo una familia real de hidalgos de Extremadura, los *Carrizales* y los inserta como protagonistas de una historia con la que no guardan relación directa, aunque probablemente indirecta. No tenemos constancia alguna de

---

4   Lacarra, 2001, pp. 393-414.
5   Rubiera, 1991, pp. 55-59
6   González Palencia, 1924, T, pp. 417-423.
7   Lacarra, 2001, pp. 393-414.
8   "Por el contrario, la búsqueda de modelos literarios ha sido compleja y fructífera, por las numerosas perspectivas que ha abierto o sugerido, partiendo del hecho estamos ante un relato común a varias literaturas europeas y cuyo rastro puede seguirse en la tradición folclórica". Un buen resumen por extenso de las numerosas fuentes literarias del cuento en: Cervantes, García López, 2013, pp. 975-976.

que fueran celosos, probablemente todo lo contrario, bastante promiscuos y despreocupados según la documentación de la época (Luis de Carrizales, 1574). Dado que estos nobles villanos tienen su solar en Almendralejo (Badajoz), una antigua aldea de Mérida en tiempos de Cervantes, estos dos emplazamientos, junto con Herrera del Duque (Badajoz) y Trujillo (Cáceres) van a ser el cuadrángulo geográfico verídico donde se moverán los personajes.

La posibilidad de que esta historia estuviera basada en un hecho real ya fue planteada por Amezúa[9], y también por Pedraza y Astrana Marín, con una ingenuidad y sencillez loables, volviendo a echar mano de la identificación entre el Loaysa de la ficción y el poeta Alfonso Álvarez de Soria como único argumento, que por lo que puedo entender no tuvo trazas de ser *celoso* ni participó en suceso tal[10]. No es extraño que con estos mimbres Jorge García López haya sentenciado que esta teoría: "murió con su época y con el positivismo radical que le había dado vida".[11]

Nosotros reseteamos y volvemos al principio. Es obvio que esta historia desgraciadamente se repitió muchas veces a lo largo de la historia, también en Extremadura, como hemos podido comprobar en los testimonios de la época. Esto es una tentación irresistible para que la crítica caiga en el escepticismo de nuevo considerando a estos personajes históricos como arquetipos que se caracterizan con los rasgos típicos de sus respectivas naciones. De hecho, así sucede con otros personajes extremeños (Juan de Orellana y Francisco Pizarro) en *El Persiles*[12]. En esta postura no habría que buscar referencia alguna. Sin embargo, nosotros volvemos a huir de caracterizaciones generales y ofrecemos un episodio concreto que pudo inspirar la novela acaecido en 1518.

4.2 Estructura temática

Resumen general: Un hidalgo procedente de Extremadura pasa toda su juventud en Europa dilapidando su fortuna, y con cuarenta y ocho años se marcha al Perú, donde hace fortuna. Vuelve a España veinte años después, ya anciano, y en Sevilla se queda prendado de una doncella de doce o catorce años, con la que se casa y encierra rodeada de esclavos.

Comenzamos con un nuevo lugar innominado de donde procede el protagonista ("En un lugar de..."), técnica que utilizará como sabemos en múltiples situaciones (*Don Quijote*, *El licenciado Vidriera*, *Las dos doncellas*) [trama presentación/elíptica, 1.1]. El contexto histórico de este bloque es Ex-

---

9   González de Amezúa, 1956, Vol. II, pp. 268-269.
10   Asensio, 1903, pp. 442-445.
11   Cervantes, García López, 2013, p. 975.
12   Lozano-Renieblas, 1998, p. 46.

tremadura [escenario, 1.2]. Desechamos que Cervantes escogiera este nombre para el título exclusivamente por motivos onomásticos (extremeño=extremado) o asociaciones sencillas y simples (Carrizales, Carriazo)[13], a pesar de que se utilice la expresión en el texto[14], puesto que la elección del paisaje es consciente y tiene que ver también con motivos biográficos e históricos.

Para introducirnos en lo que vendrá después se nos describe la biografía del protagonista; en cierto sentido, se siguen los parámetros del relato tradicional del héroe inveterado, del que se nos dice expresamente el nombre: Felipo de Carrizales. [Bios/hagiografía, 2]. Estudiados el solar de origen de estos hidalgos y sus peripecias reales, puede proponerse una novelización de varios aspectos de los mismos [hechos reales, 3], personajes que se superpondrán en un nivel superior y separado al grupo temático que vendrá después.

En un tercer bloque se produce la definitiva actualización del cuento ancestral en la Extremadura entre centurias y en la Sevilla barroca. Pero siguiendo su técnica a la hora de utilizar este tipo de fuentes, unirá cuento tradicional [folclore], a referencias mitológicas diversas de corte paródico [Hércules y el Jardín de las Hespérides][15], junto con posiblemente la historia real del Sansón de Extremadura: nuestra propuesta [hechos reales, 1518, 4].

Como en el resto de la novelística cervantina, habrá entretanto un personaje bisagra o facilitador del antihéroe [la dueña Maríalonso], también de su enemigo [esclavo], y por supuesto un retador del antihéroe que llevará al traste el *amor* y propósito de Carrizales [Loaysa, trama crisis, 5], lo que además

---

13   "A veces marca la transfiguración moral de sus personajes por la metamorfosis de su nombre, como cuando llama a Zara-Zoraida o a Cañizares-Carrizales". Chasles, 1866, p. 295

14   "Que quiero que, así como yo fui extremado en hacer lo que hice, así sea la venganza que tomaré, pues ha de ser de mí mesmo, como el más culpado en este caso: pues debía considerar que mal podrían estar en uno ni compadecerse bien los quince años de esta muchacha con los setenta y siete míos".

15   "Mención aparte merece el tratamiento de la mitología por Cervantes. El autor es sumamente irónico al equiparar magníficos gigantes y hábiles guerreros con su antihéroe, Carrizales. El único vínculo entre ellos es, sarcásticamente, la derrota final. Cervantes no emplea el mito para dar un marco heroico a su obra, ni tampoco para darle validez universal, al comparar experiencias individuales con historias de dioses. Las alusiones mitológicas en *El celoso extremeño* se inscriben en la esfera de la parodia. Deben ser entendidas desde un punto de vista alegórico-irónico". Gómez Íñiguez, 1990, pp. 633-640.

en este caso servirá como final y ejemplo moralizador de la novela, y según las versiones [Porras de la Cámara], terminará en adulterio o no[16].

4.3 Los personajes principales: Hernando de Carrizales, María Alonso, Juan de Carrizales "El Indiano", Luis de Carrizales, Luis Rincón de Carrizales, Loaysa

4.3.1 Filipo de Carrizales: La onomástica y la realidad

Aquí tenemos una serie de elementos que nos ayudan a dibujar al personaje de ficción: [Caracteres externos]: (1) Nombres, (2) hidalguía [Caracteres internos] (3) riqueza, (4) pobreza moral, (5) esclavitud. [Entorno geográfico] (6) Extremadura, (7) Indias, (8) Sevilla. Una vez estudiada someramente la biografía de estos hidalgos reales, miembros del linaje "Carrizales" de Almendralejo (Badajoz), podemos decir que podemos encontrar todos estos puntos reflejados en las biografías de muchos de sus miembros, no en uno exclusivamente. No hay una identificación positiva cara a cara con una única persona.

Convendremos en que, al igual que la trama folklórica principal, estos caracteres ocurrieron cientos de veces a lo largo de la historia y se pueden aplicar a multitud de personas en otras épocas y otras geografías. Siempre que me dicen esto como objeción a mis intentos de identificación, cuento la anécdota del escritor que publica una novela sobre la Batalla del Ebro, cuyo protagonista es un soldado republicano y su abuelo participó y murió en ella (1938).

Está el que dice que una cosa y la otra no tienen por qué tener nada que ver, que nada de plantearse un episodio autobiográfico y que hubo cien mil combatientes que se vestían igual, hablaban igual y que venían del mismo lugar: Si hay referencias, pudo ser de cualquiera. Correcto. Sin embargo, para nosotros en el caso de *El celoso extremeño* hay suficientes coincidencias en nombres peculiares, estatus y geografía, algo que considero poco común, buscado y no casual. Quiero ver a un Cervantes ordenado. En el resto, pues bueno, como todos nos vestimos igual y comemos a las mismas horas, pues es cuestión de opiniones.

---

16 "El adulterio se consuma en la primera versión de la novela, concretamente en el manuscrito de Porras de la Cámara, pero en la edición de 1613 el adulterio es sólo aparente: El anciano engañado perdona a su esposa, pero muere de disgusto y la joven se encierra en un convento". Rubiera, 1991, pp. 56-57.

4.4 La hidalguía: Los Carrizales, un linaje real de nobles villanos de Almendralejo (Badajoz)

Extremadura tiene un largo recorrido en la obra de Cervantes. No hay que ser un especialista para ver en su primera novela, *La Galatea* (1585), el trasfondo de las dehesas del Tajo. El argumento de *La española inglesa* incluye a judíos portugueses. En sus novelas, la pastora Torralba (*Don Quijote* I, XX), Clementa Bueso de Plasencia (*El casamiento engañoso*) y por supuesto los Carrizales (*El celoso extremeño*), Juan de Orellana y Francisco Pizarro (*Los trabajos de Persiles y Sigismunda*, III) son de Trujillo (Cáceres) y la comitiva de peregrinos pasa por Talavera de la Reina (Toledo) el solar de los Cervantes. Tampoco nos olvidemos de cita de la *Tía Fingida*, donde la protagonista también es natural de Plasencia[17].

Como explicación de su aparición como personajes, se ha sostenido que Cervantes estuvo en el palacio de los jóvenes Orellana y Pizarro a la vuelta de Portugal en 1582. Jean Canavaggio lo da por cierto[18]. No está probado, ni es necesario. La realidad es que la complicidad entre los Gaete de Cervantes, Pizarro, Orellana y Miguel de Cervantes Saavedra está sobradamente documentada en Madrid. No solamente eran familia: Eran socios y colaboradores[19].

4.5 Los nombres: Hernando García Carrizales y su mujer María Alonso fueron excomulgados (1558)

Los protagonistas de *El celoso extremeño* en la versión definitiva son Felipo de Carrizales, Leonora y Loaysa, y entre los secundarios se encuentra la dueña Maríalonso. El primer documento que pude consultar sobre esta familia, ya hace bastantes años, fue una partida de bautismo del Archivo Parroquial de 9 de marzo de 1558 en la que sorprendentemente aparecía un tal Hernando García Carrizales casado con María Alonso.

Además, en el folio recto, a la vista de la anterior, aparecía bautizada una tal "Leonor". Obviamente deduje, no que Cervantes se estuviera refiriendo directamente a ellos, ni mucho menos, pero que eran nombres comunes, perfectamente veraces y que de facto se dieron juntos en la Extremadura del siglo XVI; y por tanto su realismo y búsqueda de la verosimilitud había llegado mucho más lejos de lo que habíamos presumido anteriormente.

---

17   Cervantes, Sáez, 2018.
18   Canavaggio, 2016, p. 32
19   [Informaciones de testigos a petición de Gaspar de Gaete Cervantes sobre el abono de 200.000 maravedís que presenta como fiador Juan Pizarro. Madrid, 20 de febrero de 1608]. AHPM, Protocolo de Francisco Testa, T. 2630, folios 350 r.-351r.

Miércoles, nueue del mes de marzo de mill quinientos cinquenta y ocho años, se baptizó Diego, hijo de Alonso Hernández y de su mujer María Alonso, fueron sus padrinos Hernando García Carrizales y María Alonso de Francisco Lauado. Batizólo Rui Sánchez, clérigo y porque es verdad lo firmó de su nombre. Rui Sánchez[20].

Curiosamente en 1603 un clérigo de Almendralejo, Alonso Ortiz Parada, como Comisario del Vicario General de la Provincia de León, dentro de la Orden de Santiago, reclama que Hernando García Carrizales y su mujer María Alonso, responsable de sus hijos, le traigan el testamento, las razones de la demora y cumplan con las misas de la capellanía de su primer marido, Hernando García Pantoja, so pena de excomunión mayor. La viuda y su marido se habían quedado con los bienes de la herencia, pero no habían respetado los mandatos del primer marido[21]. Puerden ser los mismos, pero el tiempo pasado es muy alto (1558-1603).

Tenemos la suerte de que Cervantes en las *Novelas ejemplares* emplea muchos apellidos singulares. Podríamos debatir por qué lo hace, si hay además de un motivo histórico, también hay un trasfondo onomástico. Si no sucediera así, nos hubiera sido imposible seguirles la pista en los archivos. En el caso del *Carrizales*, en toda Extremadura solamente aparecen en Almendralejo y el primer miembro documentado es Luis de Carrizales, quién ganó su Real Provisión de Hidalguía en la Chancillería de Granada en 1530[22]. Es cierto que los vamos a ver por ejemplo en Sevilla y en Indias, pero siempre son una familia corta y limitada.

---

20   [Bautizo de Diego, hijo de Alonso Hernández y María Alonso, 1558, 03, 09. Almendralejo] Archivo Parroquial de la Iglesia de Santa María de la Purificación (Almendralejo, Badajoz). Registros parroquiales. Libro de bautismos 1548-1567 / 1569-1645. Fol. 8 v.-9 r.

21   [El juez eclesiástico contra Hernando García Carrizales y María Alonso sobre las misa y aniversario que fundó Fernando García Pantoja. Mérida, 1603] AHN. OOMM. AHT. Leg. 22568.

22   [Carta de receptoría de Luis de Carrizales, Almendralejo (Badajoz). Mayo, 1530] ACHGR. 5092-4

Barredo de Valenzuela y Arroyo, Adolfo; De Cadenas y López, Ampelio, *Nobiliario de Extremadura*. Tomo II (Letras C.-E), Instituto Salazar y Castro, Madrid, Hidalguía, 1997, p. 97.

4.6 Las Indias y la riqueza: Indianos de ida y vuelta y su desgracia (1512-1578)

Probablemente un descendiente directo de este Juan de Carrizales intentó marcharse a Cartagena de Indias con Lorenzo Martín *El viejo* y declara que, aunque no lo especifica ni siquiera se montó en el barco, se volvió (1578). Su amigo sin embargo es rico y al no tener descendencia ha pedido que un sobrino suyo se vaya a acompañarle para dejarle la herencia[23].

> El dicho Luis de Carrizales, vecino de la dicha villa de Almendralejo (…) Este testigo y el dicho Lorenço Martín contenido en la pregunta conçertaron de se ir a las Yndias y este testigo se volvió. Y el dicho Lorenço Martín se pasó en las dichas Yndias y an oydo deszir y por carta suyas e dineros que a ynbiado, sabe questá en la ciudad de Cartajena y al presente a oydo deszir a muchos pasajeros que de allá vienen questá en la dicha ciudad e questá muy rrico. E sabe quel dicho Lorenço Martín es tío del dicho Lorenço Martín, hijo del dicho Juan Galindo, hermano de María Sánchez, su mujer[24].

Juan de Carrizales "El indiano" (1512-1524): Rico pero desgraciado: Sin embargo, el primer miembro de linaje de los Carrizales extremeños del que tenemos noticia en América es Juan de Carrizales, de Cáceres, quien en 1512 se marchó a San Juan de Puerto Rico con Juan de Ocampo y su paje Alonsico[25].

Nunca volvió a España su vida fue breve y lo que sabemos de ella se resume en un único documento de apenas dos páginas, como reclamación presentada por Francisco del Guijo, vecino de Trujillo, su cuñado. Vivió y murió en San German de la Isla, en San Juan, alrededor de 1524, es decir, solamente doce años después de su llegada. Hizo fortuna, pues tenía una hacienda de indios encomendados y hasta esclavos de su propiedad, y tuvo con una india—¿tahína?—un hijo natural, al que legó tanto tierras como a sus propios compatriotas.

---

23   Mira, 2022, p. 1.
24   [Expediente de concesión de licencia para pasar a Cartagena a favor de Lorenzo Martín, vecino de Almendralejo, hijo de Juan Galindo, para vivir con su tío Lorenzo Martín. 1578]. AGI. Indiferente,2090, N.27, p. 4-5.
25   [Libro de asientos de pasajeros a Indias. Juan de Ocampo, natural de Cáceres, hijo de Diego de Cáceres y de Marina Álvarez, Alonsico su paje, hijo de Diego Alonso y de Juana Hernández, vecinos de Cáceres y Juan de Carrizales; 1512/10/08]. AGI. Contratación, 5536, Leg.1, F.185(4).

Sin embargo, a su muerte, y sin nadie que le defendiera más allá de su cuñado en España, sus albaceas decidieron vender todo su patrimonio para pagar sus deudas a Pedro de Aranda, quien no solamente negó la herencia al hijo mestizo, además de un indio muchacho para que le sirviese, sino que con el pretexto de que su madre se había casado con otro indio de su propiedad, Aranda le separó de su madre y la esclavizó en un acto vil y cruel:

> E que asymismo al tiempo del dicho concierto que se hizo para que se le dexarían los dichos yndios conptando la dicha hazienda, fue que quedase al dicho menor la dicha yndia su madre e un yndio muchacho que le syrviese: E diz que agora el dicho Pedro de Aranda no contento con thener todos los otros yndios, le a quytado al dicho menor la dicha su madre e el dicho yndio que le quedó con ella so color e diziendo que la dicha su madre hera casada con otro yndio de los que a él le quedaron e le dieron con la dicha hazienda, de lo qual asymismo el dicho menor ha resibido mucho agrauio e dapño [26].

4.7 ¿Celosos? Luis de Carrizales: ¿Un don Juan rural en Almendralejo? (Badajoz) (1574).
Sin embargo, la caída en desgracia del linaje llegó muy pronto; el hijo de Luis de Carrizales, aquel que solicitó su hidalguía, se había casado con una pechera, Marina Esteban, hija de un boticario local. En un día cualquiera de 1574 se reúne con sus amigas de la calle en la casa de y comienzan a despellejarse unas a otras con sus críticas verbales, injuriosas, en que acusa a varias mujeres casadas con los principales próceres del pueblo de estar amancebadas con su marido, con palabras bastante gruesas. Tiene toda la apariencia de una exageración.

Lo que era otro amanecer más, se convirtió en una pesadilla para la familia, cuando una de las ofendidas no soportó más y se querelló penalmente contra ella. En un proceso inusualmente largo para la monta del delito—198 páginas, se empieza a definir una sociedad pacense rota y dividida, primero

---

26 [Real Cédula al gobernador o juez de residencia de la Isla de San Juan, para que hagan justicia en lo que pide a Francisco del Guijo, vecino de Trujillo, sobre que devuelvan a un hijo natural de su cuñado Juan de Carrizales, que murió en dicha isla, y a quien éste dejó por heredero, los indios que estaban en su hacienda y entre ellos su madre, y que el albacea de dicho menor vendió, juntamente con la hacienda a Pedro de Aranda, quien no quiere devolverlos. 1528/06/05. Monzón]. AGI, Indiferente,421, L.13, f.150v.-151 r.

entre hidalgos pobres—los Carrizales-Esteban—y nuevos ricos. Era una familia en la época de Cervantes muy mal considerada entre sus vecinos.

> A la sesta pregunta dixo que este testigo conoçe muy bien a la dicha Marina Esteuan, la qual es muger de mala lengua, reboltosa e tal que anda por su pasatiempo ynfamando a mugeres casadas, diziendo que son unas putas alcahuetas de su marido Luys de Carrizales. Porque la susodicha infamó a la muger del Licenciado Saavedra diziendo que hera una puta y alcahueta de su marido. E a la muger de Juan Mateos asymesmo la llamava de que hera alcahueta de su marido [27].

4.8 Sevilla: Luis Rincón de Carrizales, escribano (1599-1603)

Pero también existían Carrizales en Sevilla, tal y como profetizó Cervantes. La segunda biografía que comenzamos a esbozar es la de Luis Rincón de Carrizales, quien acabó marchándose y siendo escribano y notario público en México:

> Que conoze al dicho Luis Rrincón [de Carrizales] el dicho tiempo de quinze años a esta parte, porque como naturales que este testigo y el susodicho eran y son de la ciudad de Seuilla, andubieron juntos en una escuela y después en los ofiçios de escriuanías públicas de la dicha ciudad y espeçialmente le conoçió este testigo por ofiçial en el ofiçio del scriuano público de Gaspar de León Garauito y en el de Juan de Tordesillas (...) Y asímismo le a uisto en esta ziudad de México de más de dos años a esta parte [28].

4.9 Esclavitud: La esclavitud en Almendralejo

El argumento que vamos a exponer aquí como colofón a todos los elementos quizás es el más indefendible y contradictorio. Almendralejo era un punto

---

27 [Testigo Juana Mexía, mujer de Diego Rodríguez, vecina de Almendralejo]. [Marina Esteban, mujer de Luis de Carrizales contra Miguel Sánchez e Isabel Guerra, su mujer, sobre injurias. Almendralejo (Badajoz). 1574]. AHN. OOMM. AHT. Leg. 3967.

28 "Testimonio de Simón de Alfaro. México, de la Nueva España de Yndias, a doze días del mes de otubre de mill y quinientos y nouenta y nueve años". [Expediente de confirmación del oficio de escribano a Luis Rincón de Carrizales. 1603/04/23]. AGI. México,176, n. 47, pp. 13-14.

[Real Provisión nombrando escribano y notario público de las Indias a Luis Rincón de Carrizales, vecino y natural de México. 1603-06-09, Lerma]. AGI. Patronato, 293, N.25, R.19.

clave en la esclavitud extremeña y en ciertas épocas, la población que mayor número de esclavos poseía en la región en números relativos[29]. La mayor parte de los hidalgos y potentados los poseían[30] y los procesos eran comunes, como hemos podido comprobar en el Archivo Histórico Nacional[31]. Puede que el personaje de Filipo de Carrizales lo arrastrara como argumento secundario a su nuevo entorno sevillano. Es cierto que podemos argumentar que para qué necesitamos esto, si Sevilla era el mayor puerto esclavista de occidente, pero nunca está de más tenerlo en cuenta.

4.10 Personajes secundarios: El Loaysa

No teníamos intención de citar a los personajes secundarios de *El celeoso extremeño*, dejándolos par mejor ocasión. Pero la teoría antigua de José María Asensio nos obliga a hacer al menos alguna precisión. Aquí tenemos el pliego de posiciones del expediente de hidalguía de Álvaro de Cervantes y Loaysa. Teniendo en cuenta que nuestra propuesta es puramente historicista y positivista, que entendemos como un todo la vida de Cervantes con geografía y personajes, para nosotros el apelativo de Loaysa, estando además en un contexto extremeño, es un recuerdo cervantino de sus primos talaveranos, apellidados así así, al igual que lo tendrá en *El Persiles* con mayor intensidad.

No olvidemos que Talavera de la Reina, según este mismo documento, es el solar de los hidalgos Cervantes. No puede ser de otro modo, de él partieron sus miembros más destacados en el engranaje de la monarquía y por ello se sentían orgullosos de destacarlo. Todo comenzó con un matrimonio con Isabel de Loaysa:

> Si sauen quel dicho Comendador Pedro de Cervantes, Comendador de Santiago fue casado según horden de la Higlesia con doña Ysauel de Loaisa, su mujer, (...) tuvieron por su hijo al dicho Garçi Jufré de Loaisa

---

29   "Otro ejemplo muy significativo es el de Almendralejo, donde el grupo esclavo representa a mediados del siglo, según el vecindario de 1665, más del 6% de la población de la villa y los bautismos de esclavos alcanzan en la década de 1681 a 1690 el 7% con respecto al total de nacidos, los índices más elevados que conocemos para Extremadura en ese periodo". Periáñez, 2008, p. 51

30   "Mientras que, en Almendralejo, según el censo de 1665, los propietarios hidalgos constituían el 55,3%, los clérigos el 15,2%, los cargos públicos el 10,4%, siendo un aspecto destacable que en esta villa los labradores representaron el 11, 4% de los propietarios". Periáñez, 2008, p. 264.

31   [Leonor García y María García, su hija contra Elvira de Rengela, mujer de Pedro Hernández y Simón López sobre esclavos y ejecución de sentencia. Almendralejo, Mérida, 1570] AHN. OOMM. AHT. Leg. 16950.

y a Gonçalo Gómez de Zervantes, comendador y Senescal de la horden de San Juan. [...] Si sauen e quel dicho Garçi Jufré de Loaisa fue casado según horden de la Yglesia con doña Madalena de Zúñiga (...) ubieron por sus hijos legítimos y naturales al dicho Áluaro de Zervantes de Loaisa y a Gonzalo de Ceruantes vezinos de la villa de Talavera, y a Pedro de Zervantes, comendador que fue de la Orden de San Juan[32].

4.11 LOS CARRIZALES Y *EL QUIJOTE*: EL ACERCAMIENTO DE CERVANTES
Después de todo este recorrido lo que nos queda es la eterna pregunta: ¿Cómo pudo conocer Cervantes a estos Carrizales y cuál es el posible motivo de su interés literario? Examinando los expedientes disponibles de momento sobre los mismos, resultó que el tal Luis Rincón de Carrizales que había nacido en Sevilla, tenía un linaje que provenía de otro pueblo, puesto que, para probar su limpieza de sangre e hidalguía, inserta un expediente de un antepasado suyo "Probanza hecha por Rodrigo de Carrizales ante la Justicia de la Hinojosa del Condado (Córdoba)" (1575/08/08). Aquí salta la sorpresa, resulta que Luis de Carrizales, no sabemos cuál de ellos puede ser con tanta homonimia, había sido secretario del Conde Alonso de Sotomayor, que podemos entender por la época que se trata de Alonso Francisco de Zúñiga y Sotomayor (1498-1544), conde de Belalcázar, pero también Duque de Béjar:

> Conoçe al dicho Rrodrigo Alonso de Carriçales desde que naçió y conoçe a Rodrigo Alonso Rincón y a Antona García su muger, padres del dicho Rrodrigo Alonso Carriçales que son ya difuntos (...) y conoçió asímismo a Luis de Carriçales que fue Secretario del Ilustrísimo Conde don Alonso de Sotomayor, señor deste estado y no tiene notiçia de la muger del dicho Secretario y abuelo del dicho Rrodrigo Alonso Carriçales que litiga, el qual hera padre de Antona García, su madre, y tal nombraua el dicho Secretario a la dicha Antona García, madre del dicho Rrodrigo Alonso de Carriçales[33].

Conclusión: ¿Entendemos entonces cuál es el nexo entre *Carrizales* y Cervantes? Definitivamente, estos *Carrizales* que en su periplo vital de un siglo habían sido primero extremeños, luego sevillanos y más tarde indianos tal y

---

32 [Expediente de hidalguía de Álvaro de Cervantes y Loaysa. Antequera (Málaga), Talavera de la Reina (Toledo), 1560] ACHGR. Leg. 4860, 004.
33 "Testimonio de Juan Francisco, "el viejo", de ochenta años". [Expediente de confirmación del oficio de escribano a Luis Rincón de Carrizales. 1603/04/23]. AGI. México,176, n. 47, p. 17.

como nos cuenta Cervantes en la novela, resultó que eran descendientes de muy altos y cercanos servidores del Duque de Béjar, el magnate que en teoría sufragó el primer *Quijote* (1605). ¡Con lo que le gusta al escritor acordarse de los patriarcas de los linajes¡

No tengo a partir de aquí más datos para afirmarlo, pero podrían ser uno de los nexos que utilizó el manco de Lepanto para acercarse a sus mecenas. Por otra parte, tenemos un aliado argumental a favor de esta hipótesis en la dedicatoria al Duque, porque ofrece no pocos problemas de interpretación; está plagiada, es fría y luego se cambió. El estudio de Ignacio Díez así lo confirma:

> A la crítica parecen haberle preocupado más las razones por las que Cervantes cambia luego de dedicatario (entre *Quijote* y *Novelas Ejemplares*) y, aunque puedan ser muchas, a menudo se apoyan en la supuesta mezquindad del de Béjar. ¿Le defraudó a Cervantes el duque de Béjar en su apoyo o eligió a alguien más poderoso para dedicar sus *Novelas ejemplares* y la segunda parte del *Quijote*?[34]

Este dato de los Carrizales, aunque indirecto, echará más leña al fuego, porque es lo que ya había interpretado sin saber los posibles problemas que tuvo el alcalaíno con su preceptor. Hay que tener en cuenta, como también piensa Díez, que Cervantes pudo no tener contacto directo con tan alto—y joven, 28 años—magnate, y lo que hubo fueron intermediarios interpuestos del estilo de estos extremeños. El maltrato y desdén con el que trata también a los Carrizales indica que algo no funcionó bien con ellos en este u otro negocio que desconozcamos y así sufrieron la ira de la pluma cervantina. Nunca lo sabremos con certeza, fuera de que son y serán personajes reales. Un argumento más que sumar a la interpretación del prólogo del *Quijote*.

Trama principal: Diego García de Paredes. El *Sansón* más celoso. Mérida, Trujillo (1518).
Situemos el cuento en su contexto histórico. No podemos obviar que cualquier lector de la época al escuchar una narración sobre un *Celoso Extremeño*, si estaba medianamente informado, probablemente acudiría primero al tópico costumbrista de la época sobre el amor de los portugueses y los celos de los extremeños. No por nada ha quedado grabado en cantos de Tirso de Molina:

---

34 Díez, 2015, pp. 29-51.

Si más los de Extremadura somos en todo extremados, y en semejantes desvelos hay quien afirma y no mal que amor nació en Portugal y en nuestra patria los celos... (Tirso de Molina)

Y del mismo amigo de Cervantes, Jerónimo de Salas y Barbadillo: "Los que nacimos en Extremadura aun retamos de alevosos a los rayos del sol si acaso hieren los ojos de nuestras damas[35]"

Cervantes lo sabe y utiliza con creces; de hecho, en *El Persiles*, en cuanto entra en Extremadura, la representación teatral que hace en la casa del Corregidor de Badajoz es la de *Céfalo y Pocris*, una historia mitológica de celos enfermizos, y otro tanto sucede cuando se acercan a Trujillo (Cáceres): "En la fiesta, que fue la representación de la fábula de Céfalo y de Pocris, cuando ella, celosa más de lo que debía, y él, con menos discurso que fuera necesario, disparó el dardo que a ella le quitó la vida y a él el gusto para siempre"[36].

En este momento la tentación de sostener que no hay referencias a hechos históricos concretos es muy fuerte, casi irresistible. Ya existe esta hipótesis en *El Persiles* para explicar la aparición de nombres históricos familiares al lector; con ello se busca la verosimilitud adjudicándoles unos genéricos tópicos de comportamiento de sus respectivas comunidades, como es el caso de los, por otra parte, extremeños Francisco Pizarro y Juan de Orellana[37]. Esto ya de por sí explicaría por qué Cervantes escogió como protagonista de su novela un extremeño y no un andaluz o un vasco.

Pero yendo un paso más allá y planteándonos que de nuevo estuviese aplicando su técnica de renovar un viejo mito, esta vez en la Extremadura de la transición entre medievo y modernidad, pensamos si no podría haber caído en la cuenta del infame comportamiento de Diego García de Paredes (1468-1533), *El Sansón de Extremadura*, o quizás en su linaje, los llamados *Corajos*, por las evidentes similitudes que existen entre historia y ficción. En un vibrómetro de los celos, esta familia hacía saltar continuamente el nivel máximo[38].

---

35 Molho, 1990, pp. 743-792.
36 Cervantes, Lerner, Lozano-Renieblas, 2016.
37 Lozano-Renieblas, 1998, p. 46 y 49.
38 Hay alguna historia completamente real en que un miembro del linaje acabó con la vida de su mujer y su suegra, por haberse marchado a casa de sus padres. Fue asesinado por un primo de la finada años después también de forma alevosa y cruel. Manuscrito sobre los linajes de Trujillo de Hinojosa. Rubio Muñoz, 2017, pp. 443-468.

El que tanto Cervantes como Lope de Vega[39], y por tanto todos sus contemporáneos conocían sus hazañas bélicas es innegable, ya que el primero incluye una famosa referencia directa en *El Quijote*[40] y el segundo le dedica una obra. Pero ¿conocían también lo que se escondía tras la puerta de atrás? ¿Lo hubieran denunciado en sus obras de forma anónima?

El principal biógrafo del "Sansón" fue Tamayo de Vargas, y escribió su conocida biografía en 1621, fuera del radar lector cervantino. En ella, a pesar de ser un panegírico, hay hasta un capítulo completo titulado sobre el tema "Buelve Diego García de Paredes a España, y después de la muerte del Rey Católico, se casa en Truxillo; pleyto matrimonial entre él y doña María de Sotomayor, su mujer" [41]. Sin embargo, Cervantes contaba con una relación de sus hechos muy amplia en el *Carlo Famoso* (1566)[42]. Convenimos por tanto en que sus contemporáneos al menos sabían que se habían separado y el motivo. Ahora bien, eso no significaría que por ello automáticamente haya una relación genética entre ambas historias, realidad y ficción:

> Paraba su furor en Diego García, su hijo natural, a veces. Su mujer, como quien le estimaba lo que valía, sentía esto sobremanera, y él, llevado de su mal, no agradecía su sentimiento, antes la ponía en ocasión de que temiese también ella su furia. Y así se previniese para el remedio con pedir a su hermano que la llevase a su castillo de Orellana o la metiese entre las monjas del monasterio de San Francisco hasta tener seguridad de la condición áspera de su marido, que en el tiempo que estuvo con ella la encerraba y apretaba demasiado[43].

Sin duda, aparentemente las citas de Cervantes de este prócer en *El Quijote* son panegíricas[44], pero escarbando un poco en la costra exterior, como bien dice Faustino Menéndez Pidal, cuando lo incluye dentro del listado de héroes clásicos: Viriato, César, Aníbal, El Cid, ... No podemos dejar de percibir

---

39 El resumen sobre las hazañas de este García de Paredes por extenso en: Sánchez Jiménez, 2012. pp. 83-98.
40 Sánchez Jiménez, 2004, pp. 231-242.
41 Tamayo, 1621. Tabla de capítulos.
42 Sánchez Jiménez, 2009, pp. 639-648.
43 Sánchez Jiménez, 2019, pp. 183-202
44 "El primer libro que abrió vio que era *Don Cirongilio de Tracia*, y el otro, de *Felixmarte de Hircania*, y el otro, la *Historia del Gran Capitán Gonzalo Hernández de Córdoba, con la vida de Diego García de Paredes*" (*Don Quijote I, XXXII*): Las citas de Don Quijote I, XLIX y I, LI también son sobradamente conocidas.

una cierta ironía sobre un personaje al que se le atribuían dones caballerescos y hercúleos, casi de semidioses (*Don Quijote* II, XLIX) [45].

Ahora bien, los detalles concretos del encierro a la que la sometió en la fortaleza sólo los hemos podido conocer muy recientemente una vez que se han publicado por parte de Miguel Muñoz de San Pedro (1948-1956) ya que se conservan en el archivo privado de su familia, los Condes de Canilleros, descendientes del propio *Sansón de Extremadura*. La versión oral que circuló en el barroco presumimos que debió parecerse más a ésta que a la que al final se puso por escrito.

Por ellos sabemos que Diego García tenía una esclava llamada Catalina, y que mantenía encerrada en su casa de Trujillo (Cáceres) a su esposa, incluso embarazada, y que la tenía bajo la vigilancia de dos monjas. Como en la ficción, no la dejaba ni salir a los oficios divinos:

> Y después que la dicha doña María su hermana entró en poder del dicho Diego García de Paredes, el suso dicho la avía tenido en sus casas de su morada encerrada, sin la dexar hablar, ni comunicar con nadie, ni con el dicho Juan de Orellana (su hermano), ni los demás sus deudos, teniéndola en grave encerramiento y guarda, no la dexando salir de casa a la Yglesia, ni a los Oficios Divinos, ni otras cosas.
>
> Y no contento con esto, el dicho Diego García de Paredes avría un mes, que se avía salido de su casa, dexando a la dicha doña María con dos Religiosas, y se avía ydo a una casa que tenía en el término de dicha ciudad yerma y en ella había hecho tales estremos, firiendo a un hijo suyo y otras personas y diciendo que ninguno de los hermanos de su mujer entrasse en su casa, que los avía de matar y ofender [46].

Una vez pasadas por escrito las declaraciones de los vecinos, sabemos que sí dejaba al menos pasar a su *fortaleza* a su hermano, Juan de Orellana, Señor de Orellana la Vieja, y una vez que se marchaba volvía a cerrar las puertas a cal y canto. Una vez escuchadas por parte del Alcalde Mayor de Trujillo, Licenciado Francisco de León, tanto a la agraviada como a las monjas—llamadas

---

45   Menéndez, 2005, pp. 339-355.
46   Dentro de: Muñoz de San Pedro, 1956, pp. 18 y ss. [Apéndice III. Pleito matrimonial entre Diego García de Paredes y su esposa doña María de Sotomayor, en Trujillo, en 1518]. Archivo de los Condes de Canilleros. Asuntos de Trujillo, leg. 2, n° 9, documento 13.

Juana de Gironda y Estevanía de Paredes—se percibe claramente el temor que las tres mujeres tenían de su vuelta.

A pesar de las concomitancias entre el relato cervantino de *El celoso extremeño* y el encierro de la esposa de Diego García de Paredes, las diferencias también son notables: El nombre de Paredes no aparece por ninguna parte, ni siquiera veladamente; no hay fecha como en *La gitanilla*; su esposa no es una joven casada con un viejo; no se refiere ningún tipo de nobleza de la misma; no aparecen las religiosas en su cuidado, tampoco el ambiente oriental lleno de eunucos, esclavos y música y la geografía sevillana... Es obvio que la mezcla de ingredientes tradicionales y el murmullo sevillano crea un cóctel original y propio de esta composición.

Sin embargo y a pesar de todos los inconvenientes, no descartamos del todo esta historia verídica como punto de partida o fuente oral primigenia, aunque sea simplemente para aportar al título la idea original y el adjetivo de "extremeño": No es una propuesta aislada; nos basamos en que en las otras adaptaciones de cuentos folklóricos suele hacerlo habitualmente, lo que llamamos un *leitmotiv* (*La gitanilla*, *La ilustre fregona*).

Además, cuando en próximos estudios sobre *El Persiles* podremos ver como Cervantes hace un verdadero panegírico de sus amigos Pizarro y Orellana (*Los trabajos de Persiles y Sigismunda*, III), quienes tradicionalmente eran mortales enemigos de los Paredes y Corajos, con muertes incluidas. Aquí nos encontraríamos de nuevo con un ajuste de cuentas indirecto, al igual que pensamos sucedió con los Quijada y los Carriazo en Toledo, entre otros que podremos examinar en estas líneas (*Don Quijote*, *La ilustre fregona*).

5
El ciclo toledano
(1584-1587)
La ilustre fregona

5.1 "En una aldea dos leguas de aquí": Esquivias (Toledo)

Leyendo uno de los resúmenes biográficos que Jean Canavaggio hizo sobre la vida de Cervantes, pudimos constatar cómo pasaba prácticamente de puntillas por su etapa de Esquivias y toledana (1584-1587)[1]. Es como si fuera un accidente que sucede entre dos mundos importantes en su devenir como son *el Cautiverio* (1575-1580) y su paso por las comisiones de abastos y Sevilla (1587-1600), esos sí, según se piensa fundamentales en su biografía. Aquí Toledo toma el papel de esa Mancha que es tierra de paso entre la Corte y Andalucía, en donde nunca sucede nada[2].

Por supuesto que no le achacamos ninguna culpa a este hispanista, todo lo contrario. La responsabilidad de este olvido es atribución de todos nosotros, que hemos sido los responsables a nuestra manera. Incluso a aquellos que con muy buena intención insistieron en Esquivias y sus *modelos vivos* ignorando a las demás hipótesis[3]. Ya lo anticipó Cervantes irónicamente diciendo que todos los pueblos se pelearían por el *Lugar de la Mancha* como las siete ciudades griegas por la maternidad de Homero (*Don Quijote* II, LXXIV), y a fe que así ha sido.

El archivero, que no tiene porqué mirar a uno y otro lado, ni debe nada a ninguno de ellos, descubre la cantidad de hidalgos y de personajes toledanos que se distribuyen por varias obras, seis al menos (*Don Quijote, La*

---

1 Canavaggio, 2004, pp. 131-156.
2 Moreno, Geysse, 1982.
3 Astrana, 1948-1958.

ilustre fregona, *La fuerza de la sangre*, *El retablo de las maravillas*, *Rinconete y Cortadillo*, *La gitanilla*). Muchos de ellos además no son comparsas sino protagonistas de estas novelas y entremeses. Entonces con esa balanza de la justicia, ciega y nunca objetiva, pesa en cada platillo lo que aporta cada uno de estos grupos de fuentes que hasta ahora se consideraban importantes (el cautiverio, lo morisco, Sevilla, Barcelona) y se da cuenta de que lo toledano, tanto cualitativa como cuantitativamente tiene más peso en la novelística de Cervantes que incluso *el Cautiverio*. No sé si decir tanto en el global de su obra, incluyendo el teatro[4]. Siempre y cuando aceptemos la identificación de estos personajes como históricos, toledanos, y cercanos al creador, que todo estaría por ver.

Entonces insertando estos datos en su contexto y en relación con el resto de las influencias, vemos que Cervantes dice al final de su vida dos frases que indican que su voluntad desde muy pequeñito fue la de escribir. Una es del *Parnaso*: "Desde mis tiernos años amé el arte dulce de la agradable poesía, y en ella procuré siempre agradarte". Y otra está en boca de Berganza en *El coloquio de los perros*. "Y aun de mí, que desde que tuve fuerzas para roer un hueso tuve deseo de hablar, para decir cosas que depositaba en la memoria; y allí, de antiguas y muchas, o se enmohecían o se me olvidaban".

Cervantes se hace escritor en Esquivias y Toledo: Pero que un hombre que fue soldado, que batallaba, que estaba de aquí para allá no podía cumplimentar su deseo como debiera. Sólo cuando llega a Esquivias (Toledo) y tiene estabilidad económica, afectiva y en una casa que puede llamar tal, puede empezar a publicar. Se casa en 1584, y su primer libro es de 1585. Su magna obra, *El Quijote*, tiene un protagonista cuyo nombre pertenece a un hidalgo de esa aldea de Toledo (Alonso Quijada). Desde nuestra visión, Cervantes se hace escritor y puede al fin ser poeta, en las riberas del Tajo. Cuando en la novela *La ilustre fregona* habla de *una aldea a dos leguas de aquí*, creo que está refiriendo a Esquivias, aunque no coincidan las distancias [medio geográfico]. Sé que esto choca con todo lo que hemos leído hasta ahora. Por eso precisamente está este estudio y otros que vendrán después.

Sugerencias autobiográficas: Del estudio de la procedencia de los personajes y sus tramas también da otras pistas sugerentes. La primera cuestión es el interés por la inclusión de personajes ilegítimos y solitarios en sus novelas del *Ciclo Toledano* (Constanza, *La ilustre fregona*; Luisico, *La fuerza de la sangre*; sobrina, *Don Quijote*) Creemos que es autobiográfico y que tiene que

---

4   Rey, 1994, pp. 29-56.

ver con su propia hija natural (Isabel de Saavedra, reconocida 1599) o hechos muy cercanos como el estupro del caballero esquiviano Luis de Salazar y Rojas (1586)[5]. Esto ya había sido advertido por Antonio Rey Hazas, pero no lo había achacado ni al genéro del kasus, ni a la autobiografía.

> Los vínculos que señalábamos anteriormente entre *La gitanilla* y *La ilustre fregona*, por otra parte, podrían extenderse a *La española inglesa*, curiosamente, puesto que las tres protagonistas femeninas, Preciosa, Constanza e Isabela son niñas que viven en un ambiente familiar y social que no es el suyo, por haber sido abandonadas o cautivadas en su niñez[6].

Buena relación con su familia política: La segunda cuestión y más importante, es que la cantidad de mitos fundacionales de los hidalgos de Esquivias que incluye en sus narraciones y ciertos nombres no pudo conocerlos por sí mismo escuchando conversaciones de taberna donde estas intimidades no tendrían lugar. Por mucho que se haya sostenido que la relación con su familia política era mala, o incluso inexistente, las fuentes nos dicen lo contrario[7]. Al menos existía comunicación fluida entre ellos, puesto que el argumento de *La ilustre Fregona* probablemente tenga esta procedencia.

Crítica a Lope de Vega: El tercer punto es que la mitad de las novelas de este ciclo incluyen una puya a Lope de Vega o su entorno. Así será en *Don Quijote* (*Entremés de los romances*), *La ilustre fregona* ("daca la cola asturiano"), *La gitanilla* (personaje de Alonso de Cárcamo, corregidor de Toledo y trama). Es normal que el dramaturgo estuviera enfadado con su anteriormente amigo y le respondiera con el *Quijote* de Avellaneda. Esto es debido, como venimos sosteniendo, a la influencia de la proximidad física entre ambos que a su vez lleva a una mental: Lope de Vega vivía en Toledo junto al autor en el momento en que se concibieron estas novelas (1606) y lo tenía demasiado presente (1590, 1604-1610).

Es sobradamente conocido de antiguo que no solamente multitud de autores, sino el propio Lope había tratado en dos de sus comedias—*El mesón de la Corte* y *La noche toledana*—el tema de las fregonas. La pregunta se construye sola: ¿Por qué volver a tratar el tema? ¿Por qué otra versión? Oliver Asín y Montero Reguera ven insalvables concomitancias entre los argumentos. Obviamente nosotros entendemos que es otro aviso a su, en esas fechas

---

5   Astrana, 1948, T. IV, p. 242.
6   Rey, 1999, p. 154.
7   Eisenberg, 1999, pp. 143-149.

(1606), enemigo. Y creemos que lo hace para darle una lección de lo que es tomar un *desatino* y hacerlo verosímil interpolando historias reales, de la calle, sin que apenas se aprecie, frente a su forma de hacer comedia. De todos modos, esto no le sentaría nada bien al dramaturgo[8].

¿Por qué Esquivias y Toledo?: Sabemos que la teoría oficial del cervantismo es que Cervantes llega a Esquivias para publicar el cancionero de su amigo Pedro Laínez, y siguiendo a su esposa Juana Gaitán[9]. Pero en un dato desgraciadamente todavía inédito, sabemos que Juan de Cervantes y Leonor de Torreblanca, abuelos de Miguel de Cervantes, cuando salieron huyendo de Ocaña en 1525, para evitar el embargo de sus bienes, se llevaron todas sus carretas y posesiones a sus casas de Yepes (Toledo)[10]. La familia ya vivió en la comarca años atrás. Yepes está a treinta kilómetros de Esquivias. Es muy probable, como sostenemos algunos, que el alcalaíno ya conociera estos pueblos antes de 1584.

También la mención que se hace en el prólogo del *Quijote* a «los herbosos *llanos de Aranjuez*», no es un despiste geográfico más de Cervantes, como presumen algunos críticos, puesto que ni don Quijote, ni Sancho los recorren en la novela. Para nosotros es un desliz de Cervantes a colación de que muchos de sus personajes e historias provenían de Esquivias, situada en esta comarca y por ello son citados frecuentemente en la documentación consultada (*Rinconete y Cortadillo*).

Conclusiones: ¿Por qué es interesante entonces para la forma de pensar de Cervantes un "caballero" anónimo llamado Diego de Carriazo, desde el punto de vista literario?

> Primero, es una historia tradicional, que comienza en los caballeros de la Trasmiera (el mito del caballero de Carriazo), pasa por Valladolid y llega a los amores de un hombre que se amanceba con una hidalga rural, y después de esos amores, se convierte en un importante clérigo de la época de Cisneros.

> Segundo, es una trama de amores rotos y no correspondidos, que termina mal con la separación de los amantes, esta vez por la entrada en

---

8   Montero Reguera, 1993, p. 340.
9   Lucía, 2019, p. 54.
10 [Alonso Suarez contra Juan de Cervantes sobre cierta provisión para el desembargo de unos bienes. Ocaña, 1525] AHN. OOMM. AHT. Leg. 24965, p. 11.

religión del hombre en vez de la mujer en el convento, y recuerda en este punto a Sosa Coitiño (*Los trabajos de Persiles y Sigismunda*, III). Es un punto de partida literariamente llamativo.

Tercero, es lejanamente autobiográfica por lo que sucede con su propia hija ilegítima.

Cuarto, un motivo más personal. Que mantenga los nombres originales y convierta su mito fundacional en la historia troncal de su novela, sin ser estrictamente necesario, indica que no tenía demasiado apego por estos cercanos hidalgos villanos. Desde nuestro punto de vista, Cervantes, al igual que en muchos otros puntos de su obra, paga con ironía, buen humor y también mala baba la frustración de ver cómo muchos de estos linajes castellanos conseguían hábitos de caballero, puestos de relumbre en la Corte, como corregimientos y gobernaciones, o en América, ya sea escribanías o contadurías, con expedientes de limpieza de sangre notoriamente falsos y que por ende todos lo sabían.

5.2 Sumario: *La ilustre fregona*

Es la novelización del relato que conocemos como *La Cenicienta* [folclore], pero situando la acción en Esquivias y Toledo donde Miguel de Cervantes se casó con Catalina de Palacios en 1584. La aportación folklórica en forma de detalles concretos de la ciudad en la época en que residió en ella Cervantes ha sido profundamente estudiada[11]. Puede reconstruirse de nuevo un plan de obra coherente y armónico entre geografía, personajes y argumentos, en el que van a aparecer varios de ellos que se cruzaron con el autor durante su estancia toledana.

Igualmente se trata de nombres anónimos que por supuesto cobrarán vida propia en la ficción. Al cuento ancestral se van a unir de nuevo varias historias reales, ya entonces convertidas en mitos cuando llegan a oídos del autor: El principal de ellos es el del origen bastardo de la familia Carriazo [anagnórisis final], linaje que en el momento de residencia de Cervantes en Esquivias ostentaban la alcaldía de la localidad (1601) y pretendían acceder a títulos de caballeros dentro de las Órdenes Militares sin merecerlo. Pero no es ni mucho el único dardo que guardan sus menciones personales.

---

11 Montero Reguera, 1993, pp. 337-359.

5.3 Estructura temática

En nuestro análisis normalizado, volvemos a estructurar transversalmente los argumentos en cinco bloques temáticos[12]. En el primero se nos introduce a los personajes principales [trama presentación, 1], el primero de los cuales es llamado Diego de Carriazo, caballero de Burgos [mito, historia omitida: 1.1]; el segundo Juan de Avendaño [historia omitida, hechos reales, 1.2]. Ambos son mitos y sucesos que solo conocemos una vez estudiadas las biografías de las personas detrás de los nombres. Ambos corresponden a nombres de linajes cercanos a la familia política de Cervantes en Toledo.

En el segundo se produce el habitual giro de los acontecimientos en el devenir de los personajes que se dirigían a Sevilla a vivir aventuras. Es un evento y recurso literario calcado al evento retratado con el gorrero Triguillos en *La gitanilla*. La dureza del asistente, el Conde de Puñonrostro, que ha colgado a varios bandidos recientemente, les hace desistir de su idea inicial. Esta parte sirve también para situar al lector informado en una época (1596) [trama bisagra/momento data, 2]. El sostener la coherencia de personajes y geografía, nos ha permitido descubrir que, como presumíamos, se trata de un personaje toledano—de Torrejón de Velasco, a veinticinco kilómetros de Esquivias—no sevillano, cercano y relacionado documentalmente también íntimamente con la familia política de Cervantes.

El tercer bloque nos presenta a la amada, objeto del deseo, que es una fregona que trabaja en una posada de Toledo, entorno cuya existencia real en la época puede contrastarse. La geografía marca la elección del resto de los elementos del relato. Se trata del cuento folklórico que en diversas versiones conocemos como *La Cenicienta* [folclore, 3]. Se vuelve a abrir paso al siguiente nivel del relato legendario, y es el de las pruebas del antihéroe para conseguir el amor de su dama, incluida de nuevo la puesta en peligro de su propia vida.

La peripecia del antihéroe: Cervantes habitualmente retrata antihéroes y antiheroínas con un notorio matiz irónico que nos lleva a una burla directa de los personajes históricos que retrata. El anteriormente caballero debe pasar una serie de pruebas, la primera de las cuales es invertir su clase, bajando a los infiernos de un estadio inferior, haciéndose aguador. Los personajes secundarios, otra vez como debe ser en el plan maestro del autor, recuerdan a linajes

---

12 Redondo y Sáinz de la Maza utilizan el más común de cuatro partes: Planteamiento, Desarrollo I y II y desenlace, aunque con historias intercaladas que harían sumar unas 10. El punto de partida, y por tanto el resultado es bastante diferente. Por ejemplo, el baile en la venta lo consideran una historia independiente. Redondo, Sáinz, 1984, pp. 109-119.

toledanos, cercanos en lo físico y en lo intelectual al entorno familiar reciente del autor. Nos referimos al ama Argüello, que junto a *La Gallega*, harán aquí de personajes *facilitadores* de los protagonistas.

La anagnórisis: El cuarto bloque es la anagnórisis final en donde la trama principal de la novela se hace visible. Como anticipaba el oxímoron del título —ilustre y fregona—, la niña era noble, y ha acabado siendo hija ilegítima del caballero Diego de Carriazo padre, que llega oportuna e inesperadamente. Se trata del mito fundacional de los hidalgos Carriazo de Esquivias (Toledo), todos ilegítimos [mito, hechos reales, 4]. Aquí se revela el dardo del poeta a los *Caballeros* que retrata. El nombre original del patriarca es Diego González de Carriazo, capellán mozárabe de la catedral de Toledo, y su hijo fue varón. Como en otras obras, Cervantes cambia el sexo del personaje real y dobla los personajes por evidentes necesidades narrativas —evita el incesto—. También oculta los detalles más sórdidos del personaje real —que después del estupro fue sacerdote—.

En el quinto bloque, el final de novela se demuestra que, a pesar de todo, estamos ante un homenaje tremendo a la ciudad de Toledo, de donde se dan detalles folklóricos de fiestas y lugares por donde pasó seguro el narrador. Vuelve a cerrarse la novela con poetas toledanos reales y una invectiva final de nuevo contra Lope de Vega ["daca la cola asturiano"], quien en el momento de redacción de la novela residía en la ciudad (1604-1610).

5.4 Los personajes principales: Diego de Carriazo y Quiteria de Orozco (1505-1568).

Los caracteres son de todo el linaje no de un "modelo único": La introducción del personaje de Diego Carriazo, con un supuesto hijo llamado Tomás, sigue punto por punto la técnica cervantina de utilización de estos nombres históricos: En primer lugar y utilizando la terminología tradicional en estos casos, no podríamos hablar de un "modelo vivo" único que contenga todas las características que se atribuyen en la ficción a este Carriazo, sino que más bien estamos hablando de un grupo de trazos gruesos que describen a todo el linaje, a veces para bien, a veces para mal, y que magistralmente en la pluma de Cervantes se concentran casi siempre en una o muy pocas frases, lo que obliga a una atención máxima y un lector avezado. Esto lo veremos en otros casos, por ejemplo, en Filipo de Carrizales (*El celoso extremeño*).

Citar a ancestros, no coetáneos: En segundo lugar, el escritor es muy del gusto de retrotraerse a tiempos pasados de sus conocidos, a mitos y leyendas. Con eso también demuestra que conoce muy bien a cada familia a la que decide tomar como protagonista de sus novelas, y siguiendo la técnica antecedente, en vez de utilizar el nombre del miembro de la familia presente y que podría haber conocido, tanto él como sus contemporáneos, menciona normalmente el nombre del abuelo de los hidalgos actuales, su carácter o el fundador del linaje.

En el caso de *La ilustre fregona*, la condición de Caballero de Diego de Carriazo nos remite al fundador de la saga, llamado precisamente *El Caballero Carriazo*, en segundo lugar la condición de burgalés de este protagonista, nos lleva al Diego de Carriazo, Corregidor de Burgos (1569-1570), que Francisco Rodríguez Marín descubrió hace un siglo (1917), y finalmente, la anagnórisis final con la aparición de una hija espuria de este caballero, es la ficcionalización de una historia completamente real que le sucedió a Diego Gutiérrez de Carriazo de Esquivias, vecino de Cervantes, pero a finales del siglo XV y principios de la centuria siguiente.

Mitos fundacionales: Cervantes estaría incluyendo entonces lo que hemos venido en llamar "mitos fundacionales" de estos linajes, pero que perfectamente podríamos etiquetar como cuentos folklóricos orales que los documentos de la época nos han transmitido parcialmente, y que se retrotraen en la mayoría de los casos a los últimos años del medievo; así Cervantes utiliza el nombre de Diego Gutiérrez de Carriazo de Esquivias (1568+), y no por ejemplo a su hijo Juan de Albornoz Carriazo (1566+), o su nieto Juan de Guevara Carriazo, éste último que es realmente el único que pudo conocer (1601).

Todo es vanidad: La vanidad de Cervantes se expresa en su conocimiento profundo del pasado de sus personajes: Esta técnica la utiliza en muchas ocasiones, y uno de los ejemplos más claros es el de Hernando de Cifuentes, el hidalgo burgalés cuyos herederos aparecen innominados en la Sevilla de *La española inglesa*, cuando en realidad se trataría de Francisco de Cifuentes: ¿Por qué citar al fundador de la saga y no al que pudiste conocer en las calles de la ciudad que por otra parte fue seguro uno de los que te contó las hazañas de sus antepasados? Podríamos decir que el interés de Cervantes está centrado en los cuentos folklóricos y las historias tradicionales, que también, pero creemos que hay algo más que se llama vanidad: Mantener los nombres cuando los implicados se podían dar por aludidos así lo indica.

5.5 El mito del Caballero de Carriazo [mito]

Como hemos adelantado, la mención de Cervantes a un caballero de Burgos llamado Carriazo, entendemos que es un guiño al fundador mítico del linaje, el llamado "Caballero de Carriazo". Según la declaración de Marisa Cruz de Carriazo de Ayala, hidalga del Lugar de Carriazo en la actual Cantabria, con más de cien años de edad en 1559, declara que este caballero existió y era su bisabuelo, es decir, que nos remite al menos a finales del siglo XIV (1380), mucho más allá del recuerdo preciso de las gentes. Esto lo veremos en los Avendaño, los fiscales lo consideraban de dudosa credibilidad. No se nos dan más datos de él, ni siquiera el nombre completo, ni reinados a los que estuviera adscrito, ni cargos de relumbrón, ni más *hazañas gloriosas* asociadas, lo que no impide que obviamente nos encontremos ante una figura histórica real glorificada por el paso del tiempo:

> Y esta testigo le tuvo al dicho Juan Alfonso de Carriazo por honbre hijodalgo de los mejores que avía en el dicho lugar y por tal le bio que hera avido y tenydo entre los vecinos del dicho lugar y del solar y linaje del Cauallero de Carriazo su bisabuelo desta testigo, y de Juan Alonso de Carriazo, de parte de su padre y por tal deszendiente del dicho Cauallero de Carriazo hera y fue avido y tenydo entre los vecinos del dicho lugar de Carriazo[13].

Porque tenemos también la referencia de otro hidalgo del mismo lugar, Pero Sáez Velázquez, que nos vuelve a hablar de la figura legendaria del *Caballero de Carriazo*, del que todos sospechosamente proceden, pero como antepasado de los Carriazo de Valladolid, pero no directamente de los de Esquivias que fueron los que conoció Cervantes a través de la familia de su mujer:

> Y ansymismo dixo este testigo que había oydo dezir a los dichos Hernánd González de la Portilla y a Juan alonso de Oyo quel bisaguelo deste que contendía que se llamaba Ruy González de Carriazo avía sido natural del dicho lugar y que había sydo hijodalgo y que había lleuado en esta

---

13   "La dicha Marisa Cruz de Carriazo del Ayala, vecina del Lugar de Carriazo, muger hidalga e de hedad de çien años poco más o menos tiempo, esta testigo era tía del dicho Diego de Carriazo, contendía porque Juan Alonso de Carriazo aguelo deste que contendía y esta testigo heran hermanos padre y no de madre, pero que por heso no dexaría de dezir verdad de lo que supiese".

[Ejecutoria del pleito litigado por Diego de Carriazo, vecino de Valladolid, con el fiscal del rey y el concejo y pecheros de Zaratán (Valladolid) sobre su hidalguía.1559-12-20]. ACHV. Registro de ejecutorias, caja 963,38, pp. 14-15.

posesyon de tal hijodalgo entre los vecinos de Carriazo e que deçendía por linya reta de barón del Caballero de Carriazo[14].

5.6 El mito fundacional de los Carriazo de Esquivias: Quiteria de Orozco [hechos reales]

A pesar de que no hayamos encontrado referencias en los documentos toledanos a que los Carriazo de Esquivias procedieran directamente de éste medieval Caballero de Carriazo —lógico por otra parte por la distancia geográfica y temporal—, no dudamos que como figura mítica fundacional podría también permanecer en el recuerdo de la familia en forma de cuento folklórico y le hubiera llegado a Cervantes como tal, y este linaje de Esquivias presumiera de descender de caballeros en la nebulosa del tiempo.

Para entender de qué estamos hablando, primero tenemos que retrotraernos a la llegada de los Carriazo de Esquivias (Toledo), que según los testimonios de los testigos en procesos de hidalguía comenzó probablemente a mediados del siglo XV con la llegada del hidalgo Pedro Alonso Carriazo desde el valle de Trasmiera, desde luego un miembro no principal del grupo:

> Y al dicho Pedro Alonso Carriazo, su visagüelo, padre del dicho su agüelo que este testigo no le conoçió más de que se acordaua auerle oydo dezir y nonbrar a vecinos de la dicha villa desquibias y que auía venido por la montaña y valle de Trasmiera y que hera natural del dicho valle y que hera hijodalgo[15].

Una fábula del linaje [hechos reales]: La descripción que hace Cervantes de la madre de Constanza es totalmente elogiosa, pero para conservar la honra de la protagonista en la mentalidad de la época, propone algo peor que es una fuerza por parte del caballero Diego de Carriazo y oculta su nombre, lo que en la actualidad es incomprensible[16]. Nosotros sabemos que esto no era lo

---

14 "Testigo: Pero Sáenz Velásquez, hidalgo de Carriazo". [Ejecutoria del pleito litigado por Diego de Carriazo, vecino de Valladolid, con el fiscal del rey y el concejo y pecheros de Zaratán (Valladolid) sobre su hidalguía.1559-12-20]. ACHV. Registro de ejecutorias, caja 963, 38, pp. 10-11.

15 Testimonio de Juan de Cuéllar, vecino y pechero de Esquivias. [Ejecutoria del pleito litigado por Inés de Cepeda, viuda, curadora de Simón, Diego, Jerónimo y Gaspar Carriazo, sus hijos y Juan de Guevara, hermano de los dichos menores, vecinos de Esquivias (Toledo), con el fiscal del rey y el concejo y pecheros de dicha villa, sobre su hidalguía. 1574/05/25]. ACHVA. Registro de ejecutorias, C. 1291, exp. 21, p. 9.

16 Vila, 1999, pp. 171-188.

que sucedía habitualmente. Solía haber diferencia de clase entre unos y otros, y el pleito se evitaba con la correspondiente dote.

En 1574 de pronto fallece Inés de Cepeda, madre de todos los Guevara de Carriazo de Esquivias, dejando huérfanos a todos los hijos y de corta edad. En ese momento de debilidad el concejo de Esquivias aprovecha para intentar arrebatarles la hidalguía, en una maniobra que hoy consideraríamos poco decorosa. Pero no estaba mal planteado, puesto que, aunque limpios de sangre, todos los Carriazo de esta parte eran ilegítimos, descendientes de un bastardo llamado Juan Albornoz Carriazo. Juan de Cuéllar y otros pecheros declaran en el juicio de la Chancillería de Valladolid y testifican como todos estos hidalgos descienden de un estupro provocado por Diego Gutiérrez Carriazo en una mujer con apellido noble: Quiteria de Orozco. Todo debió ocurrir en los años finales del siglo XV. El origen espurio de estos nobles villanos ya se había convertido en un mito fundacional de la saga que en todo momento intentaron ocultar dadas sus aspiraciones en la Corte:

> Que antes que cantase misa ni rreciabiese horden sacro, el dicho Diego Gutiérrez Carriazo, siendo soltero auía avuido por su hijo natural al dicho Juan de Albornoz Carriazo, padre de los que litigaba en Quiteria de Orozco también siendo ella libre y soltera, y como a tal su hijo natural vio que se solía tener y tuvo el dicho Diego Gutiérrez Carriazo al dicho Juan de Carriazo en el tiempo que tenía dicho que le conoció y las temporadas que les vio estar en el dicho lugar desquivias a lo que tenía dicho y por tal su hijo natural dellos vio que fue auido e tenido el dicho Juan de Albornoz Carriazo entre las personas que le conocieron como este dicho testigo[17].

Siguiendo la declaración de Juan de Cuéllar, murió muy tarde—1567 ó 1568—, por lo que sobrevivió en un año o dos a su propio hijo: "Y al dicho Diego Gutiérrez Carriazo su agüelo, padre del dicho su padre que le conoçió este testigo antes que fallesciese como cinco o seis años poco más o menos que biuiera y fuera vecino de la dicha villa desquibias"[18].

---

17   [Ejecutoria del pleito litigado por Inés de Cepeda, viuda, curadora de Simón, Diego, Jerónimo y Gaspar Carriazo, sus hijos y Juan de Guevara, hermano de los dichos menores, vecinos de Esquivias (Toledo), con el fiscal del rey y el concejo y pecheros de dicha villa, sobre su hidalguía. 1574-05-25]. ACHVA. Registro de ejecutorias, C. 1291, exp. 21, p. 8.

18   [Testimonio de Juan de Cuéllar, vecino y pechero de Esquivias]. [Ejecutoria del pleito litigado por Inés de Cepeda, viuda, curadora de Simón, Diego, Jerónimo y

Fue el tercer capellán mayor mozárabe en la catedral de Toledo en tiempos del Cardenal Cisneros (1502)[19], un cargo muy relevante. Sus descendientes en el siglo XVII hacían gala de ello,—de ser mozárabes, no descendientes de un cura—, es decir, los cristianos viejos más antiguos de la capital con antecedentes míticos hasta el reino visigodo de Toledo (418-711). Su único hijo, Juan de Albornoz Carriazo se casó con la citada Inés de Cepeda, hidalga y procedente de un linaje extendido por Toledo y toda la mancha toledana (Quintanar de la Orden, Argamasilla de Alba[20]) y cuyos orígenes remotos también son leoneses.

Por las declaraciones del cogedor de alcabalas sabemos que murió muy joven ocho años antes del testimonio—alrededor de 1566—, dejó multitud de huérfanos, lo que precipitó que su hijo mayor, Juan de Guevara Carriazo, se tuviera que casar de inmediato para hacerse cargo del liderazgo de la casa, ya que sus hermanos todos eran muy pequeños.

Sobre quiénes son los Orozco en Esquivias o en Toledo, la homonimia y la antigüedad de la relación lo complican todo. Nos gustaría saber algo más sobre Quiteria de Orozco, sobre todo por conocer hasta qué punto es exagerada la frase de la novela puesta en boca de Diego de Carriazo padre que dice *podría ser su criado*. Salvados también por el cervantismo clásico, descubrimos que Pedro de Palacios, tío de Catalina—esposa de Cervantes—e hijo de su abuelo Lope García de Salazar "el viejo", se había casado con una tal Teresa de Orozco[21]. Parece que esta vez puede ser verdad que fuera una hidalga a la que abandonó al entrar en religión.

Las similitudes entre ficción y realidad para nosotros son suficientes para afirmar que Cervantes en la anagnórisis de *La ilustre fregona*, y en la historia que impregna la atmósfera de toda la novela, incluye esta leyenda original de los Carriazo toledanos [leyenda, hechos reales]. Lo creemos así por la coincidencia completa del nombre del protagonista—Diego de Carriazo—, circunstancias—niño ilegítimo—y geografía (Toledo). Si unimos el mito del *caballero de Carriazo* de Burgos, con esta otra conseja medieval, tenemos una propuesta en que *La ilustre fregona* es una especie de fábula moderna del devenir de estos hidalgos villanos, los cuentos que contaban sobre sí mismos

---

Gaspar Carriazo, sus hijos y Juan de Guevara, hermano de los dichos menores, vecinos de Esquivias (Toledo), con el fiscal del rey y el concejo y pecheros de dicha villa, sobre su hidalguía. 1574-5-25]. ACHV. Registro de ejecutorias, C. 1291, exp. 21, p. 9.

19   Robles, 1604, p. 261. López Gómez, 2017, p. 7.

20   [Expediente de hidalguía de Valentín Cepeda. Argamasilla de Alba, 1582] ACHGR. Leg. 4564, exp. 41.

21   García Rey, 1929, p. 95.

los Carriazo de Esquivias. Por supuesto burlesca, como luego será la de los Quijada en *El Quijote*, aunque la primera más disimulada. Somos conscientes de que vuelve a ser una propuesta polémica, puesto que prácticamente todas las familias nobles de la época tenían hijos ilegítimos: Era un argumento muy común que podría venir de cualquier parte. Planteada de forma individualizada caería como un castillo de naipes. Es este conjunto y el contexto lo que pensamos le podría dar consistencia.

5.7 ¿Por qué acordarse de los Carriazo?: El encontronazo entre Salazar y Carriazo (1615), [hechos reales]
Por supuesto, para asentar esta teoría, necesitábamos además cercanía máxima al autor, y la tenemos: Hemos ocultado hasta ahora que entre los hidalgos íntimos que apoyan con testimonios favorables a los Carriazo en su proceso de hidalguía, minimizando por supuesto su origen bastardo, se encuentra Catalina de Vozmediano *viuda mujer que fue de Gonzalo de Salazar* que contaba entonces setenta y seis años (1574). Tanto esta historia como la de los también bastardos Quijada de Esquivias pensamos por circunstancias como ésta que el alcalaíno las bebió de su familia política cercana.

Esta Catalina es suficientemente conocida en el cervantismo por ser la abuela paterna de Catalina de Salazar, la mujer de Miguel de Cervantes. El autor, como hace en otras obras (*La española inglesa*) descarga a la historia fuente, en este caso real, de sus atributos más polémicos y que más problemas legales le podían dar en su vida—curiosamente la violación no fue uno de ellos—, como es la condición sobrevenida de sacerdote del Diego de Carriazo histórico. Cambia también el sexo del protagonista (Constanza), esta vez, por necesidades de la ficción.

Siguiendo con la argumentación, en tiempos de Cervantes, el hijo mayor vivo, Juan de Guevara Carriazo era el alcalde ordinario de Esquivias (1601), y vivía puerta con puerta de Alonso de Ludeña, hidalgo de Quintanar de la Orden, íntimamente relacionado con *El Quijote* y *El Persiles*, pensamos[22]. La cercanía no sólo es intelectual entre todas las obras del ciclo toledano cervantino, sino también física, como ya indicamos en el caso de Lope de Vega y su residencia en Toledo. Estos hidalgos presuntuosos estaban en ese momento en que por riqueza iban a pasar en el siglo XVII a ser caballeros de la Orden

---

22 «Venta de casas de morada a Pedro de Amaya», AHPTO. Protocolos notariales de Esquivias (Toledo). Libro 18405 P-6920. 1607, fols. 229 r.-231 v. Escudero, 2022b, pp. 185-200.

de Santiago, cosa que consiguieron pronto[23]. Por eso decimos que el poeta es el *azote de los caballeros villanos*.

Conclusión: Los Carriazo, otros enemigos a batir: Recientemente además ha caído en nuestras manos una de las pocas crónicas específicas de la familia Guevara Carriazo (1975)[24]. El cronista dedica un apartado específico a la relación entre Miguel de Cervantes, su cuñado Francisco de Palacios y los Guevara Carriazo, y sin entender las conexiones literarias que hemos visto, relata un encontronazo que acaeció el 9 de junio de 1615, último día de la Pascua del Espíritu Santo, en plena misa mayor, con los alcaldes y todas las autoridades presentes, entre los dos vástagos de las familias de veinte años de edad.

Cuando el cura bajó a las gradas a ofrecer el manípulo para que lo besaran los diferentes linajes, tradicionalmente siempre lo hacían primero los Salazares, para después los Carriazo. En esta ocasión los dos saltaron al unísono y se empezaron a pegar por la espalda y en medio de la iglesia delante de toda la comunidad:

> Y el dicho don Joan de Guebara [Carriazo] que yba detrás tiró de mojicones al dicho don Lope de Salaçar por las espaldas y que a este tiempo metieron mano a las espadas, e los demás que las tenían para los poner en paz. Y el dicho Alonsso Toledano, alcalde, asió del dicho don Joan de Guebara e le metió en la sacristía del dicho lugar hasta que le llevaron a su cassa (preso).

La cuestión se agravó por momentos, cuando el padre y el hermano del atacante entraron en la pugna, y los Salazares desenfundaron también las espadas y se preparaban para la batalla campal:

> A este tiempo entró en la iglesia Joan de Guebara Carriazo, padre del dicho don Joan de Guebara y de Francisco de Guebara diciendo: ¡Qué bellaquería es ésta! Y a estas palabras el dicho don Lope García de Salaçar y Rodrigo Diego de Viuar Salaçar fueron tras el dicho Joan de Gueuara con sus espadas desnudas"[25].

---

23 [Pruebas para la concesión del Título de Caballero de la Orden de Santiago de Gaspar del Salto y Castilla y de Guevara Carriazo, natural de Illescas. 1653]. AHN. OOMM. Caballeros de Santiago, exp.7497.

24 Otra sería: Figueroa, 1974, pp. 686-696.

25 Sánchez Romeralo, 1981, pp. 18-20.

Entonces Francisco de Palacios, cuñado de Cervantes, Comisario del Santo Oficio, tomó por la fuerza al padre y lo llevó a la puerta baja de la iglesia para evitar males mayores. Guevara Carriazo quedó en lo que hoy llamaríamos confinamiento domiciliario en casa de su padre, pero los Salazares (Lope y Rodrigo) consiguieron escapar, aunque volvieron poco después y con la intercesión de Tello de Guzmán hicieron unas paces para evitar el castigo, que fue muy benévolo —cien maravedíes para la cámara real-. Este Rodrigo de Diego de Vivar Salazar es precisamente el que declaró contra los Quijada y los acusó de descender de un cura y una conversa.

Jaime Sánchez Romeralo conjetura incluso que Miguel de Cervantes estuvo presente, pero como él mismo sostiene, no hizo falta. La presencia de su cuñado ya nos indica que el manco de Lepanto conocía de antemano que las relaciones entre los Quijada, Salazar y Carriazo eran tensas y que pendían de un finísimo hilo. Un día se casaban —este Lope García de Salazar se casó al final con María de Quijada, hija de Alonso Quijada a pesar de los insultos-, y al otro se mataban. Hoy nos parecería ridículo pelearse por un asiento en la Iglesia de un poblachón innominado, pero en la época la honra villana era lo único que tenían y podían perder la vida por ello y así se ha cantado por los dramaturgos del Siglo de Oro insistentemente, como sabemos[26].

En lo que a las consecuencias literarias compete, estos hechos simplemente son la confirmación de que la mayoría de que estas menciones burlonas del poeta hacia las familias de Esquivias (*Don Quijote, La ilustre fregona, La fuerza de la sangre, El retablo de las maravillas, Rinconete y Cortadillo*) se deben, más que a la percepción propia, a la influencia negativa y machacona de su familia política, en especial la de su cuñado, y probablemente alguna más que se nos escapa.

5.8 FINALES DE NOVELA

Después la narración se nos descarga con una apelación a la verosimilitud insólita: Hay tres hijos y además todos estudiantes en la Universidad de Salamanca. La realidad es que en tiempos del escritor había una nutrida representación de *Carriazos* jóvenes en Esquivias, todos huérfanos como hemos visto. Si eran niños pequeños en 1574, cuando Cervantes llega diez años después serían algunos de ellos adolescentes: Simón, Diego, Jerónimo y Gaspar Carriazo, sus hijos y Juan de Guevara, el nuevo patriarca y futuro alcalde, es decir que como se dice en la novela, tuvieron descendencia nutrida, y no sabemos si de estudiantes en Salamanca, pero sí de futuros caballeros de las órdenes.

---

26   Escudero, 2021b, pp. 103-125.

5.9 Los personajes secundarios: El conde de Puñonrostro, Gonzalo Xenís, Pedro de Argüello, Ruy Pérez de la Fuente, Juan de Avendaño

El conde de Puñonrostro: el invitado necesario: Carriazo y Avendaño están en Illescas—recordémoslo una villa a tan sólo 9 km de Esquivias—, decididos a irse a Sevilla y se encuentran a dos mozos de mulas que les quitan la idea de viajar a la capital andaluza. En la estructura de la obra diríamos que se trata de una trama bisagra, crisis y data, que rompe el discurso de los personajes y los lleva hacia la dirección adecuada. Pero lo que nos interesa ahora es el motivo de este cambio.

Ellos pretenden ser pícaros y ahora mismo es una profesión de riesgo, porque el asistente es el conde de Puñonrostro y acaba de colgar a Alonso Genís y a Ribera. Estos hechos sucedieron de verdad, aproximadamente (1595). En la estructura temática este punto sería un momento data para el lector, además de fomentar la verosimilitud. Los personajes son también históricos, y el cervantismo tradicional lo sabía. Evidentemente se le había estudiado sólo desde el punto de vista de su cargo en Sevilla, advirtiendo del error cervantino—otro más—sobre el asistente que ordenó las condenas a muerte, que no fue este sino el anterior (el Conde de Priego) y el bandido, que no se llamaba Alonso sino Gonzalo.

Nosotros no somos muy dados a aceptar estos descuidos. En todo caso les buscamos la razón de ser en la narración. Pero lo que más nos dejaba desconcertado que apareciera un personaje aparentemente andaluz en un contexto puramente toledano. No respetaba la técnica cervantina. Entonces volvimos a poner a prueba nuestra idea investigando la biografía de este personaje secundario más a fondo. Una vez más Cervantes ganó la partida frente a los críticos.

En realidad, el Conde de Puñonrostro asistente de Sevilla fue Francisco Arias de Bovadilla (1597-1599), toledano, como no podía ser de otra manera. Es más, nacido en Torrejón de Velasco (Toledo, 1537), un pueblo contiguo a Illescas y Esquivias (Toledo). En el plan de obra de Cervantes, mentalmente le vino el nombre de este noble en un episodio centrado en esa villa [Illescas,—momento data, bisagra-], y en una novela en que los principales personajes eran de Esquivias. Entonces lo puso aunque supiera perfectamente que no había sido el que mandó ajusticiar a los bandidos, porque dramáticamente le interesaba, o quizás algo más.

¿Cómo llegó a sus oídos la historia oral del Conde de Puñonrostro? O dicho de otro modo, ¿dónde está el nexo con Cervantes? Aquí debemos reconocer que la localización de este documento se debe a la casualidad, o mejor deberíamos decir al trabajo de lectura de centenares de documentos sobre la familia política del autor y su entorno más cercano. De todos modos, como siempre decimos, en historia lo que no existió, no se puede encontrar. La facecia oral de la muerte de los bandidos (1596) probablemente la escuchó en Sevilla, mientras estaba en la cárcel de la ciudad (1597-1598) y le impactaría. No es descartable que este breve episodio apartando a Carriazo y Avendaño del peligro, sea autobiográfico por el propio miedo del recaudador de ser ajusticiado por el asistente despótico y feroz. Después de siete meses de dimes y diretes con el resto de los presos, estando en trance comprometido, con una buena memoria, el que confundiera un asistente con otro es del todo inverosímil.

Convenimos entonces que, cuando ingresa en la cárcel sevillana, el asistente entonces ya era el más benévolo Conde de Puñonrostro, pero la decisión de hacerle personaje trabucando la historia original pensamos que llegó a su vuelta a Esquivias y procedía de su familia política. Efectivamente, los Salazar eran íntimos amigos de los Bovadilla desde antiguo; aunque estos últimos eran alta nobleza, los primeros ya habían probado las mieles de los hábitos de Caballeros de Santiago.

Lo sabemos porque en el proceso de hidalguía de Antonio de Salazar en 1571, éste presentó como testigo de su proceso al anterior conde de Puñonrostro, Pedrarias Gonzalo Dávila (1554-1574), aunque según dicen las propias posiciones no pudo asistir por estar fuera de la península. Queda claro que eran amigos desde antiguo. Por eso nosotros pensamos que hubo una relación de información fluida entre los Salazar y Cervantes, al menos al principio de su matrimonio, y nos planteamos si fue suficiente como para interceder por el propio poeta en el presidio sevillano y que no le sucediera nada malo:

> Yten si saben que asímysmo el dicho Antonyo de Salazar en la dicha hidalguía presentó por testigo a don Arias Gonçalo, conde que se dize de Puñonrrostro, el qual está ausente destos rreinos y a más de un año que lo está.[27]

---

27   [Expediente de hidalguía de Antonio de Salazar, 1571] ACHVA. Sala de Hijosdalgo, Leg. 87, exp. 3

[Ejecutoria del pleito litigado por Lope de Salazar y Diego García de Salazar, hermanos, vecinos de Esquivias (Toledo), con el fiscal del rey y el concejo y pecheros de dicho lugar, sobre su hidalguía. 1571-07-31]. ACHVA. Registro de ejecutorias, C. 1210, exp. 22.

5.10 Secundarios: Gonzalo Xenís, el segundo invitado necesario
El resumen en tres trazos de la vida de este bandolero los condensó Francisco de Ariño en su época, y desde allí proceden casi el resto de las crónicas[28]. El interés de Cervantes por los bandoleros, sobre todo catalanes, ya es mítico: Como sabemos, versiona este cuento al menos tres veces (*Don Quijote* II, *Las dos doncellas*, *La Galatea*) y ésta sería la cuarta en que vuelve al tema, esta vez con andaluces. Habrá una quinta en *El Persiles* ya dentro de un entorno lógico siendo una novela bizantina de aventuras.

Los desencuentros del conde de Priego con Gonzalo Xenís fueron constantes. Considerado por el hispanismo británico como racista por sus hechos[29], el 26 de julio de 1595 tuvieron noticia de que los rufianes con unas amigas estaban en la venta de la Barqueta, acudieron a detenerlos y se escapó con un pistolete por las viñas.

Al final acabó en presidio, pero llegó la noticia del inminente ataque de los ingleses a Cádiz (1596), inmortalizado por Cervantes en las *Novelas ejemplares* (*La española inglesa*) y el conde de Priego lo soltó, a este y a otros bandidos y lo mandó como cabo de escuadra a Málaga. No hacemos más que pensar que inclusión de este nombre en el episodio algo también tendrá que ver con esta incursión del Genís como soldado.

El 30 de septiembre de 1596, el jurado de la ciudad de Málaga, Rodrigo Xuárez, fue a Milán a comprar armas y le dijo al bandido que se fuera con él, y no aceptó. La confianza en que sus intensas relaciones con las autoridades le protegerían de todo delito le costó una muerte atroz. El 4 de octubre le tiró un pistoletazo al asistente, y "viernes 11 de octubre lo ahorcaron y lo hicieron cuartos y le pusieron la cabeza en una jaula en la torre de la puerta de la Barqueta"[30].

5.11 Secundarios: la mesonera Argüello
Convencidos como estamos de que geografía, personajes y trama forman un todo, uno de los pocos cabos sueltos que quedaban era el apellido de la mesonera: "Argüello". Estando en el "Ciclo toledano" donde todo hidalgo con ínfulas que se cruzara con Cervantes era carne de cañón de sus burlas, y en este caso no iba a ser diferente. Los Argüello eran hidalgos de Toledo[31], sí, pero además vivían en Borox, a cinco minutos de Esquivias. Son otros de

---

28 Benassar, 1983, p. 223.
29 Goodwin, 2016. Mató a navajazos a un negro en Sevilla por emparejarse con una mujer blanca.
30 Ariño, 1873, pp. 26-27, 38-40.
31 Leblic; Arellano, 1987, p. 61

las familias, junto con los Rincón (*Rinconete y Cortadillo*) y los Álamo (*Don Quijote*), que el alcalaíno retrata en sus obras de ese pueblo toledano. No eran originarios de aquí, por lo que podemos entender que como los Granollach en Barcelona, era un apellido raro en tiempos de Cervantes. Al casarse se había venido desde Ampudia (Palencia), nada menos que Pedro de Agüello, receptor del Santo Oficio de la Inquisición. Su padre, llamado igual, había sido Alcalde de la Hermandad en su pueblo original[32]. De nuevo un lienzo colorido y poco lírico sobre la sociedad toledana más allá del contexto geográfico.

5.12 SECUNDARIOS: EL DOCTOR DE LA FUENTE

Mención rápida y aparentemente accidental, como las de muchos secundarios, ésta llevaba toda la intención. Los hechos que se narran, teniendo en cuenta el momento data, que es el ajusticiamiento de Gonzalo Ginés, suceden en 1596. La aparición del doctor de la Fuente (1510-1589)[33], se retrotrae a quince años atrás en la ficción textual cuando atiende a la mujer en el parto de Constanza (1581 en principio), por lo que es coherente con la realidad de que este médico estaba todavía vivo.

El médico de la Fuente es muy conocido ya en su época porque está dentro del panteón de hombres ilustres de la ciudad. Ruy o Rodrigo Pérez de la Fuente, se doctoró en Alcalá en 1535, catedrático de medicina y era judeoconverso. Hay un retrato suyo en la Biblioteca Nacional y se dice con cierta polémica doctrinal que El Greco le pintó otro, y que incluso está retratado en el *El entierro del conde de Orgaz*[34].

Sinceramente viendo los antecedentes de Miguel de Cervantes en el tratamiento de sus personajes, el doctor de la Fuente no está en esta novela por médico, sino por poeta: Ganó un premio en el certamen de 1587, durante el traslado de las reliquias de Santa Leocadia en que parece ser que participó Cervantes[35]. Como se presume, es cierto que pudieron conocerse personalmente. En algunos retratos el pretendido doctor aparece con sus escritos. Desde antiguo se conocía su adscripción en el cervantismo. A decir de As-

---

32   [Ejecutoria del pleito litigado por Pedro de Argüello, receptor en el Santo Oficio de la Inquisición, vecino de la villa de Borox (Toledo) y morador en la ciudad de Toledo, con Álvaro Alderete, fiscal, y los concejos de Toledo y Borox (Toledo), sobre la guarda y posesión de hidalguía y la devolución de prendas por empadronamiento. Toledo, 1557/12/24]. ACHVA. Registro de Ejecutorias, C. 902, doc. 38.
33   Pantoja, 2006, p. 189.
34   Gómez-Menor, 1966, pp. 77-78; Zapatero, 1950-1951, p. 75
35   López de Ayala, 1901, p. 146.

trana Marín fue Francisco Rodríguez Marín el que lo descubrió, después de preguntar al archivero y bibliotecario Francisco de San Román[36].

5.13 JUAN DE AVENDAÑO: ¿CABALLERO BURGALÉS?
Con Juan de Avendaño nos vamos a encontrar con un problema similar al que hemos tenido con Diego de Carriazo o Pedro del Rincón (*Rinconete y Cortadillo*): La exagerada homonimia en la época[37]. Ya hemos visto que la crítica secular había localizado a dos estudiantes en Salamanca, llamados Diego de Carriazo y Juan de Avendaño. Esta cita ha sido repetida hasta la saciedad y se ha enquistado como la primera posibilidad[38]. Astrana Marín habla de una segunda opción y una relación más cercana con Miguel de Cervantes, que es el Juan de Avendaño de Perú que envió mil reales desde Trujillo en Perú a Constanza de Ovando, sobrina del alcalaíno, lo que ya provocó una catarata de elucubraciones sobre qué sentido tenía ese dinero.

Esta segunda teoría comenzó muy pronto: Probablemente fue Cristóbal Pérez Pastor el que en el primer tomo de sus famosos *Documentos Cervantinos* (1897)[39] descubrió que podría tratarse de un personaje cercano, de ahí lo tomó José de Armas (1905)[40] y Cotarelo y Mori (1905) añadió que Cervantes pudo enviarle al Perú una edición autógrafa del *Quijote* (1605) que permaneció durante siglos en la familia[41], posteriormente pasando por el tamiz de Astrana Marín[42], la hipótesis ha llegado hasta hoy casi intacta y sin modificar durante setenta años, como así lo demuestra el biógrafo de Cervantes Krzysztof Sliwa (2013)[43].

Juan de Avendaño, Esquivias y Catalina de Salazar: Luis Astrana, probablemente el último gran buceador de las biografías de todos estos personajes en los archivos españoles, puso su sello inconfundible también en esta teoría y añadió tres documentos más de finales del siglo XVI, con los que descubrió

---

36 Astrana, 1948-1958, Tomo III, Capítulo XLIV, pp. 587-588
37 Este autor localiza un Juan de Avendaño en Bilbao (1584), otro en Madrid (1580) y nosotros localizamos otro en Sevilla (1534): Astrana, 1948, T. VII, Cap. LXXXVI, p. 92
[Avendaño Vizcaíno, Fortuno. Real provisión ejecutoria de hidalguía. Sevilla. 1534/08/14]. ACHGR. Sign. 04502-011.
38 Montero Reguera, José, op, cit., p. 346.
39 Pérez Pastor, 1897, nº 50.
40 Armas, 1905.
41 Cotarelo, 1905, pp. 224-229.
42 González Aurioles, 1900.
43 Sliwa, 2013, pp. 271-272; Astrana, 1948, T. VII, Cap. LXXXVI, p. 92

que un tal Juan de Avendaño es el nombre del yerno de Catalina de Salazar, una familiar de la mujer de Cervantes, y vivía en Toledo (1591), y ambos en el mismo año tomaron 10.000 maravedíes de censo de Diego García de Salazar y otros, vecinos de Esquivias (1591).

Ahora bien, una vez aquí perdemos el rastro; Astrana Marín identifica probablemente a este Juan de Avendaño residente entre Sevilla y Toledo con el que luego aparecerá en Trujillo (Perú)[44]. A nosotros esta teoría nos parece interesante, y la cercanía al autor lograda, pero nos deja muchas cuestiones sin resolver. La primera es que el Juan de Avendaño de Perú fue tesorero en Arequipa, o general, creemos, y en nuestra hipótesis no tendría encaje este personaje en un contexto toledano[45]. Las intenciones loatorias del poeta tampoco nos terminan de convencer siendo antihéroes. ¿Por qué iba a alabar a los Ovando si no le ayudaron a ir a América?

La segunda es que no hay relación de este Juan de Avendaño con Burgos; podemos decir que eso lo aporta el "mito del caballero de Carriazo" y no su compañero, pero es que tampoco vemos relación entre los Carriazo y los Avendaño propuestos para que mentalmente el escritor entienda que hay mimetismo entre ambos para formar pareja de baile y parte del mismo esquema de obra: Estamos otra vez como sucede en *El Quijote*, proponiendo teorías interesantes, pero aisladas, que no encajan entre sí.

El origen mítico de los Avendaño en Álava (mito): El primer contacto entre los Carriazo y los Avendaño es que su origen mítico es muy fuerte. La leyenda es contada por las *Bienandanzas y Fortunas* de Lope García de Salazar (1471-1475), el antepasado de los esquivianos, precisamente. El linaje proviene de una aldea de Vitoria llamada San Martín de Avendaño. En un momento determinado de las banderías nobiliarias, los vitorianos erradicaron a toda la

---

44 "De Catalina de Herrera, natural de Trujillo del Perú, mujer en primeras nupcias de Fernando de Herrera, de quien son los herederos; en segundas, del contador Juan de Ovalle, oficial real de Panamá; y en terceras, del general Juan de Avendaño, difunta en dicho Trujillo, con testamento". [Autos de bienes de difuntos, nº 7. Trujillo. 1636-1640] AGI. Contratación, Leg, nº 388. "Domingo de Cortina, difunto en Trujillo (Perú). Con cláusulas del testamento de Catalina de Herrera, mujer del general Juan de Avendaño, tío del fallecido, en las que le lega cierta cantidad, que queda para enviar a sus herederos en Bilbao" [Bienes de difuntos, nº 6: Varios] AGI. Contratación, Leg, nº 526, nº 2, R. 1

45 [Expediente de información y licencia de pasajero a indias de Juan de Avendaño, tesorero de Arequipa, con su criado Pedro de Gojenola, natural de Arratia, la mujer de éste Magdalena de Guerra y su hijo Pedro de Gojenola, a Perú. 1582-02-26]. AGI. Contratación, Leg. 5229, nº 3, R. 44.

familia, sobreviviendo solamente un niño de dos años llamado Pedro Ortiz de Avendaño, quien, a pesar de ser obligado a hacerse clérigo, tuvo un hijo del que desciende todo el apellido. Según su biógrafo Ernesto García Fernández, este mito fundacional tiene muchísimas referencias bíblicas (historia de Moisés) y con el Emirato Omeya de Córdoba[46]. Otro mito como el de los Carriazo, otra ilegitimidad y otro clérigo padre de todo el linaje.

Otro Juan de Avendaño burgalés relacionado con los Salazar: El cervantismo decimonónico parece que no creía lo suficiente en la propia literalidad y positivismo del que hacía gala. Si lo hubieran hecho podrían haber descubierto que también existió un Juan de Avendaño en Villadiego (Burgos). Es la primera vez como archivero e investigador que encuentro un relato real en que a un hidalgo se le desposee de su hidalguía una vez concedida, a posteriori. Su historia es realmente interesante, eran enemigos de los Salazar de la familia política del manco de Lepanto y existe un contacto más cercano con los Carriazo.

Y esto lo pensamos porque el protagonista de estos hechos es un Becilla de Salazar, procedente del pueblo (Becilla de Valderaduey, Valladolid) que es el solar de origen tanto de *Quijadas* como *Salazares* de Esquivias. Es obvio que la familia de Cervantes conocía esta historia en que un miembro destacado de su familia está a punto de ser asesinado. Pero siempre queda en suspenso que existiera tanta confianza entre unos y otros para contarse un cuento añejo de un Juan de Avendaño medio burgalés y falso converso [hechos reales, 1572].

Para nosotros la historia del caballero burgalés Juan de Avendaño y su hijo Tomás de *La ilustre fregona* es otra de las historias interpoladas y a la vez preteridas por Cervantes, en la que las ocultaciones y los dobles sentidos, la superposición de diversos niveles de interpretación son moneda corriente. Aquí los dos linajes protagonistas, Avendaño y Carriazo, tendrían su origen oscuro y falsamente legendario en Burgos.

Las disputas duraron al menos dieciséis años, que sepamos documentalmente (1563-1579), este hecho fue solo uno de todos los que hubo en medio de esta carrera de fondo que no terminó aquí[47]. Era lógico, los Avendaño de

---

46 García Fernández, 2007, p. 529.
47 [Pleito de Juan de Avendaño, vecino de Carrión de los Condes (Palencia), con el fiscal del rey y el concejo y pecheros de dicha villa, sobre su hidalguía. 1563]. ACHVA. Sala de hijosdalgo, C. 1996, doc. 1;
   [Pleito del fiscal del rey y el concejo de Carrión de los Condes (Palencia) con Juan de Avendaño y su hijo Juan Alonso de Avendaño, vecinos de Carrión de los Condes (Palencia) y Jerónimo Alonso de Avendaño, su primo, vecino de Villadiego (Burgos),

Burgos se estaban jugando la futura nobleza de todo el linaje. El escándalo debió ser mayúsculo. Los sucesos luctuosos tuvieron lugar el 29 de marzo de 1572, según cuenta el propio afectado: El doctor Becilla de Salazar. Llegó a Villadiego (Burgos) un Juez de Comisión para dilucidar definitivamente la hidalguía de Juan de Avendaño, y por ende de toda la familia.

El Juez citó a los testigos en la posada de Catalina Pérez en una estancia situada en la primera planta, subiendo unas escaleras angostas. El escribano del proceso era Pedro de Villegas. Gonzalo Alonso, clérigo beneficiado de la Iglesia de Santa María de Villadiego, y también sobrino de Juan de Avendaño, vino detrás de él dando voces y notoriamente contrariado. Se cruzó con el doctor Becilla de Salazar, uno de los testigos, y como le llevó la contraria, debajo de la sotana sacó un cuchillo y le dio una cuchillada en la cara de la que "sacó mucha sangre":

> Y el dicho Pedro de Villegas se entró a jurar y este testigo y el dicho Gonçalo Alonso se quedaron en el corredor a la subida de la scalera con Catalina Pérez, dueña de la dicha casa y este testigo se entró a hablar a el dicho Señor Juez e saliendo para se yr a su casa el dicho Gonçalo Alonso estaba en el portal de la dicha casa donde posaba el dicho Señor Juez con la dicha Catalina Pérez y el dicho Gonçalo Alonso le preguntó a este testigo que donde quedaba aquel vellaco de Pedro de Villegas y este testigo le rrespondió que no tenía rrazón e que perjudicava a Juan de Abendaño su tío e litigante e estando de aquí os echaré y el dicho Gonçalo Alonso ynsistió todabía en palabras contra el dicho Villegas y contra este testigo y los demás que avían jurado y en esto se le echó a este testigo el dicho Gonçalo Alonso e con çierto cochillo e otra arma de hierro que traya en la mano encubierta que este testigo no la bió, le dio a este testigo una cuchillada en la cara en el lado derecho de que le sacó mucha sangre deziendo que ansí avía de pagar a los que jurasen contra Juan de Abendaño su tío e que es cosa clara aver cometido el susodicho el dicho delito [48].

---

sobre falsificación de pruebas documentales y soborno de testigos en el pleito de hidalguía de Juan de Avendaño. 1575] ACHVA. Sala de hijosdalgo, C. 1996, doc. 3; [Ejecutoria del pleito litigado por Juan de Avendaño, vecino de Carrión de los Condes (Palencia), con los fiscales del rey y el concejo y pecheros de dicha villa, sobre su hidalguía. 1579]. ACHVA. Registro de ejecutorias, C. 1404, doc. 11

48 [Pleito del fiscal del rey con Gonzalo Alonso, clérigo beneficiado de la iglesia de Santa María de Villadiego (Burgos), Juan de Avendaño y sus hijos, vecinos de Carrión de los Condes (Palencia), y Juan Alonso y Jerónimo Alonso, vecinos de Villadiego (Burgos), sobre heridas, injurias y malos tratos al doctor Becilla de Sala-

Siguiendo las pesquisas del Doctor Ramírez, fiscal de la Corte en Valladolid, en una minuta del proceso realmente excepcional en la que nos explica que es lo que ha sucedido[49]. Juan de Avendaño no es que sea un hijo ilegítimo, o que descienda de un cura, es que ni siquiera se llamaba así y nunca descendió de hidalgos vascongados. Estamos hablando de la familia Rodríguez de Valladolid, judíos que residían en Torrelobatón (Valladolid) antes de 1492: Lope Rodríguez de Valladolid tenía un peso tan grande en la judería y aljama de la ciudad, que era quién tenía el privilegio de tocar la bocina para llamar a la oración en la sinagoga. Con la expulsión (1492), su hijo Francisco Rodríguez de Valladolid se convirtió y pasó a ser un cristiano nuevo y un pechero más, pero por supuesto con muchas riquezas.

Desde este momento, al igual que otros muchos linajes de Castilla, hurdieron el plan de convertirse en hidalgos limpiando su sangre en varias generaciones, para lo cual primero se cambiaron de solar para borrar el recuerdo y las huellas de su pasado, al principio a Carrión de los Condes (Palencia), con el hijo de Francisco. Este aprovechó para cambiarse de nombre, llamándose a partir de entonces Juan de Avendaño, e intentando durante años convencer a los nuevos vecinos de que procedían de este linaje de hidalgos vitorianos y vizcaínos, para lo cual, además en la siguiente generación, tanto el hijo de Juan, llamado Juan Alonso de Avendaño, como su sobrino, Jerónimo Alonso de Avendaño, se trasladaron a vivir a Villadiego (Burgos), donde incluso algún miembro de la familia llegó a ser clérigo. Allí fueron descubiertos por el doctor Becilla de Salazar y todo estalló. Este personaje de *frontera* lo tenemos más descrito, más aquilatado y lo vemos más del gusto y de la ironía cervantinos.

---

zar, vecino de Villadiego (Burgos), testigo presentado por el fiscal en el pleito de hidalguía de Juan de Avendaño. Valladolid, 1572]. ACHVA. Sala de Hijosdalgo, Caja 1996, doc. 2, pp. 8-9

49 ACHVA. Sala de Hijosdalgo, Caja 1996, doc. 2, pp. 3-4

6
El Ciclo Toledano
Don Quijote (I, I-IX)
(1584-1595)
Miguel Esteban (Toledo)

6.1 "En un Lugar de La Mancha": Proemio

Después de haber estudiado la estructura temática, distribución de relatos y fuentes folklóricas e históricas de muchos de ellas (*El celoso extremeño*, *La ilustre fregona*, *Las dos doncellas* y otros), decidimos aplicar este esquema y teoría en la llamada *Novela ejemplar* del *Quijote*. No ha sido fácil. Quizás por el respeto que impone la mayor historia de todos los tiempos. Sin embargo, debíamos intentarlo para ver si podía encajar una propuesta tan sencilla y a la vez tan innovadora.

En principio teníamos que localizar la procedencia de los nombres de los protagonistas, si son reales o no, los antecedentes de la historia donde se imbrican y por supuesto estudiarlos en el contexto histórico y los secundarios que lo jalonan. Siempre buscando el mimetismo, siempre el bloque unido. Si ya tenemos una especie de relato tradicional que es el labrador que se vuelve loco leyendo romances, esta podríamos considerarla la fuente folklórica remota. Debería existir una histórica y otra mítica para completar al menos la tríada de antecedentes habituales para testar nuestra teoría sobre el terreno.

6.2 Los personajes: Alonso Quijada, Juan Haldudo, Antonio de Villaseñor

Principales: Alonso Quijada y Esquivias (Toledo). No disponemos de ningún documento que sitúe a Miguel de Cervantes en La Mancha. No dudamos que, por supuesto la atravesó en múltiples ocasiones, en sus comisiones hacia Andalucía y en sus viajes de ida y vuelta a Cartagena como soldado[1]. Este silencio documental nos hace pensar que nunca estuvo en una cárcel, ni fue cobrador de impuestos en esta comarca señera. Es una leyenda forjada con una interpretación sesgada del prólogo y del capítulo final de la primera parte (*Don Quijote*, 1605). De hecho, se puede comprobar como este mito no fue uniforme: Comenzó de una forma, evolucionó y fue cambiando a lo largo del tiempo adaptándose a las modas cambiantes de cada época hasta la versión que conocemos hoy.[2]

Si Cervantes *no fue a la Mancha*, tendríamos que buscarle entonces en aquel lugar donde tuviéramos constancia de una residencia continuada y la aldea recurrente en el cervantismo durante todo el siglo XIX y parte del XX fue Esquivias (Toledo) donde se casó en 1584. El problema es que *El Quijote* lo inunda todo. Luis Astrana Marín comprobó que en la obra cumbre las coincidencias entre los apellidos de la ficción y la realidad era enorme y centraron todos sus esfuerzos sólo en esta novela, incluso diciendo que esta localidad era *El Lugar de la Mancha* y que todos los personajes eran *modelos vivos*:

> En Argamasilla, que a la cuenta era la de Calatrava y no la de Alba, no había ningún Alonso Quijada, ni el cura se llamaba Pero Pérez, ni existía Mari Gutiérrez, la mujer de Sancho, ni se daban a la vez Ricotes, Carrascos, Quiñones, Álamos y Alonsos, apellidos de algunos personajes que figuran o se mencionan en el Quijote; mas en Esquivias, sí[3].

Sin embargo, cometieron errores que llevaron al fracaso de su teoría al completo, lo que injustamente ha llevado a que los aciertos que tuvieron, que también fueron muchos, hayan sido ignorados a posteriori, pagando justos por pecadores, como ya se dice de la quema de libros en la biblioteca de la novela (*Don Quijote* I, VIII). La primera cuestión es que teniéndolo tan cerca, no supieran advertir las concomitancias que existían con otras obras de Miguel de Cervantes, no sólo *El Quijote*. Una teoría global que hubiera incluido a muchas más novelas y comedias y a un número exageradamente mayor de personajes reales hubiera dado mayor consistencia a sus argumentos. Nunca se planteó fuera del ámbito local.

Segundo, se centraron exclusivamente en investigar en Esquivias, desechando otras localizaciones como El Toboso, Quintanar y Miguel Esteban (Toledo), por lo que demuestran que tampoco creían lo suficiente en el rea-

---

1 Sánchez Sánchez, 2018, pp. 269-281.
2 Escudero, 2022a, p. 828.
3 Astrana, 1948-1958, T. IV, Capítulo XLV, p. 27.

lismo en su narrativa. Esquivias no está en La Mancha, sino en la comarca de La Sagra toledana a cien kilómetros de distancia: en teoría no podría ser *El Lugar* buscado. Ni siquiera lo comprobaron personalmente en los archivos, fuera de alguna misiva al párroco local.

Un tercer error, no pudieron demostrar que existiera una correlación entre la biografía de las personas históricas y la ficción, con lo cual los *modelos vivos* cayeron en descrédito tras esto. No entendieron que los nombres eran auténticos, la identificación a veces correcta, pero su utilización por parte del escritor era diferente a cómo la habían planteado. Deberían haber evitado el muro intelectual, y no chocar continuamente contra él.

6.3 El ciclo toledano

Cuando el escritor alcalaíno llegó en 1584 a esta pequeña localidad toledana para casarse con Catalina de Palacios, se encontró en una población muy pequeña, con muy pocos vecinos, aldea de Toledo. En ella había una serie de hidalgos que se habían enriquecido con la venta del vino a la Corte. Revisando el libro de protocolos notariales de 1594, una cosecha excelente, donde muchos de ellos tienen que comprar cubas de vino a unos cuberos vizcaínos por falta de espacio en sus cuevas, aparecen los nombres de los más importantes productores: Gabriel Quijada de Salazar[4], Juan de Guevara Carriazo[5], Francisco Urreta de Salazar[6], Juana Gaitán[7] y Alonso Manuel de Ludeña, Alférez Mayor de Quintanar de la Orden[8].

Juana Gaitán era amiga personal del poeta; Alonso Quijada era el dueño de la casa donde residió la familia en su estancia toledana, Juan de Guevara Carriazo era el alcalde de la localidad (1601), y vecino puerta con puerta de Alonso Manuel de Ludeña, a sólo dos cuadras de donde vivía Cervantes[9].

Más allá del *Quijote*, todos los apellidos nos resultaban muy familiares en algunas de las *Novelas ejemplares*. Juan de Guevara Carriazo era nieto de Diego de Carriazo, y eran todos ilegítimos, tal y como se describe en (*La*

---

4   AHPTO. Protocolos notariales. Escribano Jerónimo de Caviedas. Esquivias. Libro 18402/01. P-6915, 1594, fol. 100 r.

5   AHPTO. Protocolos notariales. Escribano Jerónimo de Caviedas. Esquivias. Libro 18402/01. P-6915, 1594, fol. 105 r.

6   AHPTO. Protocolos notariales. Escribano Jerónimo de Caviedas. Esquivias. Libro 18402/01. P-6915, 1594, fol. 104 r.

7   AHPTO. Protocolos notariales. Escribano Juan Hidalgo. Esquivias. Libro 18416. P-6937. 1599-1, fols. 306r-308 v.

8   Escudero, 2022d, pp. 185-200.

9   "Venta de casas de morada a Pedro de Amaya", AHPTO, Protocolos notariales. Escribano de Esquivias. Libro 18405 P-6920. 1607. 1607, fols. 229 r-231 v.

ilustre fregona); los Salazar, su familia política, tenían un caballero, Luis de Salazar y Rojas (1586) que acababa de estuprar a una criada y tuvo un hijo con ella (*La fuerza de la sangre*), Alonso Quijada era el nombre de su casero y el del protagonista de su novela larga (*Don Quijote*); Alonso de Ludeña era del mismo pueblo del personaje de Juan Haldudo (*Don Quijote*) y Antonio de Villaseñor (*Los trabajos de Persiles y Sigismunda*), dos episodios en dos obras diferentes. Después descubrimos que Rodrigo Mexía, alcalde y testigo en su boda, descendía de los Chirinos ("Retablo de las maravillas"), y que el alcalde de la Hermandad del pueblo contiguo se llamaba Pedro del Rincón (*Rinconete y Cortadillo*)[10]. Eran seis obras, no una sola. Demasiadas coincidencias.

Obviamente siempre y cuando se acepte la identificación entre unos y otros, el positivismo y las fuentes históricas. Para nosotros que sí lo hacemos, la propuesta más loable y que explica todo es que existe un *Ciclo toledano* en la narrativa cervantina, en que muchos personajes y a veces ciertos sucesos cercanos pasaron a la ficción desde la pura tradición oral.

6.4 Por qué escoger estos personajes

El motivo por el que el manco de Lepanto escogió a estos personajes como parte de sus obras desde luego es la cercanía física. Pero también pudo ser porque todos eran productores y vendedores de vino, por la milicia, y sobre todo porque eran hidalgos de pega, mentirosos, que estaban en el momento de medrar en la Corte y de pasar a ser caballeros de las Órdenes Militares con informes de limpieza de sangre falsificados.

Cervantes está en un momento de su vida en que su estabilidad económica, laboral y sentimental le permite ser escritor. Un momento en que el realismo de la calle es parte importante de la adaptación de los relatos clásicos y cuentos folklóricos que está llevando a cabo. Proponemos que los *mitos fundacionales medievales* de estas familias, pasarán al acervo literario del poeta, con una carga irónica importante: Desde ese momento Cervantes se arroga el título de *azote de los caballeros villanos*, lo que será un leitmotiv de su obra en donde familias fundadoras de sus respectivas localidades pasarán por su pluma crítica (*Don Quijote, La ilustre fregona, La fuerza de la sangre, El celoso extremeño, Las dos doncellas*, etc.).

---

10 [La villa de Borox con Pedro Díaz del Rincón sobre haberle nombrado por depositario del pósito siendo Alcalde de la Hermandad. Madrid, 1606/06/26] AHN. OOMM. AHT. Leg. 36449, p. 5.

6.5 Alonso Quixada, un nombre común en el linaje
Los Salazar, familia del escritor directa, ya habían conseguido ser caballeros, habían dado el salto en tiempos cervantinos. Eran ilegítimos también, pero daba igual. Descendían de una "bercera" o vendedora de berzas de Alameda de la Sagra (Toledo). El deseo de ascensión social era tan grande, que habían borrado por completo el nombre de su abuela[11]. Así el tema de Alonso Quijada como protagonista del *Quijote* debe ser enfocado de otra manera, no centrándose exclusivamente en la homonimia o en si se trata de un *modelo vivo* o no. Que no lo es, es más complicado. Es plantearse el por qué está ahí, su función. El nombre de Alonso Quijada es tan común en la familia, que intentar forzar la biografía de uno o de otro para que encaje, diciendo que uno era lector de libros de caballerías, sin pruebas documentales, sin similitudes con la ficción quijotesca, le hace un flaco favor a toda la teoría:

> Y lo mismo diçe ahora que conoce a don Alonso de Quixada, pretendiente y natural deste lugar, el qual es hijo legítimo de Alonso Quixada también natural deste lugar y de doña Catalina Pereña, natural de Añover, a los quales padres conoció este declarante. Y que saue quel dicho Alonso Quixada fue hijo de Gabriel Quixada, vecino y natural deste lugar, al qual no conoció, pero tiene del mucha noticia y de Melchora de Aguilar, su muger, natural de Toledo, a la qual conoció por tiempo de más de veinte años[12].

6.6 Los Quijada y los Salazar rivales mortales
Los Quijada, enriquecidos por el comercio, estaban dispuestos a subir también un escalón. Sin embargo, tenían a un enemigo en casa muy relevante: Francisco de Palacios, canónigo y comisario del Santo Oficio. Cuando intentan acceder por fin a ser caballeros y miembros del Santo Oficio, el cuñado de Miguel de Cervantes consigue parar el procedimiento durante toda una generación con un memorial incendiario sobre los antecedentes de esta fa-

---

11 "A Baltasar Martín vecino de Borox, e a otros viejos e ancianos y a la de Uxena 'la viexa', que el dicho Lope García de Salazar e sus hermanos avía sido y hera bastardo e que su madre hera natural del Alameda y bibía en Toledo y que hera berzera". [Pleito litigado por Lope de Salazar y Diego García de Salazar, hermanos, vecinos de Esquivias (Toledo), con el fiscal del rey y el concejo y pecheros de dicho lugar, sobre su hidalguía. Valladolid, 1566/09/07] ACHVA. Sala de Hijosdalgo, L. 87, n° 3, f. 11. Salazar; 1566: 87-3, 364

12 [Pruebas para la concesión del Título de Caballero de la Orden de Santiago de Alonso Quijada Salazar y de Pereña, natural de Esquivias (Toledo). Esquivias, 1627,01/05] AHN. OOMM. Caballeros de Santiago, Exp.6770, f. 89 v.

milia, por cierto, primos suyos. Les hace descender del canónigo Sorge, y de Elvira Quijada[13]:

> Y que como ha dicho, el dicho bahiller Juan Quixada fue hijo del dicho canónigo Alonso García Sorge, el qual estuuo amancebado con Elvira Quixada, que penitenciaron según siempre oyó a su padre y a Rodrigo Megía, su tío, ya difuntos, cuya tradición se auía conseruado con entera noticia hasta su tiempo[14].

La anécdota que cuenta Rodrigo de Vivar Salazar, hermano de Pedro Lope, es decir, el heredero de Francisco de Palacios y por tanto posteriormente de Miguel de Cervantes es definitiva. El encono de los Salazar con los Quijada era tal, que el padre de Luis de Salazar le llevó a Toledo con once años, y pasando a la catedral le enseñó la pintura del canónigo Sorge y le contó que todos los Quijada, sus enemigos, eran conversos ensambenitados y descendían de un cura amancebado. Es un lavado de cerebro de un niño en toda regla. La reeducación se llevaba a cabo en la más tierna infancia, para que la rivalidad no terminara en esa generación. No hay que ignorar que su tío, Rodrigo Mexía, es otro de los que le alecciona en el odio. Este Mexía es el alcalde que fue testigo en la boda de Cervantes y que se encontraba en su entorno más íntimo en su paso por Toledo (1584):

> Y también tiene mucha noticia que el dicho Bachiller Juan Quixada fue hijo del canónigo Alonso García Sorge, canónigo que fue años del estatuto de la Santa Yglesia, el qual está enterrado en el claustro de la Santa Yglesia de Toledo y su retrato pintado en la pared entre otras pinturas que están junto a la puerta de la capilla de San Pedro. Y que siendo de edad de once años este declarante yendo junto con su padre Lope de Vivar Salaçar, le tomó el dicho su padre por la mano y le llevó adonde estaua el dicho retrato y pintura del dicho canónigo y le señalándoselo con la mano: Éste es el canónigo Sorge, de quien descienden los del linaje de Quixada d'esquivias[15].

---

13 [Información genealógica de Gabriel Francisco Quijada Salazar, natural de Esquivias. Madrid, 1629/07/12] AHN. Inquisición,1460, Exp. 1.

14 [Pruebas para la concesión del Título de Caballero de la Orden de Santiago de Alonso Quijada Salazar y de Pereña, natural de Esquivias (Toledo). Esquivias, 1627,01/05] AHN. OOMM. Caballeros de Santiago, Exp.6770, f. 89 r.-90 v.

15 "En el lugar desquivias, este dicho día mes e año susodicho, reciuimos juramente de Rodrigo de Vivar Salaçar, veçino y natural deste lugar, el qual auiendo

Conclusión: Quijada, el enemigo a batir: En este contexto familiar en el que Cervantes estaba también mediatizado en el rencor a los Quijada por todos lados, la elección del nombre del hidalgo a apalear en *Don Quijote* eran habas contadas. Además, no podemos más que pensar que el ponerle ese nombre a un personaje que desea ser caballero y que solamente lo consigue en una venta y de manera sórdida, era un mensaje a sus rivales algo así como: "nunca lo conseguiréis". Habría sido entendido por los tan cercanos Quijada de Esquivias como un insulto personal y directo.

Por supuesto los Salazar, que en cierto modo eran su familia, lo aplaudirían con sorna. El alcalaíno que era inteligente no pensamos que lo dejó al azar: era un dardo intencionado contra sus ricos arrendadores. No lo necesitaba para la construcción de su ficción, podría haber escogido cualquier otro apellido y no lo hizo.

Por eso cuando se habla de sinónomos voluntarios en *El Quijote* de Avellaneda (1614), y se dice que el único personaje real mencionado en (*Don Quijote* I) es Jerónimo de Pasamonte, no acabamos de entenderlo[16]. Hay muchos más citados y ofendidos en *El Quijote*, desde la primera línea. Incluido Lope de Vega en el argumento según sostenía ya Millé (1930)[17].

También las dudas que se plantean frecuentemente sobre si se trata de Quesada, Quijano; esto es una burda burla de Cervantes. Cuando el personaje habla de sí mismo dice que desciende de Gutierre de Quijada, y eso para nosotros borra todo lo demás: "y las aventuras y desafíos que también acabaron en Borgoña los valientes españoles Pedro Barba y Gutierre Quijada (de cuya alcurnia yo deciendo por línea recta de varón), venciendo a los hijos del conde de San Polo" (*Don Quijote* I, XLIX).

Esto no es más en nuestra hipótesis que incluir el mito fundacional de los Quijada[18], al igual que hace con el de los Guevara Carriazo (*La ilustre fregona*) o los Villavicencio (*Las dos doncellas*) [mito]. Sin prejuicios y aplicando este esquema e hipótesis no hay motivos para excluir a estos Quijada de la

---

jurado a Dios por la señal de una cruz, prometió decir verdad y guardar secreto. 34 años".

[Pruebas para la concesión del Título de Caballero de la Orden de Santiago de Alonso Quijada Salazar y de Pereña, natural de Esquivias (Toledo). Esquivias, 1627,01/05] OOMM. Caballeros de Santiago, Exp.6770, f. 89 r.-90 v.

16   Madroñal, 2016, pp. 127-143.
17   Millé, 1930.
18   Madrid, 2015, pp. 21-45.

ecuación buscando soluciones onomásticas como se hace habitualmente en la crítica[19].

El testamento y la tumba de Gutierre Quijada en Valladolid: Podemos poner un ejemplo documental de la época para corroborar este argumento. En el momento en que los Quijada de Esquivias tienen que demostrar su limpieza de sangre, los encargados de comprobarla van a Becilla de Valderaduey (Valladolid) a comprobar la tumba y el testamento de Gutierre Quijada, del que todos ellos, incluidos los toledanos, dicen descender, aunque no sabemos si era verdad o no.

Esquivias, al igual que Illescas, un lugar muy pasajero, a veces tenía visitantes de Becilla de Valderaduey (Valladolid), de donde eran originarios los Quijada. En la información genealógica de Gabriel Quijada de Salazar para ser familiar de la Inquisición, aparece una anécdota muy ilustrativa. Mateo Martínez cuenta como pasa dos veces en tres años por Esquivias, y que, a la segunda vez, ni corto ni perezoso, sin conocer a nadie, pregunta dónde puede hablar con un Quijada para informarle que sus antepasados están enterrados en su pueblo. Tan importante era conocer esta información en las circunstancias de la época:

> Otro testigo se llama Matheo Martínez, natural desta villa [Becilla de Valderaduey] de edad de 66 años, no le tocan las generales. Dixo que por el año de 615 paseando por Esquivias, oió nombrar a un fulano Quixada, y este testigo se fue su camino, y después abrá tres años y volviendo a pasar por allí, preguntó si auía alguno del apellido de Quixada y le dixeron que sí, y el testigo le fue a buscar y le dixo como en esta villa estaba enterrado un hombre del apellido de Quixada, y el dicho hombre de Esquivias, cuio nombre no sabe, le dixo que él era de los Quixadas de Vecilla y que habrá más de 40 años que el testigo oió a su padre (que tuviera oy más de 90 años) que uno destos Quixadas se había ido a vivir al Reyno de Toledo, no le dixo cómo se llamaba, ni quánto abrá que se fue.

Luego por lo que parece varios Quijadas ya habían visitado el archivo de Becilla buscando el testamento de su famoso antepasado Gutierre de Quixada y sus descendientes. Tanto es así que el original desapareció, y sólo quedaba un

---

19   Aunque sí estamos de acuerdo en que los cambios de nombre entre la primera y la segunda parte reflejan los cambios en el personaje, al estilo de Tomás Rodaja (*El licenciado Vidriera*). Reyre, 2005, pp. 727-741.

traslado (copia). Es demasiado sospechoso; probablemente mentían y sí eran conversos. Es normal que los Salazar desconfiaran de sus paisanos. Ahí deja como heredero a su hijo el Bachiller Juan de Salazar[20]:

> El testamento de Gutierre Quixada de quien hizo mención uno de los testigos de Vecilla, parece que se otorgó en dicha villa en 17 de maio, año de 1491 ante Alonso García escribano que subscribió y signó este traslado, que el original no a parecido.

6.7 SUMARIO: LAS FUENTES HISTÓRICAS DE LAS TRAMAS DEL *QUIJOTE* (*DON QUIJOTE* I, I-VIII)
Después de haber estudiado el origen del nombre del Caballero de la Triste Figura, comenzamos a buscar documentos en los archivos y las bibliotecas sobre La Mancha como escenario en los años inmediatamente anteriores a la redacción de la novela. Repetimos el proceso que hemos hecho con el resto de *Novelas ejemplares*, cada una en su contexto. Nos centramos en la década 1580-1590 y por supuesto en el entorno de El Toboso, El Quintanar y Miguel Esteban (Toledo), que es el que nos delimitan los personajes en ambas historias (*Don Quijote* y *Los trabajos de Persiles y Sigismunda*). Inusitadamente comenzaron a aparecer sucesos que también podrían ser similares a la ficción[21]. Todos ellos no aparecen en el "Entremés de los romances", ni en los libros de caballerías, por lo que o son inventados o deberían tener otros antecedentes.

El nombre: Juan Ortiz de *La Mancha*. Juan Ortiz es un hidalgo que proviene de Espinosa de los Monteros (Burgos). Es un Montero de Espinosa, guarda de la reina, de su total confianza. Probablemente vino huyendo de su torre de alguna cuestión, y se refugió en el reino de Toledo. Sus vecinos no sabían dónde, pero en realidad vino a El Toboso y Puebla de Almoradiel (Toledo).

> A la cuarta pregunta del dicho interrogatorio, dijo que lo que sabe de lo contenido en la dicha pregunta es que sabe este testigo y es así notorio que el dicho Juan Ortiz de La Mancha que se nombraba de La Mancha porque vivía allá, era natural de la dicha villa de Espinosa de los Monte-

---

20   [Información genealógica de Gabriel Francisco Quijada Salazar, natural de Esquivias. Madrid, 1629/07/12] AHN. Inquisición,1460, Exp. 1, 6º cuadernillo, pp. 11-12.
21   En todas las referencias nos remitimos a nuestra tesis doctoral: Escudero, 2020c.

ros del linaje e solar de los Ortices de la dicha villa e fijo de la dicha casa e solar de los Ortices[22].

Primera salida: Francisco de Acuña: Francisco y Fernando Vázquez de Acuña se disfrazan con armas de guerra, retan y atacan a un familiar suyo llamado Pedro de Villaseñor, que casi pierde la vida en el duelo (1581). Primera declaración de Pedro de Villaseñor:

> Este testigo ha visto muchas noches andar por la dicha villa de Miguel Esteban disfrazados y arrebozados a los dichos don Fernando de Acuña y Francisco de Acuña, trayendo armas ofensivas e defensivas, porque el dicho don Fernando trae una espada, e broquel y el dicho Francisco de Acuña un montante, y ansí mismo el dicho don Fernando de Acuña ordinariamente trae una cota y un casco y este testigo se lo ha visto traer de noche muchas e diversas veces[23].

Primera salida: Juan de Villaseñor, 1562: Recorre habitualmente los caminos de La Mancha, entre Quintanar y Miguel Esteban, con una lanza en la mano y montado en un caballo blanco. Era un hábil cazador que con la lanzuela y sus perros de caza mataba liebres montado.

> E le había conocido a los susodichos otra hija questaba casada en la dicha villa del Quintanar con Diego de Rengifo, en las casas del dicho su padre, a la cual el dicho Juan de Villaseñor, su hermano, la venía a ver y visitar desde la villa del Quintanar. E le había visto este testigo venir en un caballo blanco y con una lanza en la mano[24].

El primer villano: Juan Haldudo, es un personaje completamente real. Hubo cuatro consecutivos entre los pueblos de Mota del Cuervo, Los Hinojosos (Cuenca) y El Toboso (Toledo), éste último incluido por Cervantes en la novela (*Don Quijote*). Desconocemos si fue ganadero como en *Don Quijote*, pero fue uno de los fundadores de la comarca (1460)[25] y por supuesto tuvo

---

22 "Testigo Juan Ortiz de Vivanco". [Ortiz, Miguel. Probanza. Puebla de Almuradiel (To). 1532]. ACHGR. Sign. 4817-006.

23 [El fiscal contra Fernando de Acuña, de Miguel Esteban, por portar armas. 1581]. AHN. OOMM. AHT. Leg. 5311.

24 [Villaseñor, Diego de. Real Provisión Ejecutoria de Hidalguía. Almendros (Cu) y Miguel Esteban (To). 1573-12-15]. ACHGR. Sign. 4550-041, fol. 15 r.

25 [El dicho Juan López Haldudo, vecino de la Mota, testigo jurado. Mota del Cuervo, 1520]. Dentro de: [La villa de La Mota del Cuervo contra la villa de los Hi-

criados, tierras, mesón y vino. Eran socios de los Villaseñor de Miguel Esteban con los que compartían negocios (Toledo) (1530)[26]. Un Juan Haldudo aparece como difunto en la partida de matrimonio de su hija en El Toboso (1571):

> En catorce días del mes de junio del dicho año, el Reverendo Padre el bachiller Valiente este dicho día desposó y veló a Andrés Hernández Medianero y a Águeda Ortiz, hija de Juan Haldudo, difunto; fueron sus padrinos Esteban Medianero y madrina su mujer; fueron testigos Juan Ortiz de Alonso Ortiz y Francisco de Yébenes, todos vecinos del Toboso. Firmado: Esteban Martínez Valiente[27].

El camino de Toledo a Murcia: Se trata de una referencia al mito fundacional de El Toboso, que se creó por el maestre de la Orden de Santiago Pelay Pérez Correa precisamente para proteger el camino (1275). Así lo reconocen sus propios vecinos en el año 1575:

> Es lugar antiguo de más de trecientos años, es fama que Don Pelay Pérez Correa, Maestre que fue de Santiago, lo mandase fundar para asegurar el camino que de Toledo por él pasa a Murcia porque era tierra despoblada[28]

Quema de la biblioteca: La sobrina de don Quijote especifica que un tal encantador "sabio Muñatón" ha venido montado en una nube y ha llenado la casa de humo. Localizado en Quintanar de la Orden un hidalgo con este apellido realmente único en La Mancha llamado Francisco de Muñatones, quien disponía de caballerías, adarga, instrumentos de caza y lanza, así como un archivo-biblioteca de unos cien legajos y veintinueve libros. La existencia de una biblioteca en este entorno es algo excepcional también. Todo fue ven-

---

nojosos, por el monte Zagarrón y otros términos. 1520] AHN, OOMM, Leg. 18.971. Testigo XXVIII, s/f.

26   [Martín López Haldudo, mesonero de El Toboso, contra Cristóbal de Benavente, sobre agravios que le hizo siendo juez de comisión. 1530]. AHN. OOMM. AHT. Leg. 11450, pp. 31-32.

27   "Partida de matrimonio de Andrés Hernández Medianero y de Agueda Ortiz, hija de Juan Haldudo, difunto. El Toboso, 14/06/1571". [Primer libro de matrimonios de la iglesia parroquial de San Antonio Abad de El Toboso (Toledo)]. APTO. Matrimonios, Libro I. Años 1566-1592, fol. 23 r. Cuarta partida.

28   Viñas, Paz, 1951, p. 578.

dido a su muerte en pública subasta (almoneda) en la plaza de Quintanar de la Orden (Toledo) en 1591:

> En la dicha villa de El Quintanar en el dicho día, la dicha María de los Ángeles con juramento que hizo en forma debida de derecho que ella no sabe que el dicho Francisco de Muñatones dejase dineros, ni ella tiene blanca, ni sabe dónde está y ansí lo dijo, e dello doy fe y que ella no los ha dado a persona alguna, so cargo del dicho juramento[29].

Segunda salida: Andrés de Carrión, hidalgo de Miguel Esteban (Toledo), heredero de Juan de Villaseñor. Este hidalgo, excéntrico en su forma de vestir y comportarse según sus contemporáneos, tuvo un pleito con un exalguacil de Cartagena en Quintanar de la Orden, y dado que el otro era pechero, sabía que la única forma de ganarlo era demostrar que era caballero. Pero desde décadas atrás su familia había caído en la pobreza, y no tenía caballo. Se llevó dos machos a Andalucía, fue por las posadas del camino real sin pagar, y volvió a su pueblo:

> Yendo este testigo con el dicho Carrión a la Andalucía a vender unas mulas quel susodicho tenía, el dicho Carrión, iba muchos ratos a pies, otras caballero en ellas, y en algunas posadas donde posaban, donde podía hurtarse sin pagar la posada, lo hacía, e no lo pagaba, que en particular no se acuerda este testigo en los pueblos que fue [...]. Y el dicho Carrión se alababa de que se había ido sin pagar la posada[30].

En abril de 1579 el rocín que trajo era tan malo que se cayó al suelo y tuvieron que ayudarle a llevarlo a la cuadra.

> A la primera pregunta añadida dijo este testigo que el dicho Andrés de Carrión es hombre que no acostumbrado andar a caballo nunca, hasta que habrá poco a que será de Navidad a esta parte que tiniendo un par de machos viejos, los llevó a vender a la Andalucía e trujo un rocín que

---

29 [Inventario realizado por el alguacil de Quintanar Francisco Sánchez y el escribano Alonso Pérez, por encargo de Andrés Pérez, teniente de alcalde, el día 2 de septiembre de 1591]. AHN. OOMM. AHT. Leg. 2479; fol. 45 r.-v.

30 "Testigo Juan Rodríguez, hijo de Juan Rodríguez Carranque, vecino de Miguel Esteban, presentado por Pedro de Encinas". [Andrés de Carrión, hidalgo de Miguel Esteban, contra Pedro de Encinas, de Quintanar de la Orden y ex alguacil de Cartagena, por espaldarazos en el juego de pelota. 1578] AHN. OOMM. AHT. Leg. 12003, pp. 97-99.

de presente tiene, el cual le sirve del dicho tiempo a esta parte de arar e carretear e moler en una atahona, el cual es un rocín que por el mes de abril pasado no le podían levantar del suelo para lo llevar a su casa, e alguna gente le ayudaban al levantar[31].

El 20 de junio de 1579, cuando sabía que la sentencia del pleito estaba cercana. Se paseó por Quintanar con el caballo destartalado y el mozo que acababa de contratar. Lo único que consiguió es que todos se rieran de él, entre ellos el caballero Fernando Manuel de Ludeña, hermano de Alonso Manuel de Ludeña, más tarde residente en Esquivias:

> Habrá dos o tres días que llegado este testigo adonde estaba la mujer del dicho Pedro de Encinas e don Fernando Manuel de Ludeña e otras gentes que no tiene noticia, se trató allí que el dicho Andrés de Carrión había venido el dicho día a esta villa con un caballo y con un mozo para que dijiesen los testigos que andaba a caballo. (...) E algunos de los que allí estaban se rieron del susodicho porque como dicho tiene el dicho Andrés de Carrión, aunque es hidalgo, es pobre e hombre que entiende en su labor e no ha continuado a andar a caballo y esto declara[32]

Ataque a la cruz de los molinos de viento con una espada: Alrededor de 1594-1595 en el cerro de los molinos de viento de El Toboso (Toledo), un bastardo llamado Agustín Ortiz, hijo de un caballero de San Juan, sobrino de Guiomar de Villaseñor y de Antonio de Villaseñor, de Puebla de Almuradiel (Toledo), yendo a moler trigo sacó su espada y se dedicó a trocear la cruz de los molinos mientras el resto de los molineros le increpaban:

> Pablo López, vecino desta villa, me dio noticia diciendo que habrá cosa de tres o cuatro años, poco más o menos, que estando este testigo en un molino (de viento) de Pedro de Morales, vecino desta villa, vino a moler a él Agustín Hernández barbero, el cual vido como el dicho Agustín Hernández desenvainó su espada y se fue a una cruz que estaba cerca del

---

31   "Testigo Andrés de Dueñas, alcalde ordinario de Miguel Esteban, testigo presentado por Pedro de Encinas, parte contraria". [Andrés de Carrión, hidalgo de Miguel Esteban, contra Pedro de Encinas, de Quintanar de la Orden y ex alguacil de Cartagena, por espaldarazos en el juego de pelota. 1578] AHN. OOMM. AHT. Leg. 12003; p. 81.

32   [Declaración de Diego López de Lara, Contador de la Mesa Maestral, presentado por Pedro de Encinas; en Quintanar de la Orden a 23 días de junio de 1578]. Segunda pregunta añadida. AHN. OOMM. AHT. Leg. 12003, p. 77.

molino [de viento] y empezó a darle de cuchilladas por la parte del pie de la dicha cruz, diciendo: 'Mira como corta mi espada'³³.

Conclusión: Nosotros no conocíamos a estos personajes antes de encontrarlos. Buscábamos sucesos, no nombres. Difícilmente podríamos saber quiénes eran, puesto que nadie conoce suficientemente bien los linajes de unos pueblos ignorados de hace quinientos años. Pero al reconstruir su biografía, nos quedamos sorprendidos de que todos eran ramas menores de la familia Villaseñor: Los Ludeña de Quintanar eran bisnietos, los Carrión herederos de Juan de Villaseñor, etc.

6.8 EL ESCENARIO: EL TRIÁNGULO QUINTANAR, TOBOSO Y MIGUEL ESTEBAN (TOLEDO) (*LOS TRABAJOS DE PERSILES Y SIGISMUNDA*, *DON QUIJOTE*). EL EPISODIO DEL QUINTANAR DE LA ORDEN (*LOS TRABAJOS DE PERSILES Y SIGISMUNDA*, III, 1617)

Apenas suele tenerse en cuenta una realidad que va a suponer otro argumento a favor de que estamos en la dirección correcta. En *Los trabajos de Persiles y Sigismunda*, la novela póstuma de Miguel de Cervantes el protagonista también es un hidalgo manchego y se cita un segundo lugar de La Mancha "ni muy grande, ni muy pequeño" del que el autor tampoco se acuerda. Este pueblo se encuentra justo a la salida de Quintanar de la Orden (Toledo), cuando los peregrinos quieren marchar hacia Valencia y Cartagena, y nos remite a que se trataría de El Toboso o Miguel Esteban (Toledo), la misma geografía de la primera salida de *Don Quijote* ³⁴. Este cruce de caminos existe todavía, y es el de Manjavacas (Mota del Cuervo) donde en aquella época existía una venta en el camino de Toledo a Murcia con forma de casa fuerte³⁵.

En esta segunda propuesta, el protagonista ya no es Alonso Quijada; trueca a llamarse Antonio de Villaseñor *El bárbaro*, nombre también común dentro de esta familia³⁶. En la introducción biográfica del protagonista se nos dice que es hidalgo de Quintanar de la Orden, capital del Común de la Mancha, dentro de la Orden de Santiago. Por unas diferencias de honor que tuvo

---

33   "Comisión de Pablo López sobre el ataque a la cruz del molino de viento de Pedro de Morales". [Hernández, Agustín, barbero. El Toboso. 1599]. Profanar una cruz. Penitenciado; fol. 1 r. En la portada pone 3 de marzo de 1599; el hecho ocurrió tres o cuatro años antes. ADC. Leg. 349. 4978.

34   José Manuel González Mujeriego y Luis Astrana Marín opinan que es Mota del Cuervo (Cuenca). González Mujeriego, 2014.

35   Era la casa encomienda del Comendador de la Torre de Vejezate-Socuéllamos. Sánchez Duque, Escudero, 2014.

36   Escudero, 2019, pp. 99-109

en la plaza del pueblo con otro noble procedente de otro lugar cercano, le profiere un espadazo y una herida. Esto provoca que tenga que huir a Flandes, a Italia y tierras lejanas durante dieciséis años hasta que vuelve a ver a sus padres.

La crítica propone dos historias como fuentes de este episodio. La primera posibilidad es que fuera autobiográfica: Se trataría de un trasunto del duelo en Madrid con Antonio de Sigura en 1569 que obligó al propio Miguel de Cervantes a huir a Italia. La segunda sería un hecho que sucedió en 1544 en la plaza de la misma población entre Alonso de Ludeña y el futuro capitán Juan de Cepeda. Ludeña murió de las heridas, y Cepeda hizo un largo recorrido como soldado, acabó siendo Alcaide del Peñón de Vélez de la Gomera, y volvió a su casa en 1584, cuarenta años después[37]. Esta es más de nuestro agrado, puesto que coinciden más detalles con la ficción: Desde la geografía hasta la vuelta del hidalgo después de años de destierro. Pero claro, requiere aceptar que existe esa relación provocada y simbiótica entre personajes, geografía y tramas que proponemos. En ambos casos se tratarían de historias reales, lo que nos predispone a valorar así a las que aparecen en *Don Quijote* [leyenda / hechos reales]:[38]

> El capitán Juan de Cepeda. Digo que yo a más de quarenta años que ando en seruicio de Vuestra Alteza en Ytalia, Flandes y Alemania y he venido algunas veces a esta Corte y estado en ella más de seis meses juntos, dando noctiçia a Vuestra Alteza de cosas tocantes a Vuestro Real Seruiçio. Y abrá seis meses poco más o menos que estando en esta Corte por mandado de Vuestra Alteza, un Pero Hernández de Ludeña pidió contra mí execución por çierta quantía de maravedís, diciendo que avía los dichos quarenta años que yo avía sido condenado en rebeldía por un Juez de Comisión proveydo por Vuestro Consejo de Órdenes por aver sido culpado en la muerte de Alonso de Ludeña, vezino que fue del Quintanar y presentó para ello un traslado de una sentencia que dixo aver dado el dicho Juez de Comisión[39]. Madrid, 25 de octubre de 1584.

---

37   López-Salazar, 2005, pp. 51-102, 97; Sánchez Sánchez, 2021, pp. 367-381
38   Escudero, 2020b, pp. 335-346
39   "Alegaciones del capitán Juan de Cepeda". [Pedro Hernández de Lodeña contra Juan de Cepeda, por la muerte de Alonso de Lodeña. Quintanar de la Orden, 1544-1584] AHN. OOMM. AHT. Leg. 14443, 1º Cuaderno, p. 3.

6.9 ¿UN CONJUNTO DE RELATOS SOBRE *CABALLEROS VILLANOS MAN-CHEGOS* Y SU REESCRITURA? [FOLCLORE] (*DON QUIJOTE*)
El planteamiento de que la *novela ejemplar* del *Quijote* es una primera fabulación de este cuento del *caballero villano manchego*, con diferentes nombres y relato, pero con suficientes elementos comunes (hidalgo manchego y geografía idéntica), es una idea que fluye de forma natural, se decanta ella misma sin demasiado esfuerzo. Estaríamos hablando de la técnica de la reescritura e intertextualidad estudiada, entre otros, por Antonio Rey Hazas[40] y que nosotros también hemos constatado en otras *Novelas ejemplares*, como sucedía con el cuento del muy parecido "caballero medieval de Jerez" versionado tres veces, incluso en una comedia (*Las dos doncellas, La Galatea, El gallardo español*).

En ella se mezclarán hechos, mitos y folklore, donde éste último sería el entremés de los romances, el mito sería el de Haldudo y El Toboso, y los hechos reales las locuras de los Villaseñor, todos ellos insertados en la parodia de los libros de caballerías [fuentes literarias]. Es la conjunción de postulados que estábamos buscando desde el principio de esta propuesta.

Para ser más preciso, Cervantes modificaría el argumento del entremés, el caballero protagonista es un desgraciado, un paródico Amadís de Gaula que en vez de Gales recorre los polvorientos caminos manchegos, y que, aquí es lo novedoso, alguno de los hechos que le suceden no provendrían de fuentes literarias. Aparentemente son inverosímiles. Alguno de los candidatos podría ser los protagonizados por Haldudo [mito] y Villaseñor de El Toboso Quintanar de la Orden y Miguel Esteban (Toledo), los mismos protagonistas que *Los trabajos de Persiles y Sigismunda* [hechos reales]. Una posibilidad sugerente, valiente, meditada y coherente con el resto de las novelas, pero evidentemente muy complicada de demostrar y más aún de aceptar.

6.10 EL LUGAR DE LA MANCHA: ¿MIGUEL ESTEBAN (TOLEDO)?
Al igual que intentamos localizar aplicando nuestra teoría positivista y documental con una cierta aproximación el resto de lugares innominados en las "novelas ejemplares": Almendralejo (Badajoz, *El celoso extremeño*), Écija (Sevilla, *El licenciado Vidriera*), Jerez de la Frontera (Cádiz, *Las dos doncellas*), Esquivias (Toledo, *La ilustre fregona*), en el *Quijote*, si existe buena voluntad no tiene que haber mayor problema en acotar al menos la comarca a la que se está refiriendo y donde suceden las aventuras originales de la primera salida: El medieval *Común de la Mancha*, en la actual provincia de Toledo. Es un

---

40   Rey, 1999, p. 131.

tema complejo que ya hemos tratado por extenso y al que nos remitimos en la bibliografía.

Como un simple apunte de este prolijo tema, el espacio del Campo de Montiel se cita en la narración expresamente cinco veces como sujeto de las aventuras del hidalgo: "Y en verdad es que por él caminaba" (*Don Quijote* I). Se ha sostenido que no coincide, ni es la misma comarca que La Mancha que aparece en el título de la novela, cosa que es cierta en la actualidad, pero no en la época de Cervantes. Este desajuste se ha utilizado para argumentar una indefinición geográfica buscada por el autor. Además, se ha utilizado para trasladar toda la ruta del *Quijote* desde La Mancha toledana al Campo de Montiel, a cien kilómetros de El Toboso, desvirtuando gravemente el plan original de la obra, según nuestra opinión.

Desde nuestro punto de vista como modernistas y especialistas en Órdenes Militares hispánicas, las pretendidas contradicciones de la caminería y textuales no son tales: Quintanar de la Orden, fue la capital del Común de la Mancha (1353), agrupación poblacional posteriormente conocida en tiempos de Miguel de Cervantes como Gobernación de Quintanar (1566). Históricamente esta comarca pertenecía a la misma jurisdicción de la Orden Militar de Santiago, se consideraba parte aneja del Campo de Montiel por los geógrafos de la época (Madoz), e incluso a principios del siglo XVII la capital común de ambas áreas era Villanueva de los Infantes, en el Campo de Montiel.

Entonces todos los pueblos que dependían de Quintanar y que son el entorno en que se sitúa el comienzo de la novela y de varios episodios de *El Persiles* (Quintanar (lugar del malvado Juan Haldudo), El Toboso (patria de Dulcinea), Campo de Criptana (molinos de viento), Miguel Esteban, Mota del Cuervo, etc.), son a la vez Mancha y Campo de Montiel. Así evitamos hablar de nuevo de errores del escritor, y por supuesto título y contenido coinciden sin mayor problema.

En otro orden de cosas, la rápida asignación de Argamasilla como *Lugar de la Mancha* por el impostor Avellaneda en el *Quijote* apócrifo (1614), es también muy discutible histórica y geográficamente y ha contaminado todo el discurso posterior haciéndolo prácticamente irresoluble. Desde nuestra modesta visión es también una atribución errónea.

Esta población pertenece a la Orden Militar de San Juan, y por supuesto no tiene nada que ver con el Campo de Montiel, que es una jurisdicción y un espacio completamente diferente. Son como estados o provincias con sus propias leyes e historia. Argamasilla de Alba está situada en la ribera del río Guadiana, y su quehacer diario son molinos de agua, no de viento, estos que por otra parte están situados a cincuenta kilómetros. Además, es una población sin pasado, sin hidalgos, de fundación reciente (1531), argumento incompatible con un hidalgo que hereda armas antiguas. Ante estas evidentes incongruencias entre realidad y ficción, de nuevo o sostenemos un autor irreverente, que además daba de lado la verosimilitud o por el contrario nos ponemos de su lado y pensamos en un error del intérprete actual. Puede ser, todo es posible. Nosotros estamos en esta segunda vía dado que no tenemos que pagar peajes.

En realidad, como conclusión rápida, uniendo ficción con descubrimientos documentales, en la primera parte (1605) solo podríamos estar hablando hipotéticamente de Miguel Esteban y El Toboso (Toledo), y éste último se descarta solo puesto que aparece en el texto. El resto de pueblos del Común de la Mancha se excluyen también por motivos geográficos e históricos. Sólo la magnificación de todo lo que sea hablar de este mito moderno y el impacto de imagen y turístico ha provocado un ruido bibliográfico tal que nos ha dado una impresión errónea sobre la resolución de un problema muy sencillo. Desde nuestro humilde punto de vista.

6.11 El nexo entre Cervantes y La Mancha: Alonso Manuel de Ludeña (1594-1607)

Una vez estudiados los personajes, las tramas y los escenarios más probables, el resultado es que existen una serie de puntos comunes: Los Quijada y los Villaseñor (personajes, *Los trabajos de Persiles y Sigismunda*, *Don Quijote*), una serie de sucesos históricos protagonizados por ellos y luego un escenario común que se limita a los pueblos de Quintanar de la Orden, El Toboso y Esquivias (Toledo). Aparentemente son puntos insalvables de la hipótesis, incluso geográficamente puesto que son poblaciones bastante alejadas y que en principio no tendrían nada que ver unas con otras.

Entonces surge la figura de Alonso Manuel de Ludeña, Alférez Mayor de Quintanar de la Orden, uno de los hidalgos más importantes de La Mancha de la Orden de Santiago, pero que a su vez reside temporalmente en Esquivias (1594-1607), puesto que al igual que Miguel de Cervantes, se ha casado con una hidalga de la comarca: Ana Dávalos de Ayala. Y al igual que él, administra mediante poderes la herencia de su esposa. Éste va a ser el nexo definitivo de unión entre Villaseñores y Quijadas [personajes, 1], entre La Mancha (Quintanar) y La Sagra (Esquivias) [escenario literario, 2] y entre el propio Miguel de Cervantes y La Mancha de su Quijote [contacto con el autor, 3]. El esquema sigue dando sus frutos.

Personajes, 1: La unión entre Villaseñores (*Los trabajos de Persiles y Sigismunda*), Quijadas (*Don Quijote*), Carriazos (*La ilustre fregona*), etc., es, como vimos, lo que llamamos El Ciclo Toledano, que es otra forma de llamar a la cercanía física. Todos vivían en un entorno pequeñito y asfixiante, compartiendo los mismos negocios, conversaciones y espacios. De hecho, Alonso Manuel de Ludeña vende varias tierras a Gabriel Quijada, hijo de Alonso Quijada, fallecido en septiembre de 1604[41]. A este documento le hemos llamado "la piedra rosetta" del *Quijote*, puesto que une a un Villaseñor y un Quijada, los dos protagonistas de dos obras distintas de Cervantes en el mismo registro.

Alonso Manuel de Ludeña tiene un contacto inmediato con los Villaseñores. Él mismo es bisnieto de una de ellas, pero es que su cuñado es Pedro de Villaseñor[42], que probablemente sea aquel que fue intentado asesinar por Francisco de Acuña en un duelo en Miguel Esteban disfrazados con capas, cotas de malla y cascos (1581). Además, es hijo de Francisca Ortiz[43], por lo que es primo de Agustín Ortiz, aquel que atacó la cruz de los molinos (1594).

En cuanto a los Ludeña, es descendiente del Alonso de Ludeña que fue asesinado en Quintanar de la Orden por el capitán Cepeda en 1544, y es también hermano de Fernando Manuel de Ludeña, quien presenció el teatro que montó Andrés de Carrión en Quintanar, con su rocín destartalado y su mozo[44]. Por supuesto conocía todos estos cuentos, leyendas y mitos, incluidos el de la familia de Juan Haldudo (*Don Quijote* I, IV) y sus negocios con Juan y Fernando de Villaseñor alrededor de 1530 (*Los trabajos de Persiles y Sigismunda*, III). Ahora bien, necesitamos un contacto directo con el escritor para que todo este acervo oral hubiera pasado de una parte a otra, muy difícil de demostrar a falta de documentos privados.

Los protocolos públicos, sólo nos cuentan una realidad jurídica y fría: Este Ludeña tuvo en Esquivias, Yeles e Illescas (Toledo) una relación comercial con el entorno más inmediato del alcalaíno. Es más, le arrendó unas tierras a Lope de Vivar Salazar[45], ése que vimos que echaba pestes de los Quijada

---

41 «Venta a Gabriel Quixada Salazar de varios majuelos», AHPTO. Protocolos notariales. Esquivias. Libro 18416. P-6937, 1604, f. 262r-266r.
42 Childers, 2004-2005, p. 22, nota 18.
43 [Pleito en la Chancillería de Granada entre Alonso Manuel de Ludeña y su hermano Fernando de Ludeña contra Luis Ortiz por cuchilladas en la plaza de Quintanar de la Orden, 1591-1592]. ADC, Inquisición Leg. 766, exp. 1315.
44 Escudero, 2022d, pp. 185-200.
45 ["Arrendamiento a Lope Vivar de Salazar tierra en Yeles"], AHPTO. Protocolos notariales. Escribano Pedro Palomo Vaillo. Esquivias (Toledo). Libro 18402/02.

en sus expedientes de limpieza de sangre, y que más tarde fue el padre del heredero de Miguel de Cervantes cuando murió sin sucesión: Pedro Lope de Vivar[46].

Conclusión: Miguel de Cervantes no aparece documentado en La Mancha, pero ahora mismo en este momento, no lo necesitamos para completar una hipótesis plausible sobre la dirección que tienen que tomar las investigaciones sobre la génesis del *Quijote*. Sabemos que esta proposición es polémica, una más, pero pensamos que si entendemos que esta novela está dentro de un ciclo, y los personajes provienen de él, la elección de La Mancha, no como entelequia o espacio imaginado, sino la concreta del Quintanar, Toboso, Miguel Esteban, Mota del Cuervo o Criptana se debe a que en un momento oportuno de finales del siglo XVI existió un grupo de manchegos entre los que se encontraba un hidalgo de nombre Alonso Manuel de Ludeña que aterrizó en Esquivias y en las vidas de Catalina de Palacios y su marido.

Recientemente ha aparecido un nuevo miembro de este grupo de "manchegos", esta vez no nacido allí. Se trata de Pedro de Amaya y Mendoza, precisamente el que compró la casa de Alonso Manuel de Ludeña en Esquivias en 1604[47]. Sorpresivamente es uno de los primeros socios comerciales que conocemos de Cervantes en Esquivias y Toledo, si no el primero. En su testamento consta cómo realizó un inventario de bienes de sus capitulaciones matrimoniales en Alcázar de Consuegra, actual Alcázar de San Juan, nada menos que uno de los pueblos que se postulan como cuna del propio Cervantes[48].

P-06916, 1596, f. 179r-180v.

46   Pedro Lope de Vivar Salazar, primero fue heredero de Francisco de Palacios, clérigo y hermano de la esposa de Cervantes. Astrana, 1948, tomo III, p. 528.

47   «Venta de casas de morada por parte de Alonso Manuel de Ludeña, vecino del Quintanar, a Pedro de Amaya, residente en el Lugar de Esquivias», AHPTO. Protocolos notariales de Esquivias (Toledo). Libro 18405 P-6920. 1607, fols. 229 r.-231 v. Escudero, 2022b, pp. 185-200.

48   Según informaciones de Francisco Atienza, archivero municipal de Alcázar de San Juan, el escribano Diego de Cañizares que se cita pudo estar en su cargo alrededor de 1570-1580. Estos protocolos no se conservan. [Testamento de Pedro de Amaya y Mendoza, Esquivias, 1612, 10,02]. AHPTO. Protocolos notariales. Esquivias. Escribano Pedro Palomo Vaillo. Libro 18408. P-6923, 1612-1613, f. 32 r.-33 v.

"Yten digo y declaro que cuando me casé con la dicha doña María yo inventarié e hice información de los bienes que metí en el matrimonio, la cual información pasé ante Diego de Cañizares, escribano de la villa de Alcázar de Consuegra, y en ella no entraron ciertas deudas que yo pagué después del matrimonio, las cuáles deudas

Nos vemos constreñidos por el propio fluir de la información y los documentos, y también nos vemos obligados a aceptar las conclusiones que brotan sin ser provocadas, por audaces que parezcan. Ahora bien, el que estos "manchegos" fueran el motivo y el informante oral de una o varias historias y personajes, no lo podemos saber. Quién sabe si fue la propia esposa de Cervantes, o su cuñado insultando a sus rivales, o un criado lenguaraz en una taberna. Se ha propuesto a Pedro de Ludeña, participante en su boda, pero se fue a América en 1586, demasiado pronto. Lo importante es seguir teniendo la mente abierta a nuevos descubrimientos.

6.12 Estructura temática, (*Don Quijote* I, I-VIII)]: Conclusión
Entonces definitivamente podemos intentar aplicar los esquemas de las otras "novelas ejemplares" al inicio o Ur-Quijote. Es un procedimiento complejo, las fuentes son muy amplias y variadas, y un primer avance como es este no le haría justicia, ni puede acercarse a considerarse un patrón definitivo.

Longitudinal: La "novela ejemplar" de el *Quijote* es, básicamente y desde el punto de vista longitudinal, una superposición de varios niveles argumentales como sucede en otras novelas: Una historia como el *Entremés de los romances* [folclore, fuente literaria] en la que se insertan los nombres de una serie de personajes conocidos del autor: Alonso Quijada, que aportarían matices al conjunto dentro del plan de obra coherente del autor. Y este bloque a su vez se encaja en un marco geográfico diverso a los anteriores: *La Mancha*. Este último aporta entonces también sus propias historias [mito], así como personajes secundarios incluidos en ellas, que no tienen nada que ver con los anteriores, pero que también pueden considerarse históricos y reales: Juan Haldudo [leyenda].

---

montaron seiscientos ducados, los cuáles se habían de rebatir todos enteros de la dicha cantidad que averigüe haber metido. Quiero y es mi voluntad que estos se rebatan y quiten de la dicha cantidad que yo probé haber metido en el dicho matrimonio y que respecto de esto se hayan las cuentas y particiones que se hubieren de hacer entre mis hijos y doña María y los suyos.

Yten declaro que en unas cuentas que tuve con Miguel Servantes, me pareció que le fui a cargo de doscientos reales, para los cuáles me debe una partida liquidar cincuenta. Y de otra cuenta en que hubo ciento y treinta y siete. Mando que se le den ciento y trece reales para salir de la dicha deuda y así gravar la conciencia".

Transversal: En el análisis transversal u horizontal es una suma de eventos al estilo de *El capitán cautivo*, cada uno de ellos con sus propios antecedentes[49]. La burla de Miguel de Cervantes al género pastoril, de romances y caballerías va más allá del contenido de los propios sucesos [kasus]: llega hasta la propia distribución de las tramas, su desarrollo y su conclusión Frente a otros relatos tradicionales que el de Lepanto modifica para que acaben en una buenista anagnórisis final, al gusto del público de la época, pero completamente inverosímil y dantesca. Aquí, aun partiendo de la ficción, va a seguir un discurso completamente realista de los acontecimientos a partir de entonces. Supone la invención de la novela moderna.

Trama presentación, 1: La trama presentación de los personajes protagonistas es sumamente precisa en comparación a otras novelas del grupo, pues alcanza hasta el caballo del protagonista. Es realista a la par que burlesca. El protagonista se describe con nombres y apellido, aunque dudoso, lo que tampoco es común en las ejemplares. La elección de los nombres (don Quijote, Rocinante, Dulcinea)[50] es una parodia de los libros de caballerías, y también un preludio de lo que nos vamos a encontrar en el resto de la novela.

El rechazo al idealismo y la mentira de las novelas pastoriles que mostrará en *El coloquio de los perros* (1613), estilo que abrazó en sus inicios (*La Galatea*, 1585), comienza ya aquí (1605): Dulcinea, según Menéndez Pelayo, es la versión femenina del pastor Dulcineo que aparece en Los diez libros de fortuna de amor de Antonio de Lofrasso[51]. En un entorno de parodia del entorno rústico y bucólico, poner a su amada el nombre de un pastor de un libro italiano dedicado al amor, es toda una declaración irónica de intenciones sobre la propia historia situada en La Mancha que vamos a escuchar: Desde este mismo momento ya sabemos que el amor está fracasado desde su origen.

Pero también es una parodia sobre la propia poesía amorosa y los poetas italianos, de los que no se olvida en todas las *Novelas ejemplares* [Espacio geográfico, 1.2]. Como hemos visto, ocultar el lugar de procedencia de los protagonistas—*En un Lugar de la Mancha*—es un recurso que utiliza habitualmente en sus novelas y no únicamente aquí en *El Quijote* (*El licenciado Vidriera, El celoso extremeño, Las dos doncellas*).

La peripecia, 2: El hidalgo se debe convertir primero en caballero para conseguir las metas que se ha propuesto. La parodia se completa en una venta y

---

49 Rodríguez, Irwin, 1994, pp. 259-263.
50 Reyre, 2005, pp. 727-741.
51 Iventosch, 1964, pp. 60-81.

ante las mujeres del partido. Esto para nosotros es el primer mensaje subliminal a los Quijada, Carriazo y demás hidalgos villanos que ha conocido en Toledo, que están a un paso de conseguir ser caballeros de las Órdenes Militares por dinero, falseando sus antecedentes [hechos reales, 2.1]

La segunda subtrama de esta parte consiste en probar su fuerza, y para ello debe buscar un contrincante a su nivel. Es decir, un caballero. En los caminos de La Mancha no los hay. Entra en una dehesa de las Órdenes Militares que en su delirio cree una floresta de los libros de caballerías [parodia, fuente literaria]. Confunde a un ganadero que ha apoyado en una encina su aguijada para azuzar el ganado con uno de ellos. Está apaleando a su criado, también culpable de robo. Aquí se ve perfectamente la simbiosis entre ambos tipos de fuentes [literarias superpuestas a las reales].

Podría haber escogido cualquier otro suceso para resolver [kasus], pero este era muy común en el medievo del entorno del Quintanar[52]. Ni siquiera desenfunda la espada, todo se liquida con un consejo, que evidentemente sale mal, como la vida misma [Trama crisis, 2.2]. Juan Haldudo es un personaje real insertado en el cuento folklórico, que documentalmente se puede demostrar que tuvo criados [mito, 2.3].

Trama crisis, 2.4: La tercera subtrama del viaje iniciático. Ahora el protagonista de cualquier cuento folklórico y romance, después de haber demostrado su valor y haber puesto en riesgo su vida (Diego de Carriazo, Andrés Caballero, *La ilustre fregona*, *Las dos doncellas*), debe completar su *paso honroso*. Aun admitiendo la identificación exclusivamente nominal entre Alonso Quijada y su linaje con el literario, se produce una segunda burla, también bastante cruel, a los Quijada y a su mito fundacional. Recordemos que la leyenda original de los Quijada, y el personaje se autoatribuye ser descendiente de él, es el famoso *paso honroso* en que éste mató al más conocido aún Suero de Quiñones[53]. Estamos hablando probablemente de uno de los alardes más relevantes de la historiografía medieval española [leyenda, 2.5].

Cervantes castiga a un personaje que quiere emular a sus antepasados, incluso superarlos, con una pantomima con unos mercaderes, en la que acabará apaleado. Esto se llama pisotear un legado familiar que solamente tiene sentido dadas las circunstancias familiares del escritor que hemos comentado. De aceptar el realismo en este episodio a este nivel, sería un argumento más a sumar en los motivos de la elección de los Quijada como protagonistas del mismo y por ende de toda la novela desarrollada a posteriori.

---

52 Ruiz Castellanos, 2014.
53 Madrid, 2015, pp. 21-45.

Como argumento añadido, el adalid necesita buscar ayuda para conseguir el amor, y por supuesto obtenerlo. No puede solo porque los obstáculos son graves e insalvables. Este sería el desarrollo lógico de la trama ancestral que se ha seguido en otras novelas ejemplares.

Primera digresión: El personaje de Dulcinea, como tal, también es un añadido de Cervantes que no está en el *Entremés de los romances*. Además, si la novela ejemplar del *Quijote* no se hubiera extendido, Dulcinea hubiera permanecido sin nombre y hubiera sido bella, no el personaje hombruno que se dibuja más tarde[54].

Aquí, por el contrario, aparecen los mercaderes toledanos que van a vender seda a Murcia con unos propósitos e intenciones completamente opuestos. Haciendo otra digresión, esto es una referencia a una realidad, que es el paso del Camino de Toledo a Murcia por en medio de las plazas de El Toboso y Miguel Esteban [hechos reales, 2.4.1], y por ende al mito fundacional de El Toboso, que se debe precisamente a la protección de los caminantes y de la ruta [mito, 1275, 2.4.2].

En cuanto a su función en la novela, si Cervantes hubiera seguido el discurso tradicional, estos mercaderes innominados serían los *facilitadores*, aquellos que ayudan al antihéroe a conseguir el amor de su pretendida. Así se caracterizan, por ejemplo, doña Clara y el escudero Contreras (*La gitanilla*), o Sancho de Cardona y el resto (*Las dos doncellas*), quienes en principio tampoco conocen a los protagonistas y se suman a su causa noble.

Si hubiera querido ser popular ante el público, y además respetar la fábula clásica, lo que debería haber hecho el escritor en este momento ante la apelación del loco que pide a estos desconocidos que vayan a El Toboso y se presenten a su amada es que estos se hubieran enternecido al ver semejante anciano desvalido, hubieran aceptado, le hubieran acompañado, se hubieran presentado ante ella, y ésta, sobrepasada, hubiera aceptado la propuesta del hidalgo. Se hubieran casado y hubieran sido felices, con muchos hijos y los hubieran cantado los poetas... En un mundo ideal y fantástico. Es una deriva que podría haberse dado como en las otras novelas ejemplares, no es una propuesta tan surrealista.

En realidad, aquí toma el discurso del relato del *Entremés de los romances* tal cual, donde el labrador Bartolo acaba apaleado y en el suelo. Recuerda al cuento de la perrilla faldera, y la moraleja de que las caricias están bien en

---

54 El nombre de Aldonza Lorenzo y su carácter rústico se va construyendo después de estos primeros ocho capítulos, como ya sabemos. En *Don Quijote* I, capítulos IX (Dulcinea sala puercos), capítulo XXV, descripción de Sancho Panza. Esto lo consulté personalmente al profesor Martín Morán en una conversación informal.

unos y no tanto en otros; el burrillo zalamero de la fábula de Esopo acaba también apaleado, por supuesto, a pesar de sus buenas intenciones (*El coloquio de los perros*). El respeto al original realista en este caso fue un acierto fundamental para el desarrollo posterior y vuelo independiente de *El Quijote*. Final de novela, 4: No hay anagnórisis. No puede haberla. Hay diferencia de clase real. La fregona (*La ilustre fregona*) sigue siendo fregona, no es noble. Dulcinea no se transmuta en una princesa, sigue siendo una labradora de El Toboso. El matrimonio por tanto sería morganático, ilógico para una sociedad clasista como la de la época, pero siempre posible.

La mención al "sabio Muñatón" del episodio, podría hipotéticamente traer colación de la desaparición en una almoneda pública en Quintanar de la Orden del archivo y biblioteca del hidalgo Francisco de Muñatones, muerto en 1591 [hechos reales, 4.1][55]. Esto es una novedad que no aparece en el entremés de los romances que se propone como fuente. En todo caso sería invención del autor. Esto exigiría un conocimiento de la realidad manchega de la época por parte del autor de la que todavía estamos muy lejos de demostrar.

La narración termina como debe hacerlo, de forma realista. La sobrina y el cura queman los libros que han vuelto loco al protagonista. Como la vida misma, el anciano ni acaba siendo caballero, ni consigue su amor, y encima pierde lo poco que valoraba en su día a día: ya no podrá leer más. La crítica a los libros de caballerías, así como a los Quijada y Ludeña se ha completado. ¿Por qué un lector tan apasionado como el de Lepanto quema todos los libros de su personaje y le condena a la ignorancia? ¿Es también un autocastigo?

El manco de Lepanto poco después (1605-1613), vuelve al idealismo en los finales de sus *Novelas ejemplares* y en *El Persiles*. Este es un tema que ha preocupado sobremanera a la crítica y que supera estas breves líneas. Sólo indicar que pensamos, como Riley (1981), que alternó idealismo con realismo. Es más, esto podría indicar que Cervantes no fue consciente de que había inventado la novela moderna, y siguió cultivando los géneros más populares en su tiempo después del *Quijote*.

---

55   [Francisco de Muñatones (hijo), vecino de Murcia, contra Alonso Hernández de Quintanar de la Orden sobre propiedad y administración de bienes]. Murcia, Quintanar de la Orden (Toledo), 1614. AHN. OOMM. AHT. Leg. 2479. Escudero, 2020c, p. 529.

7
La huella jerezana
(1563-1593)
La Galatea, El gallardo español

7.1 "Mi patria, un principal lugar desta Andalucía, cuyo nombre callo": Jerez de la Frontera (Cádiz)

El autor no para de jugar, y de nuevo nos hurta otro "lugar del que no quiere acordarse" esta vez en Andalucía en *Las dos doncellas*. El cervantismo decimonónico pensó que estaban cerca de Osuna, en un valle según la descripción, y que podrían ser Estepa y Pedrera[1]. Lo cierto es que, como veremos, las coincidencias en nombres propios y circunstancias nos indica que sólo pueden ser Jerez y Arcos de la Frontera (Cádiz).

Sin embargo, la conciencia que existe actualmente en Jerez de la Frontera sobre su peso en la narrativa cervantina es que se limita a una frase en *El Quijote*, alguna referencia a sus vinos y poco más[2]. Sin embargo, una mirada más atenta al conjunto de su obra nos lleva a unas reflexiones completamente diferentes hasta el punto de afirmar que hay una *huella jerezana* en la narrativa cervantina o de otro modo un ciclo dedicado a temas extraídos de esta ciudad, por el número de estos implicados.

7.2 El *Caballero de Jerez*: Otra huella y mito cervantinos

---

1 Astrana, 1948-1958, T.V, Capítulo LXI, p. 196; Jordán, 2017, pp. 83-108.
2 Los "elíseos jerezanos prados" (*Don Quijote* I, XVIII). Clavijo, 2005.

Tras un examen amplio, vemos a un autor que tiene el continuo run run en la memoria de una versión del cuento de los dos amigos [folclore], que él convierte en el que podríamos denominar desde ahora *El caballero y/o la caballeresa de Jerez*, uniéndolo a historias que se contaban como reales, pero que tenían una importante carga hiperbólica y fantástica, [mito/hechos reales]. Esta narración la versiona una y otra vez desde el principio de su trayectoria[3], incluso hasta Lope pudo contagiarse de esta historia cuando se llevaba bien con el de Lepanto[4]. En esto seguimos siempre la senda de Antonio Rey Hazas[5].

Al igual que se han estudiado las numerosas versiones del *Viejo celoso*, en este caso Avalle-Arce hace un completísimo repaso a las fuentes de este otro relato cervantino, que comienza con la *Disciplina clericalis* de Pedro Alfonso (s. XII), continuando con el libro del *Caballero Cifar* (1300), etc., hasta desembocar, como nosotros pensamos, en la historia de Timbrio y Silerio de *La Galatea*. Estamos de acuerdo con él que invocar siempre a Bocaccio y es más, a fuentes exclusivamente literarias se queda muy corto[6].

Frente a otras series, aquí los detalles de la narración original y los personajes no son importantes porque cambian sustancialmente de una versión a otra, lo que nos indica que son las tramas lo que importan, no el lugar ni quién las contó: Son esas historias de valientes caballeros luchando entre sí en la nebulosa de la historia que todos escuchamos en la infancia ¿Quizás es un cuento vago que escuchó en su niñez sobre sus antepasados corregidores jerezanos, que tanto le sirvieron de ejemplo en su madurez?

7.3 *LA GALATEA* (1585)

En su primera incursión en la ficción, el manco de Lepanto incluye ya una primera versión de este cuento que comienza con la conocida frase: "En la antigua y famosa ciudad de Jerez, cuyos moradores de Minerva y Marte son

---

3   "Una de las características de Cervantes es su continua vuelta a los mismos temas para ir encarándolos desde diversos puntos de vista". Avalle-Arce, 1961, p. 204

4   "Según queda dicho, Bernardo declara llevar como segundo apellido el de Cervantes; con lo cual una máscara dramática de Lope asume el primer apellido del autor del *Quijote*. Ahora bien, me pregunto: ¿sería tan descaminado suponer que de esta manera el dramaturgo pretende aludir a la amistad que lo une a don Miguel?". Trambaioli, 2014, pp. 106-129.

5   Rey, 1999, pp. 119-164.

6   Avalle-Arce, 1957, p. 19.

favorescidos, nació Timbrio, un valeroso caballero, del cual, si sus virtudes y generosidad de ánimo hubiese de contar, a difícil empresa me pondría"[7].

Timbrio tiene un encontronazo con un caballero de su ciudad [Pransiles], y se marcha a Italia a aceptar el desafío, que ponen en un día concreto. Timbrio avisa a Nísida, como en el mito de Príamo y Tisbe, que si el resultado es favorable acudirá con una toca blanca anudada en el brazo, que es un detalle tomado directamente del cuento de hadas[8]. Timbrio y Silerio profesan una lealtad que va más allá de la propia seguridad y vida, que arriesgan el uno por el otro sin dudarlo, pero están enamorados de la misma mujer, Nísida.

Según Avalle-Arce se trata de nuevo de la adaptación de un cuento folklórico ancestral [folclore], "los dos amigos", que según nuestro criterio se vuelve a mezclar con mitología clásica [mito], fuentes literarias [Boccaccio], junto a hechos vagamente reales:

> La historia de Timbrio y Silerio se identifica con nuestro cuento por dos rasgos esenciales: un amigo se sacrifica para liberar al otro de una muerte segura, y los dos amigos se enamoran de la misma mujer, con las consiguientes pruebas de amistad; lo demás es contribución cervantina al tema. Por otra parte, los dos episodios identificables están invertidos en su orden respecto a las versiones anteriores[9].

Aunque en la primera versión de Cervantes el desafío es con otro caballero jerezano y el aceptarlo obliga a un largo viaje a Italia, en Jerez existe un desafío o duelo muy conocido, incluso documentado, en berbería y contra un musulmán que obligó al caballero a viajar hasta el Norte de África para aceptarlo.

Se trata del de Gonzalo Pérez Gallego, desde 1518 veinticuatro de la localidad. Tres amigos estando en Arcila (Marruecos, Norte de África), establecieron un desafío con tres musulmanes, Bengalí, Ebuhema y Benhalla. Estuvieron esperando cinco meses para completarlo, pero no se presentaron, con lo que los jerezanos volvieron a sus casas. De pronto volvió a aparecer Bengalí proponiendo de nuevo el desafío, y aunque lo tenían prohibido expresamente, Gonzalo Gallego volvió a viajar para aceptarlo, tras lo que fue perdonado definitivamente por incumplir la orden real y viajar (1526-1527)[10]. Uno muy similar es el de Martín Dávila [y Adorno] contra el musulmán llamado "El ejiote". Los apellidos esta vez son los utilizados por Cervantes en *Las dos don-*

---

7   Cervantes, Montero, 2014, p. 485.
8   Cervantes, 2014, p. 486.
9   Avalle-Arce, 1957, pp. 1-35.
10 Parada, 1875, p. 345.

cellas. Fue hijo de don Martín Dávila, veinticuatro de Jerez, y de doña Beatriz Adorno, tuvo su desarrollo militar entre los reinados de Carlos V y Felipe II, alrededor de mediados del siglo XVI[11].

Luego veremos como en el proceso que proponemos como fuente los Adorno desafiarán a los Dávila (1562). Es obvio que existen diferencias tanto en los participantes, como en el escenario final, pero aun así el duelo en tierras lejanas puede tener un sustrato legendario y real que no deberíamos soslayar, sean de estos u otros casos que desconozcamos.

7.4 LAS DOS DONCELLAS (1613)

Aquí el triángulo jerezano se convierte en cuadrángulo, pero ahora cambia el sexo de los protagonistas. No son dos hombres peleándose por una mujer, sino dos mujeres por un hombre: Esta vez es el cuento de "las dos amigas". Sin embargo, ahora Cervantes deja caer, a hurtadillas, los nombres y apellidos de los protagonistas, que son Teodosia de Villavicencio, Marco Antonio Adorno, Leocadia de Cárdenas y Rafael de Villavicencio, y curiosamente oculta la geografía tras un vago *lugar de Andalucía*.

Vana pretensión, puesto que los Adorno y Villavicencio sólo se encontraron históricamente en esa región y época en el entorno de Jerez y Arcos de la Frontera (Cádiz): Estamos ante otra versión de los mismos mitos andaluces que venimos arrastrando, según pensamos.

¿Por qué empezar en Jerez, aceptar un desafío y acabar en Barcelona?: Además, la filiación genética entre el cuento de *La Galatea* antedicho y éste nos parece evidente, en tanto en cuanto si aceptamos el mismo punto de partida—oculto parcialmente en esta versión—mantienen el discurso de la misma geografía: En ambos casos la historia empieza en Jerez y acaba en Barcelona con otro tema recurrente en el autor, los bandoleros catalanes (*La Galatea, Las dos doncellas, Don Quijote*)[12]. Como hicimos en *La Galatea* (Madrid-Murcia), o en *La ilustre fregona* (Toledo, Sevilla) el plantearse por qué un relato comienza en dos puntos aparentemente alejados e incluso antagónicos, nos lleva a pensar que el autor está respetando un texto escrito o un suceso oral anterior. Lo estudiaremos en las conclusiones del próximo capítulo.

7.5 *EL GALLARDO ESPAÑOL* (1615): OTRO CAUTIVERIO, PERO NO EL DEL POETA

---

11   Parada, 1875, pp. 122-123.
12   Domènech, 2017, pp. 77-94; Roig, 1995, p. 535.

["No haya más, que llega el tiempo de dar fin a esta comedia, cuyo principal intento ha sido mezclar verdades con fabulosos intentos"]. La relación íntima entre los caracteres de la trama de *El gallardo español* y la anterior de *Las dos doncellas* vuelve a ser evidente por mucho que se muden nombres y escenario. El comienzo es el mismo, una mujer que se viste de hombre, acompañada de su hermano.

Cervantes ya vimos que revisita el mito del viejo celoso primero novelándolo y luego después dramatizándolo (*El celoso extremeño, El viejo celoso*). Hace lo mismo aquí con este mito revuelto jerezano, primero en *Las dos doncellas* y segundo en *El gallardo español*. Por supuesto no pierde de vista su plan original y aquí expresamente—tácitamente en las dos doncellas— de nuevo los personajes son jerezanos como en *La Galatea*. Y curiosamente distintos.

Fernando de Saavedra: La elección de este nombre por Cervantes dentro del entorno de Jerez no es casual. La construcción de este personaje se nutre de varios mitos de diversos caballeros jerezanos, personajes históricos bien conocidos por sus hazañas: El desafío de Gonzalo Pérez Gallego a Bengalí incumpliendo una orden expresa superior (1526)[13], las cabalgadas de Fernán Arias de Saavedra "El bueno", pero no en Orán, sino en la guerra castellano-granadina (1407-1410), con hechos tan destacados como el cautiverio de su hijo Juan de Saavedra, corregidor de Jerez (1448)[14], y la muerte de su hermano Fernando por una imprudencia en una emboscada, donde los supervivientes también fueron cautivados (1410)[15]. Este es un hecho ya bien conocido y destacado por el cervantismo, así como el juego de espejos autobiográfico con el propio autor[16].

Juan de Valderrama: Nombre completamente real, pero muy común en el Jerez medieval y moderno. Los había hasta portugueses y de todos los estratos sociales. Dado que Cervantes habla de un caballero, deberíamos centrarnos en los potentados si consideramos que es una mención directa, pero si volvemos a buscar al escritor socarrón, deberemos prestar atención a las clases más populares.

José Antonio Mingorance en su tesis doctoral nos habla de varios de ellos, que por otra parte pudieron ser el mismo o un familiar muy cercano.

---

13   Parada, 1875, p. 345.
14   Torremocha, 2016, p. 190.
15   El rescate fue establecido en 12.000 doblas castellanas, una cifra exorbitada, que tuvo que pagar hasta el concejo de Sevilla. Sánchez Saus, 1987, pp. 166, 168.
16   Garcés, 2003, p. 358.

Aparece un vecino llamado así que alquila una casa-tienda en la colación de San Miguel a un calderero francés (Jorge Lopes). Las relaciones con los Adorno citados expresamente por Cervantes en su novela son constantes y desde muy antiguo:

Una persona llamada así fue fiel de la alhóndiga y recibe un poder de Leonís Adornio. Otro Juan de Valderrama, esta vez portugués, reconoce un censo a Francisco Adorno de Hinojosa, y su cuñado Agustín Adorno, sobre unas casas que fueron del difunto Jácome Adorno.

Finalmente, otro Juan de Valderrama en 1545 es procurador de Beatriz Adorno, viuda de Martín Dávila, veinticuatro y alcaide del Alcázar de Jerez nada menos[17]. Estos son los padres de Martín Dávila quién mató al musulmán Ejijote en un desafío, como vimos más arriba. Coincidencias de mitos y personas poco comunes en historia. Con esto no decimos que podamos identificar una persona real con un personaje de ficción en concreto, pero sí que éste es el contexto histórico y geográfico en que el autor de la novela quiso situarla, que vamos por el buen camino.

7.6 *LAS DOS DONCELLAS*: INTRODUCCIÓN

La historicidad de esta novela ha sido destacada por Martín de Riquer en Barcelona[18] para los personajes "catalanes" y Frances Luttikhuizen en otro de los personajes secundarios como "el transilvano"[19], mientras que solamente Francisco Rodríguez Marín y Luis Astrana Marín parecen haber dado una idea sobre los personajes *andaluces*[20]. No podemos decir que este tema no haya suscitado cierto interés.

Sin embargo, a pesar de ser conocidos y haber sido identificados, no se llegó a profundizar en sus biografías y nexos en común, con la pérdida de información y de análisis que esto ha supuesto. Esto nos indica el peso que ha tenido la interpretación mayoritaria sobre la teoría de los "modelos vivos" para considerar innecesario buscar otros caminos[21].

Porque desde nuestro punto de vista, aunque su calidad literaria haya sido puesta muchas veces en discusión, si atendemos a su encuadre histórico es la más interesante y desconcertante junto a *La gitanilla*, de todas las no-

---

17   Mingorance, 2013, pp. 201, 609-610, 1542, 1652.
18   Riquer, 2005, pp. 95-98.
19   Luttikhuizen, 2004, pp. 1543-1558.
20   Astrana, 1948-1958, t.V, pp. 196-197.
21   "El positivismo del siglo XIX se cebaba en Cervantes. A fuerza de querer dar claridad física a las obras de cultura, se las convertía en realidades ingenuas y desustanciadas". Castro, 1925, p. 13.

velas ejemplares y eso en una colección tan larga ya es mucho afirmar. Se la ha clasificado como idealista y Riley como predominantemente romance[22]. Pero según nuestro criterio, una vez desmenuzados sus componentes y analizados sus antecedentes por separado, es tan realista como el resto.

Y lo sostenemos porque vierte un inesperado cóctel de manifiesta ironía y cargas de profundidad sobre la sociedad y la corte española, al igual que luego hará en *El coloquio de los perros*, como sostiene Amezúa[23]. Y lo hace incluyendo, de una forma aparentemente inocente, varios personajes a los que apenas se presta atención. Ironía, porque nos habla de las relaciones entre los Adorno y los Villavicencio y sus enlaces respectivos, que nunca fueron buenos y así lo entenderían los coetáneos.

Crítica no tan velada a la monarquía, incluyendo como personajes secundarios a los que denomina *grandes caballeros*, a tres, probablemente cuatro—*Granolleques, El Transilvano*—personajes que habían notoriamente traicionado a la monarquía, el uno con la cuestión morisca, el segundo con su cobardía ante el ataque de Drake, y el tercero desafiando, y todos ellos habían acabado sus días en la cárcel y el destierro: Sus historias eran sobradamente conocidas en la época tal y como se puede percibir al estudiar la documentación.

1.7 Estructura temática y fuentes

Abrimos con un primer bloque en el que se nos presentan a los personajes principales [trama presentación, 1], en los que podemos establecer tres subtramas principales: Teodosia (de Villavicencio), Rafael de Villavicencio, Marco Antonio Adorno y más tarde llegará Leocadia (de Cárdenas) para completar el cuadrángulo amoroso [trama elíptica, 1.1]. El segundo relato secundario es oral cuando Teodosia cuenta a su hermano, sin saber que lo es, que ha sido estuprada por Marco Antonio (Adorno) y que va a buscarlo. Apenas se cuenta nada del origen de sus familias, como sí se hace parcialmente en otras novelas—Antonio de Villaseñor (*Los trabajos de Persiles y Sigismunda*), Pedro del Rincón (*Rinconete y Cortadillo*), Filipo de Carrizales (*El celoso extremeño*)—[trama de la heroína, 1.2].

Aquí se parte de un relato tradicional, (ATU) 425 según la clasificación ofrecida por Pierre Darnis, en la macrosecuencia: "(1) Una joven seducida, raptada por un ser monstruoso, (2) pérdida del amante (3) Búsqueda del amante (4) recuperación del amante, (5) el amante pierde su apariencia monstruosa".

---

22   Riley, 1984, pp. 37-51.
23   Cervantes, García López, 2013, p. 1006.

Pero como estamos hablando de Cervantes, de nuevo tenemos que mezclar en diversos niveles transversales y longitudinales un suceso que le sucede a la heroína que rompe la paz social, se trata del estupro [kasus]; un sustrato base de cuento folklórico (*La Bella y la bestia*) [folclore], que en este caso es el mismo que recoge la mitología clásica (*Cupido y psique*, [mito]) y una adaptación al mundo contemporáneo de Cervantes en forma de hechos reales similares al relato ancestral [hechos reales], que es nuestra aportación personal. Los recursos literarios propuestos (Apuleyo *El Asno de Oro*, Boccaccio)[24], son más improbables como fuentes inmediatas o directas. Seguimos entendiendo que la transmisión de las ideas fue básicamente oral.

Una tercera subtrama, dividida, que nos va a indicar el contexto histórico y geográfico donde están situados los personajes: Posada de Castilblanco (Sevilla) [marco espacial], El Transilvano [momento data, 1.3]. El segundo bloque contiene una historia bisagra al igual que en otras novelas (*La gitanilla*), donde los personajes son cambiados radicalmente de dirección, rumbo y espacio. Marco Antonio se ha marchado a Barcelona [trama enlace, 2.1].

Comienza un tercer grupo en que se van a desarrollar las pruebas de la heroína. El marco geográfico será diferente (Igualada, Barcelona) [marco espacial, 2.1]. Aparece una historia real de bandoleros, otro *leitmotiv* de Cervantes desde sus inicios, tema que repite al menos tres veces—*La Galatea* (1585), Roque Guinart, *El Quijote* II (1615)[25]—[subtrama, 2.2]. A esta parte corresponde su propio personaje secundario (Calvete, el mozo de mulas, 2.3). Estamos seguros, insistimos, que este hecho del robo de treinta o cuarenta pasajeros de galeras con todas sus pertenencias y que acabaron atados a árboles, responde a un suceso real, probablemente como todo el episodio centrado en el rebrote de la delincuencia de 1591 ó 1592 [hechos reales, 2.4][26].

Se producen dos momentos crisis arquetípicos: El primero una mujer enamorada que hay que sortear para continuar el viaje iniciático (Leocadia de Cárdenas, alter ego de la Carducha en *La gitanilla*) [momento crisis, 2.4]; el segundo cuando el héroe buscado arriesga la propia vida, luchando con la tripulación de las galeras en el puerto de Barcelona [momento crisis, 2.5]. Este hecho responde a una situación de realismo histórico [marco espacial, 2.6]. La descripción que se hace de Marco Antonio en trance de muerte es muy similar al mito de Cupido [mito, 2.7]: «Cupido estaba malo de una grave llaga de fuego que le daba mucho dolor, llorando y en mucha duda de su salud» (1543). Se casan en artículo mortis.

---

24   Darnis, 2015, p. 153.
25   Aladró, 2103, p. 31.
26   Hernández, 1997, p. 9.

Aparecen consecutivamente los personajes secundarios que denominamos *facilitadores*, que son clave para rescatar a la heroína y a su compañero en los momentos más complicados, y para ayudarles a terminar su particular *viaje iniciático* (en LG doña Clara y el escudero Contreras): Pedro Vique, general de galeras, Sancho de Cardona y los Granolleques. Todos ellos reales, todos ellos enemigos de la monarquía, y por tanto personas de *frontera* que traslucen las ideas políticas del narrador [hechos reales, 2.7].

El cuarto salto es la anagnórisis final, donde al mito clásico subyacente se va a unir la historia real de Pablo Núñez de Villavicencio y Francisco Adorno, dos amigos de Jerez de la Frontera, cuñados al final como se cuenta en la novela, que se enamoran de la misma mujer y acaban luchando, hasta tal punto que el padre de uno de ellos acaba herido (1563) [hechos reales, 3.1]. El medio geográfico se traslada al Jerez medieval, donde aparecen las peleas y banderías entre los linajes jerezanos de Villavicencios y Dávilas, representados en las peleas con yelmo y adarga entre los padres de los protagonistas [espacio geográfico, 3.2]. La intervención de los padres, al igual que en *La ilustre fregona*, sanciona el permiso paterno para contraer matrimonio en una sociedad tradicional. Este hecho ha sido considerado de otras formas, así como su sentido[27] [folclore, 3.3]. Final doblado con la boda de los cuatro protagonistas.

Cuarto paso o finales de novela, donde los poetas cantan las virtudes de los contrayentes y los nobles tienen abundante descendencia. El narrador pide expresamente que no sean criticadas las dos doncellas por sus deslices. Se vuelve a traslucir una cierta ironía, que puede tener base en la realidad puesto que los matrimonios entre Villavicencio y Adorno en Jerez fueron todos un fracaso absoluto [hechos reales, 4.1].

Como conclusión, básicamente entendemos que lo que el autor pretende es unir dos historias reales (Adorno, Villavicencio, 1562), motines de Barcelona (Granollach, genoveses, 1591), con el nexo de unión entre cuentos del personaje de Marco Antonio Adorno, al igual que Sir Walter Raleigh lo fue en *La española inglesa*, o Diego de Carriazo en *La ilustre fregona*. Lo veremos por extenso.

7.8 La trama real detrás de la ficción: Villavicencio y Adorno (1562)

No ha sido fácil encontrar paralelismos con sucesos reales en los archivos españoles. En la novela los nombres de los protagonistas parecen abandonados en la maraña de párrafos. Otras veces la espera para conocer quiénes son parece ser un recurso dramático y carne de anagnórisis final, desde el cura

---

27 Castillo, 2022, pp. 291-314.

Pedro Pérez (*Don Quijote*) hasta preciosa y sus padres (*La gitanilla*), pasando por *La ilustre fregona*. Aquí suena a desidia. Esto explica que estos apellidos hayan pasado desapercibidos para lectores y críticos.

El nombre de Villavicencio sólo aparece al final y una única vez asociado a don Rafael; el de Adorno se le da una mayor importancia, incluso hasta una frase los caracteriza expresamente como genoveses. Como en el caso de Sancho de Cardona (*Las dos doncellas*), el autor no quiere dudas en la identificación: "Dos leguas de mi lugar está otro de los más ricos y nobles de la Andalucía, en el cual vive un principal caballero que trae su origen de los nobles y antiguos Adornos de Génova". Nosotros lo hemos entendido así, y por eso le hemos dado mayor peso en la investigación y en sus relaciones con Cervantes y con otros personajes de la ficción[28].

La historia real, hasta donde nos llevan los documentos del Archivo General de Simancas, puede resumirse así (1562-1563): Dos amigos llamados Francisco de Adorno Hinojosa y Pablo Núñez de Villavicencio, pasan mucho tiempo juntos, incluso cabalgan públicamente por la villa de Jerez de la Frontera: Hasta Pablo le deja su caballo castaño a Francisco. Ambos son caballeros y de los dos linajes más importantes de la ciudad, y a tanto llega su relación, que Pablo se casa con María Adorno, la hermana de Francisco, y por tanto se convierten en cuñados con la bendición del patriarca de la familia, llamado también Francisco:

> De la terçera pregunta, dixo que sabe quel dicho Pablos Núñez de Villauiçencio fue casado con doña María Adorno, hermana del dicho Francisco Adorno "el moço"—el herido—, de padre y madre y que del dicho matrimonyo obieron cinco hijos; y que sabe quel dicho Francisco Adorno "el moço" está en casa e poder de Francisco Adorno "El viejo"—su padre—, y que al presente está viudo e el dicho Pablos Núñez del dicho matrimonyo[29].

---

28 El primer Adorno que aparece en la documentación, es el genovés Francesco Adorno en Jerez de la Frontera en 1477. Ruiz Pilares, Mingorance, 2019, pp. 669-698.

29 "Testimonio de Francisco Riquelme de Villavicencio, vecino de Jerez de la Frontera". [Francisco Adorno de Hinojosa, su hermano Pedro y otros del linaje de los Adorno, de Jerez de la Frontera, contra Pablo Núñez de Villavicencio, del linaje de los Villavicencio, casado con una hermana de Francisco, por las heridas causadas a su cuñado en una reyerta. Jerez de la Frontera, 1563/1564]. AGS. Consejo Real de Castilla, leg. 239,22, pp. 67-68.

Mientras Pablo ha formado su familia, y tiene nada menos que cinco hijos, Francisco es joven y considerado mancebo en la época, y sigue en casa y bajo la tutela de su padre Francisco de Adorno "el viejo", y bajo el cuidado de dos criadas llamadas María e Isabel, ambas esclavas horras—libertas—, con su propia casa, pero que seguían trabajando para los Adorno y eran su personal de confianza, hasta tal punto que probablemente les servían de alcahuetas, enfermeras y hasta de consejeras.

Esta situación tan idílica, cambia drásticamente cuando Francisco y Pablo, que comparten en confianza todos sus secretos, se enamoran de la misma mujer—probablemente casada—, y a pesar de que María Blanca, su criada horra, avisa a Francisco de que Pablo ha jurado vengarse de ellos y la ha amenazado una vez que fue a su casa, él sigue con su locura y aventura.

Nuestra interpretación es que mientras su mujer—María Adorno—estaba viva, la situación está tensa, pero no se rompe, pero ella fallece repentinamente, y entonces afloran conflictos anteriores, probablemente por la dote y el sostenimiento de los cinco hijos con su suegro, y Pablo decide vengarse por las bravas de la afrenta tanto de su suegro como de su amigo y cuñado. La cuestión es que ya tenía antecedentes violentos, porque había desafiado anteriormente en tiempos que todavía vivía su mujer a Pedro de Hinojosa, del otro linaje de los Ávilas, y había salido al campo a caballo a esperarlo y el Hinojosa no quiso ir para evitar alborotar la ciudad[30].

Como realmente no hay respuesta, Pablo se enfrenta primero a su suegro con la espada desenvainada, un anciano de setenta años, lo que le hace el principal sospechoso de lo que sucederá después: "Me havéis de embiar a dezir juro a Dios que hos tengo de matar si no me days mi hazienda e a vuestros hijos"[31].

Poco después, una mañana a plena luz del día, el Alguacil Mayor de Jerez, llamado Pedro de Herrera, que había sido criado y deudo de Pablos de Villavicencio, ataca con su espada a Francisco y le destroza la mano derecha, estando en un primer momento a punto de morir, y todas las sospechas recaen sobre Pablos como inductor del intento de asesinato.

En su defensa, el Villavicencio demuestra que en el momento del ataque estaba reunido en una casa con varios testigos hablando sobre cuestiones secretas—¿concertar un matrimonio? ¿el suyo?—, y de que ha visitado a su

---

30 [Testimonio de "Diego de Lydal, vecino desta çibdad, en la collaçión de San Lucas"]. AGS. Consejo Real de Castilla, leg. 239,22, p. 29

31 [Testimonio de Francisco Riquelme de Villavicencio, vecino de Jerez de la Frontera]. AGS. Consejo Real de Castilla, leg. 239,22, p. 31.

amigo convaleciente varias veces como si nada hubiera pasado y nada tuviera que ver en el hecho.

Su coartada, como la llamaríamos hoy, no le sirve de nada, porque los Adorno le denuncian, viene un juez de comisión, y con el miedo de que se produzcan altercados y una cascada de venganzas entre los principales caballeros de la ciudad, lo encarcela inmediatamente en una torre y en principio encadenado con grilletes, aunque pasados los meses le deja salir para asistir a misa e incluso negociar la herencia de un sobrino.

Los siguientes meses, Pablos de Villavicencio pasa el tiempo presentando recursos con sus letrados intentando demostrar que ambos, los Adorno y los Villavicencio, eran amigos y que es pacífico y por tanto el miedo de la justicia real de que todo aquello desembocara en una guerra sin cuartel, no tiene fundamento.

7.9 Similitudes y diferencias con la ficción

De los cuatro matrimonios que hemos resumido éste es el que tiene más cuestiones en común con la ficción: Los apellidos se mantienen entre literatura y realidad (Villavicencio y Adorno); El suegro (Francisco Adorno) y ambos cuñados (Francisco de Adorno e Hinojosa y Pablo Núñez de Villavicencio), además de familia, son primero los mejores amigos:

> Al volver el rostro conoció don Rafael ser su padre, y Marco Antonio conoció que el otro era el suyo. Leocadia, que con atención había mirado al que no se combatía, conoció que era el padre que la había engendrado, de cuya vista todos cuatro suspensos, atónitos y fuera de sí quedaron; pero, dando el sobresalto lugar al discurso de la razón, <u>los dos cuñados</u>, sin detenerse, se pusieron en medio de los que peleaban, diciendo a voces.

> E que sabe quel dicho Pablos Núñez y el dicho Francisco Adorno "el moço" y sus hermanos fueron grandes amigos y como tales se trataban e comunycaban y como cuñados y que nunca supo que obiesen pasión, antes los bían andar a caballo juntos e questo sabe desta pregunta[32].

Tanto en la ficción como en la realidad los dos cuñados y amigos pelean por la misma mujer, probablemente casada, aunque no se nos especifique el aserto:

---

32 [Testimonio de Francisco Riquelme de Villavicencio, vecino de Jerez de la Frontera]. AGS. Consejo Real de Castilla, leg. 239, 22, pp. 67-68.

Dixo que lo que sabe es que lo que sabe es que puede auer quinze días poco más o menos questando hablando con Francisco Adorno "el moço", el herido, tratando con él de una muger con quien trataua amores, le dixo este testigo: Dad al diablo esta muger, quitaos della, dejalda.

Y el dicho Francisco Adorno dixo que no quería. (...) Sospechó más porquel dicho Francisco Adorno le avía dicho que traya çelos y sospecha del dicho Pablos Núñez por causa de la dicha muger y que no sabe otra cosa, más que después supo cómo abían herido al dicho Francisco Adorno[33].

Pablo de Villavicencio tiene duelos en el campo con otras familias nobles de Jerez de la Frontera (Los Dávila). El suegro (Francisco Adorno) se ve involucrado en una pelea grave con su yerno; éstas dos últimas cuestiones se convierten en la novela en una pelea entre ambos padres en el campo por el buenismo de Cervantes. La referencia a la adarga, a la celada.

En cuanto a la pelea entre los dos padres de los protagonistas, que aparecen vestidos con cascos y adargas, los ecos son muy antiguos probablemente medievales. Habría que situarlos en las banderías jerezanas y los tradicionales juegos de cañas de los siglos XIV y XVI. En Jerez, las banderías hay que remontarlas a las luchas entre Pedro I y Enrique II por el trono, entre Vargas y Villavicencios.

En el tradicional juego de cañas, donde los principales caballeros de la ciudad se enfrentaban simulando batallas en las que se lanzaban cañas de madera, se aprecia las fidelidades de cada bando. Los partidarios de la Casa de Niebla, encabezados por los Villavicencio, eran los Basurto, Estopiñan, Hinojosa o Vargas, mientras que a favor de la Casa de Arcos, capitaneados por los Dávilas, eran los Mendoza, Riquel, Zurita, Vera o Villacreces[34]. La llegada de la reina Isabel en 1477 les disgustó este peligroso juego de cañas, pero Plaza del Arenal, dos puestos, el de abajo y el de arriba, y haciendo peligrosa escaramuza entre ellos en noviembre de 1597 murió D. García Dávila, y en 1600 por provisión real se suspendieron[35].

Temáticamente este episodio tiene filiación con el episodio del Quintanar en *El Persiles* (1617) donde se mezclarán sin rubor ecos lejanos de muy diferentes hechos y muy diferentes épocas, incluso de varios linajes de la mis-

---

33 [Testigo María Blanca, esclava libre que fue de doña Jerónima, viuda de Pedro de Hinojosa Gedeón. Jerez de la Frontera, 1562]. AGS. Consejo Real de Castilla, leg. 239,22, pp. 67-68.
34 Ruiz Pilares, 2010-2012, p. 8
35 Spínola, 1916, pp. 6-8.

ma ciudad. El matrimonio —Pablo de Villavicencio y María Adorno— tiene notable y conocida descendencia (cinco hijos).

7.10 El nexo con el autor

Evitando como siempre lugares comunes y acudir a las conocidas fuentes literarias, estamos de acuerdo con Avalle-Arce que desde el propio cuento de los dos amigos hasta nuestra nueva propuesta de historia real en Jerez de la Frontera (1562), ambos pudieron conocerlos por tradición completamente oral. Ahora bien, y sin que sirva de precedente para el análisis del resto de las novelas, veamos lo complejo que se puede volver este tema incluso en el ámbito de las fuentes orales y no sólo las escritas:

> Todos los críticos citados en nota están de acuerdo en ver en esta historia una imitación de Boccaccio. Desde la perspectiva que nos permiten las páginas precedentes, creo que las cosas cambian un poco de aspecto y que Cervantes no acudió necesariamente al Decamerón. De las versiones estudiadas conocía, casi con seguridad, las del Ysopet, Alonso Pérez y Timoneda; además, no creo que sea arriesgado suponer que circulasen versiones orales, como las hubo más tarde [36].

La conexión en Argel, 1: Y aunque no estamos convencidos, desde luego también aquí hay conexión con Berbería. Pedro Núñez de Villavicencio murió en Argel en la batalla de Mostagán y su padre acabó cautivo (1558). En 1558 también participó como capitán Antonio de Villaseñor de Puebla de Almoradiel —Quintanar de la Orden. Algo desde luego tiene que ver, porque este hecho es el principal que da lugar a *El gallardo español*,

> Esta señora doña María de Villaviçençio, hija del Alcayde Diego de Fuentes y de doña María de Villaviçençio Espíndola, casóla su padre con don Françisco de Villaviçençio, veintiquatro, y turante el matrimonio ovo quatro hijos, dos barones y dos henbras, el qual dicho don Françisco Núñez de Villaviçençio yendo por capitán con el conde don Martín fueron perdidos y catibo el dicho don Françisco y su hijo don Pedro Núñez muerto —el mayor— y él en la prisión murió en Argel [37].

Conocimiento personal en Jerez, 2: Otro lugar común socorrido es poner a Cervantes donde han ocurrido estas historias. El archivero José Cabello ha

---

36 Avalle-Arce, 1957, p. 19
37 Abellán, 2012, p. 93.

probado que Cervantes en sus comisiones por Andalucía para la Armada Invencible estuvo a sólo sesenta kilómetros de Jerez de la Frontera, en el pueblo de Villamartín (Cádiz) en el año 1593[38].

En esos años Corregidor es don Agustín Adorno, caballero de Calatrava, y un veinticuatro del concejo don Pedro de Villavicencio; ambos son comisionados juntos en 1596 para solicitar al Cardenal arzobispo de Sevilla construir una capilla para venerar a los mártires Eutiquio, Esteban y Honorio[39]. Si el recaudador hubiera llegado a contactar con el concejo, hubiera conocido personalmente a los vástagos de los Adorno y Villavicencio, apellidos que luego utilizará en sus personajes, pero ¿hubiera tenido tiempo y confianza en ese delicado momento para escuchar distendidamente leyendas medievales de semi-desconocidos?

Encuentro en Illescas (Toledo), 3: Creemos que no, pero es obvio que no es necesario, puesto que los jerezanos y sus hazañas estaban distribuidos por toda la monarquía. En *La Galatea* aparece que Silerio, después de buscar infructuosamente a Timbrio y a Nísida en Toledo, se hace religioso con hábito y se retira a una ermita[40]. Curiosamente uno de los jerezanos más importantes de la época, licenciado en el Consejo de las Órdenes, se ha casado en Illescas (Toledo) con Catalina de Velasco, pueblo contiguo a Esquivias donde se casó Miguel de Cervantes. Es nada menos que Gedeón [Adorno] de Hinojosa, y ha fundado la Ermita de San Cosme y San Damián al lado del Convento de Franciscanos Descalzos[41].

Éste muere en 1595, y curiosamente sabemos que la esclava que depone en el juicio y cuenta a los jueces la historia de "los dos amigos Villavicencio y Adorno" en el Jerez de 1562 estaba al servicio de un antepasado suyo, probablemente su padre[42]. No queremos decir que por esta razón ésta sea la fuente del autor, pero que desde luego con tanta coincidencia estamos muy cerca.

Cuentos intrafamiliares, 4: Dentro de toda esta maraña de posibilidad, nunca debemos descartar el vínculo familiar. Hay que tener en cuenta que el sueño no cumplido del manco de Lepanto era ser como sus antepasados corre-

---

38   Cabello, 2020, pp. 21-34; Sliwa, 2021, pp. 176-186.
39   Sancho, de la Lastra, 1965, pp. 335-336.
40   Cervantes, 2014, p. 485.
41   Conde, 2020.
42   [Testigo María Blanca, esclava libre que fue de doña Jerónima, viuda de Pedro de Hinojosa Gedeón. Jerez de la Frontera, 1562]. AGS. Consejo Real de Castilla, leg. 239, 22, pp. 67-68.

gidores, pero en América: Si seguimos correctamente la genealogía, Gonzalo Gómez de Cervantes fue corregidor de Jerez y Cartagena (1488-1501); él era hermano de Juan de Cervantes (corregidor también en Cuenca, Salamanca y Osuna), abuelo de Miguel de Cervantes Saavedra[43]. Juan de Saavedra fue también corregidor en esta ciudad andaluza y Cervantes los recuerda en *El gallardo español*.

Teniendo en cuenta que en la mente de Cervantes se vinculan Saavedras con Valderramas, Villavicencios con Adornos, y son historias muy antiguas, incluso medievales, creo que al igual que en el *Ciclo Toledano* estas historias son muy relevantes para el imaginario de Cervantes, y con ello digo que muy cercanas. Tanto es así, que también podrían vincularse con lo más íntimo, con recuerdos de facecias contadas en el entorno familiar, con cuentos infantiles de caballeros y damas.

El tiempo pasado explicaría por qué no los describe tan bien, ni hay tantas similitudes entre ficción y realidad como en otros relatos (*La ilustre fregona, El celoso extremeño*). Aunque esto también puede explicarse porque no lo oyó en Jerez o de gente verdaderamente implicada en los hechos, o simplemente la propia voluntad del autor de crear a su antojo sus propuestas y argumentos.

7.11 Finales de novela

Entendemos que ésta es una técnica de Cervantes que utiliza en seis novelas (*El amante liberal, La española inglesa, La fuerza de la sangre, La ilustre fregona, Las dos doncellas, La gitanilla*) y que por tanto esas referencias a vidas felices y a poetas alabando a los personajes no deja de ser pura invención, alejada y mucho de la realidad[44]. Pero como hemos ido viendo novela a novela, esto no siempre ha sido así según nuestro punto de vista. Es necesario ver caso a caso y no perder detalle.

En el caso de *Las dos doncellas* se vuelve a repetir al final la cita a los dos lugares de Andalucía y se pide por primera y única vez que no se critique a las doncellas por su actuación —*lenguas maledicentes*—, y se vuelve a hablar de los poetas que alabaron el suceso. Es cierto que el escritor es insistente en su apelación a la verdad y a los historicistas nos pone en un aprieto.

Según nuestra interpretación estamos en el entorno de Jerez de la Frontera, y ahí sí que existen poetas y muy importantes. Evidentemente es un brindis al Sol intentar buscar un poema de dos doncellas, pero sí que podemos encontrarlos sobre los Adorno, en concreto nos referimos al conocido

---

43   Vilches, 1905; García Guzmán, 2005-2006, pp. 163-186.
44   García López, 1999, pp. 185-192.

Elogio de Gedeón [Adorno] de Hinojosa, Licenciado del Consejo de las Órdenes, canción del militar y poeta Juan de Barahona y Padilla Dávila, muerto en la jornada de la mal llamada Armada Invencible (1588):

> El uno del consejo de órdenes yo canto aquel gran licenciado Finojosa tan milagroso espanto amaestrado en toda ciencia honrosa con esto, en la sabrosa ciencia que Tolomeo escribió es tan experto que en poblado y desierto no tiene cosa en sí todo el rodeo de la esfera más chica que dónde, cuál y cómo no lo explica[45].

Como hemos visto, el elogiado muere en 1595 en Illescas, prácticamente al lado de Esquivias. Además, ha dotado el Hospital de la Virgen de la Caridad, famosísimo por *El Greco* y también por el cuadro de Rodrigo Pacheco en la Parroquial de Argamasilla de Alba, que siempre se ha tenido por *modelo vivo de don Quijote*, y que está dedicado a esta Virgen de Illescas por las mismas fechas (1601)[46]. ¿Qué significa todo esto? Que hasta aquí podemos llegar. Desconocemos tanto la biografía íntima de Cervantes, sus idas y venidas, sus amistades toledanas que probablemente nunca conozcamos la verdad.

7.12 Las intenciones de Cervantes

Así se quedó ni viuda, ni casada: Cervantes dedica un espacio importantísimo a los mercaderes y banqueros, sobre todo italianos. Esto merecería una explicación que de algún modo se nos escapa. En Sevilla y Barcelona hubo rebeliones contra estos mercaderes y su monopolio. Pero no parece que fuera esta la actitud del manco de Lepanto hacia ellos. Lope de Vega en otra sentencia muy conocida de su comedia *El desconfiado* dice que si vas a competir con ellos por un matrimonio y su dinero: "En entrando a competir por dama, aunque más honrada, ginovés, músico o cresta, ya entiendes, volver la espalda"[47]

Para el estudio de los matrimonios entre los Adorno y Villavicencio de Jerez, disponemos de una fuente indispensable como es el llamado *Libro del Alcázar*. Según este manuscrito, conservado en la biblioteca local, existieron cuatro matrimonios principales entre ambas familias: Ana Núñez de Villavicencio con Jacome Adornio, genovés (dos hijos), Leonís Adornio con Ana de Villavicencio. ("están apartados"), Isabel de Villavicencio y Lorenzo Adornio, su sobrino (después de aportar cuatro o cinco mil ducados, no consiguió la

---

45 Parada, 1875, p. 57.
46 Corchado, 1974.
47 Girón, 2013, pp. 83-98, 97.

dispensa papal para casarse: "y no lo pudo alcançar del Papa la dicha despensaçión y bínose como se fue gastado el dinero, así que quedó ella ni biuda ni casada, y así estará"), Pablos Núñez de Villavicencio y María Adornio (cinco hijos)[48].

Por sus características, éste fue el último y más reciente matrimonio posible por su parecido con la ficción, lo que nos facilitó la búsqueda de documentación en los archivos. Pero es más importante fijarnos en otra cuestión que destaca sobre todo lo demás para los lectores de la época: Los Villavicencio y Adorno se unieron muchas veces, y prácticamente—a excepción de la primera—todas fueron un desastre.

¿Qué nos quiere decir entonces Cervantes terminando de forma positiva una relación amorosa que en la realidad fue todo lo contrario cada vez que se intentó? No se nos oculta que esta es la misma pregunta que se hace Frances Luttikhuizen sobre los personajes de *La señora Cornelia*, tan históricos, tan conocidos y tan alejados de su versión real[49]. Y no es el único caso en esta colección de novelas.

Entonces aquí tenemos de nuevo el mismo dilema de entender que estamos hablando de política ficción, de un homenaje o de una burla. Mientras que precisamente en *La señora Cornelia* el contexto nos habla de la primera posibilidad, aquí en una novela tan política tenemos dudas. Viniendo de una visión positiva en *La Galatea*, podríamos seguirla, pero aquí los Villavicencio y Adorno las más de las veces acabaron matándose entre ellos[50]. Para los andaluces de la época sonaría a ironía, aunque probablemente ésa no fuera la intención del autor.

---

48 Abellán, 2012, pp. 88, 114, 115, 91.
49 Luttikhuizen, 1990, pp. 265-269.
50 Ruiz Pilares, Mingorance, 2019, pp. 669-698.

8
Barcelona
El Cervantes más político
(1571-1610)
Las dos doncellas

8.1 El Cervantes más político

DESDE ANTIGUO SE HA destacado la especial relación de afecto que tuvo Cervantes con Barcelona, cuna del mejor cervantismo desde luego: «que es condición natural y propia de la nobleza catalana saber ser amigos y favorecer a los extranjeros (forasteros) que dellos tienen necesidad alguna»—.

Astrana Marín vio en estas palabras necesariamente un episodio autobiográfico[1], y se ha sostenido repetidamente por Martín de Riquer, Canavaggio y Jordi Aladró que esta visita a Barcelona pudo darse en 1610 cuando intentó subirse al barco del nuevo virrey de Nápoles y Lupercio de Argensola se lo impidió[2]. Desde luego es obvio que todos los episodios catalanes y aragoneses (*Don Quijote*, *La Galatea*, *El gallardo español*, *Las dos doncellas*) están trufados de personas y hechos verificables históricamente.

Esta parte de la narración está tan estudiada, que no cabe avanzar más. Pero quedaba la biografía de los secundarios. Una vez que descubrimos las implicaciones políticas e ideológicas en los personajes de la segunda parte de *Las dos doncellas* nos interesamos mucho más por el Cervantes político. Es esta una parcela que ha tenido destacados estudios recientes por parte de im-

---

1 Astrana, 1948-1958, p. 189.
2 Aladró, 2103, p. 317.

portantes cervantistas como Rey Hazas, Montero Reguera, Marín Cepeda y Lucía Megías[3].

La narrativa cervantina está salpicada de deslices, el primer poema dedicado a Isabel de Valois, reina despreciada[4], como los nombres de *El celoso extremeño*, tan similares al rey[5], el frentismo contra la política del rey Felipe II en Portugal que se muestra en la también inocente *La Galatea*, donde un súbdito (Elicio) se propone oponerse con dureza al rey para liberar al Tajo y qué decir del pastor Larsileo o del simulado entierro de Diego Hurtado de Mendoza.

Esta crítica soterrada ha sido destacada desde Américo Castro (1948) a Franco Meregalli, Rey Hazas y Montero Reguera[6], así como su pertenencia al partido castellanista de Mateo Vázquez[7]. El sentirse apartado y ninguneado no era patrimonio de Cervantes, sino algo común de bastantes figuras de la época: "La aparente asfixia que les supuso el modelo impuesto, quizás, favoreciera la creación de una de las manifestaciones anti-cortesanas más evidentes como es la literatura pastoril cuando se consolida el concepto de Corte"[8]. Nuestro análisis sobrevenido sobre estos personajes secundarios tanto aquí como en *La española inglesa* no hará más que añadir más leña al fuego sobre el antifelipismo y su política sobre África y del Mediterráneo del genio de las letras.

8.2 Los personajes de frontera en *Las dos doncellas*: Una crónica fabulada de aquel momento. Segismundo Bathori, Sancho de Cardona, Pedro de Vique, Joan de Granollachs, Francisco de Lemos, Bartolomé Calvete

Las dos doncellas relato secundario, totalmente inverosímil a juicio de los críticos, desde Rodríguez Marín a Schevill[9]. Un cuento que hay que tomar con sumo cuidado sobre su seriedad e intención real porque comienza hablando de dos mujeres que de partida no son ya "doncellas" según el contexto de la época.

La segunda parte de esta novela es la forma de Cervantes de fabular la situación interna de España en el momento en que se escribe. Es una radio-

---

3   Rey, 2005; Marín, 2015, p. 516.
4   Rey, 1998, pp. 437-462.
5   Luttikhuizen, 1993, pp. 519-525.
6   Montero Reguera, 2002, pp. 329-342.
7   Lucía, 2016, p. 75.
8   Martínez Navarro, 2015, p. 94
9   Cervantes, García López, 2013, p. 1034.

grafía, una fotografía de los sucesos que más le impresionaron y qué él refleja a través de sus protagonistas, personajes históricos sobradamente conocidos, de forma silenciosa, sin hacer alaracas ni ruidos. Vuelve a tratar sigilosamente los temas que más le preocupan y que formarán parte constantemente de su narrativa: Las guerras de religión en Europa (el Transilvano) (1596) como en *La española inglesa*, la pre-expulsión de los moriscos (Sancho de Cardona) (1571) como en *Don Quijote*, el ataque de Drake a Cartagena de Indias (Pedro de Vique) (1586), la detención de Granollachs (1591), el motín contra los genoveses (1591). No hay sólo una evolución geográfica sino temporal, ya que los personajes aparecen por orden de antigüedad, mezclando hechos y personajes que nunca compartieron mesa y mantel juntos y que murieron en fechas muy diferentes.

No nos desesperemos. Todos van a tener algo en común. En este sentido se parece mucho a la técnica que utiliza en *La española inglesa*. Allá y acá todos los personajes secundarios eran de frontera, que es un eufemismo de aquellas personas con un pie a cada lado de la línea de guerra, a veces héroes de un bando, otras traidoras. Aquí en *Las dos doncellas* tenemos tres condenados incluso a muerte por traición a la monarquía, y otro un trastornado que acabó sus días en manos de los turcos (el Transilvano). Buen aperitivo para una obrita que se pretendía intrascendente.

8.3 Momento data: El Transilvano (1596)

El transilvano es un personaje, casi más que eso una mención fugaz, que aparece dentro de una pregunta que un alguacil hace en la venta. Su función en el esquema de la obra para los lectores es múltiple. En primer lugar, es lo que llamamos un momento data, común en las *Novelas ejemplares* (*La gitanilla*, *La ilustre fregona*), donde al aparecer un personaje histórico, sobradamente conocido, se podía situar la fecha en que están sucediendo los acontecimientos que se van a narrar a continuación (1596).

Para Astrana Marín no cabía discusión, ni sobre a quién se refería la cita, ni dudas sobre su confesión, porque se trataba de Segismundo Bathori, príncipe de Transilvania, y el tema lo saca Cervantes simplemente porque era candente en esas fechas[10]. No por nada es cierto que Lope de Vega, parece ser,

---

10   "Relación de lo sucedido al príncipe Sigismundo Batori", Sevilla, 1594; "Quinta relación de los prósperos sucesos del Señor Príncipe de Transilvania", Sevilla, 1596; "Relación verdadera del linaje y descendencia del serenísimo Sigismundo Batoreo, príncipe de Transilvania, Moldavia y Valaquia, sacada de historias auténticas, venidas de aquellas partes, con algunas de sus hazañas y proezas, dignas de gran memoria," Sevilla, 1597. Astrana, 1948, T. V, Cap. LXI, pp. 189-196.

que le había dedicado ya alguna comedia como *El prodigioso Príncipe Transilvano*[11]. Otra oportunidad de plantearse si el alcalaíno le siguió también aquí en esta mención.

Pero esto no es todo, claro, nunca lo es en Cervantes. Frances Luttikhuizen creemos que tiene razón en su desconfianza, "verdades que, dichas por señas, suelen ser entendidas": ¿por qué un alguacil encargado de mantener el orden va a entrar a una venta y preguntar por el Transilvano, que Dios guarde? Evidentemente no para que le den la razón, sino para buscar luteranos y posibles viajeros problemáticos con opiniones heterodoxas[12].

Segismundo hasta 1594 fue aliado del turco, pero a partir de ahí fue el héroe que se jugó su reino por su fe y así le cantaron los poetas. Pero en realidad fue inestable, maniático, cruel y después de abdicar en 1598 intentó volver al poder con el apoyo del turco, todas cuestiones que las relaciones de la época ocultaban[13]. Sus antepasados, Isabela hija del rey de Polonia, había apoyado el edicto de libertad religiosa, y se había entregado también a los turcos (1541). Para nosotros estando en un contexto novelístico en que todos son personajes de frontera, éste puede ser uno más.

8.4 La pre-expulsión de los moriscos: Sancho de Cardona, Marqués de Guadalest (+1573)
Dentro del esquema de la obra, estamos dentro de los personajes secundarios que llamamos en el contexto tradicional *los facilitadores*, esos amigos que aparecen de repente y que, ayudando a los héroes y heroínas en apuros, los salvan de una situación complicada. Pero esta cita es mucho más.

De momento Cervantes se ocupa de que no haya problemas de identificación diciendo expresamente que su personaje es Sancho de Cardona «ilustrísimo por sangre y famoso por su persona», lo que no hace siempre, y que recoge a los peregrinos como si fueran familia suya. Astrana Marín entiende que es una deuda de gratitud con la familia por un apoyo personal[14]. Pero este noble murió en 1571, es del todo imposible que el escritor lo conociera personalmente, y en todo caso sólo podríamos estar hablando de otra mención a un patriarca de un linaje.

Pero el Almirante y Virrey Sancho de Cardona no es cualquier cosa. Los inquisidores le seguían desde 1535-1540, y comenzaron un proceso contra

---

11   La Transilvania que aparecía en las obras dramáticas era una construcción mítica: Sâmbrian-Toma, 2010, pp. 947-955; Korpás, 1999, p. 119.
12   Luttikhuizen, 2004, pp. 1543-1558.
13   Una completa biografía sobre el príncipe: González Cuerva, 2006, p. 289.
14   Astrana, 1948, T. V, Cap. LXI, p. 189.

él en 1563. Con 73 años fue condenado a abjurar de leví, dos mil ducados de exorbitada multa y obligado a encerrarse en el convento de San Pablo en Cuenca. Por su mala salud se le permitió volver a Valencia[15]. ¿Su delito? Permitir la construcción de una mezquita en sus tierras (Adzaneta), en el Valle de Guadalest, además de permitirles salvoconductos para pasar al Norte de África[16]. Mientras él los protegía aquí, el Duque de Segorbe hacía lo propio en su ducado. Buscando similitudes entre personajes, se puede entender que hubo una cierta libertad religiosa similar a la que hubo en Hungría antes del transilvano.

Nombrar al héroe de la fracasada política de integración de los moriscos con tales alabanzas que murió deshonrado en arresto domiciliario por defenderlos, y que además fue condenado como hereje por la inquisición no es cualquier cosa. Las dudas sobre la opinión de Cervantes sobre este tema, entre el rechazo en *El Quijote*, y la crítica a la minoría morisca en *El coloquio de los perros*[17], aquí pueden quedar aclaradas.

8.5 PEDRO DE VIQUE: GOBERNADOR DE CARTAGENA DE INDIAS (1586)
En el esquema de la obra Pedro Vique es, quizás, un personaje arrastrado por la inercia geográfica de los anteriores, porque, aunque el escritor dice que es valenciano, sus raíces son jerezanas[18]. De hecho, un antepasado suyo fue asesinado alrededor de 1477 en esa ciudad gaditana[19], y otro llamado igual fue esclavista con guanches canarios[20]. De todos modos, Valencia ha entrado

---

15   Dánvila, 1889, p. 126.

16   Byron Ellsworth ha estudiado directamente el proceso contra él en el Archivo Histórico Nacional de Madrid: [Testimonio de Antonio Joan Amat, 9 de julio de 1563] AHN, Inquisición, Leg. 550, Caja 1, nº 4, fol. 337 v.; [Testimonio de Don Sancho de Cardona, 28 de febrero de 1569]. AHN, Inquisición, Leg. 550, Caja 1, nº 4, f. 430 v.-431 r. Ellsworth, 2010, pp. 140-154.

17   El cuento lo hemos llamado "*el morisco de Granada*" y es el onceno en el orden de nuestra clasificación.

18   "Era infinita la gente que de la ciudad acudía, y mucha la que de las galeras se desembarcaba, puesto que el que las traía a cargo, que era un caballero valenciano llamado don Pedro Viqué".

19   [Perdón concedido a Pedro de Herrera, vecino de Jerez de la Frontera, de la muerte de Pedro de Vique y de Juan de Ajo. 1477-10-30, Jerez de la Frontera]. AGS. RGS, Leg. 147710, 217.

20   [Carta a Pedro de Vique, vecino de Jerez de la Frontera, para que diga a qué precio vendió los esclavos canarios que Pedro de Vera, gobernador de la Gran Canaria, había traído de la isla de La Gomera, y los que también había vendido por Doña Beatriz de Bobadilla, ordenándole lleve ante los del Consejo las escrituras y autos

por la puerta grande del cervantismo aún más desde el descubrimiento de un documento que demuestra que el poeta participó en un juicio allí[21].

Independientemente de esta cuestión, nos encontramos ante otra polémica cita a trasmano de Cervantes, aparentemente inocente e innecesaria en el texto. Podría sostenerse que se hace para buscar verosimilitud, pero también lo hace por ejemplo en *El Persiles* con otros marinos, el cuatralbo de galeras aragonés Bernardo Agustín (1574)[22], o por ejemplo su admirado Sancho de Leiva (*Los trabajos de Persiles y Sigismunda*, III)[23], ambos completamente reales y cuyos periplos vitales están a años luz de la sorpresa que suscitaría para el lector contemporáneo escuchar una cita de otra persona más con una dudosa biografía.

Existe un interesantísimo documento en el Archivo General de Simancas (Valladolid), donde sus hermanos, Juan Vique (Obispo de Mallorca) y Álvaro Vique (Gobernador de Orihuela), solicitan a Su Majestad que lo liberen del cautiverio y destierro que sufre en Orán, por su mala salud (1598). Parece ser que lo consiguieron porque definitivamente murió en Valencia en 1607. Toda su argumentación es un memorándum donde aparecen todos los servicios de su familia, nada menos que desde la conquista del reino de Valencia y al servicio del rey Jaime I (1250), incluido un pariente llamado Álvaro Vique, que sirvió en las galeras del general Sancho de Leiva, mando del propio Miguel de Cervantes[24]. No, éste no es el nexo que estableceremos con el alcalaíno.

El problema es que adjunto a él aparece su proceso, que termina en su condena a muerte en Madrid, con nada menos que setenta y cuatro cargos contra él, incluido el de cobardía, por dejar escapar a todos los galeotes y quemar las naves sin presentar batalla—no podemos resumirlos todos-. Esto nos recuerda también a la cita que hace de Cárcamo en *El gallardo español*, acusado también en su momento de quedarse en la cama y no salir a guerrear.

> Y al setenta y dos: Que después de hauerse apoderado el enemigo de la dicha ciudad (Cartagena de Indias) pudo el dicho don Pedro enbarcarse en las dichas galeras y sacarlas del dicho puerto en saluo y ofendelle mu-

---

que sobre ellos hubieren pasado-Consejo. 1490-08, Córdoba]. RGS, Leg.149008, 50.
21   Villalmanzo, 2017, p. 355; Nebot, 2000, pp. 35-46.
22   [Expediente de pruebas para la concesión del título de caballero de la orden de San Juan de Jerusalén a Bernardo Agustín Agustín Albanel y Urries, natural de Zaragoza. 1574] AHN. OOMM. Caballeros San Juan de Jerusalén, Exp. 24305.
23   Lozano-Renieblas, 1998, p. 43.
24   Deardorf, 2008, pp. 117-141.

cho con ellas, no lo hiço. Ansí antes sin ofenderlas, nadie la abordaron en tierra y el dicho don Pedro Bique las mandó quemar, en daño de la Real Hacienda (...) Condenamos al dicho don Pedro Bique Manrrique a que le ssea cortada la caueça en la plaça pública desta villa de Madrid en la forma acostumbrada, y que para ello sea traydo de la prisión donde estuviere a la cárcel rreal desta Corte [25].

Pedro Vique y el amigo de Cervantes Pedro de Ludeña, 1586: ¿Cómo pudo considerar a Pedro Vique una "persona de extremo interés" si no estuvo a su servicio como en otros marinos? Podríamos hacer menciones genéricas, y también estaría bien, puesto que eran personajes muy públicos, o rescatar la mención a Álvaro Vique quien sirvió en la misma escuadra de galeras que el escritor, o también hacer mención a que estuvo preso en Orán. Pero de nuevo no lo vamos a hacer. La conexión con Cervantes es directa y mucho más personal, como en la mayoría de los casos que estamos analizando.

Emilio Maganto descubrió el acta de la ceremonia de velaciones del matrimonio de Cervantes y Catalina en Madrid (1586)[26]. En ella el padrino era el conocido Pedro de Ludeña, junto con Magdalena de Cervantes. No pudo convivir mucho con su amigo escritor porque el año anterior (1585) había aceptado ya el cargo de Gobernador de Cartagena de Indias, sustituyendo ¿a quién? Pues sí, obviamente a Pedro de Vique, general de galeras.

Así el manco de Lepanto pudo tener un acceso directo a los graves sucesos del ataque de Drake y la destrucción tanto de la ciudad, como de la pequeña flota de galeras, que por otra parte fueron los que le dieron a Ludeña la oportunidad del importante cargo en las Indias hacía escasamente unos meses[27]. Era una noticia fresca, un chisme de esos que el alcalaíno tomaba nota. Cervantes estaría muy atento especialmente en este caso porque eran puestos codiciados por él, como sabemos. El que dignificara tácitamente la actuación en la ficción del defenestrado Vique, sustituido por su pretendido amigo nos vuelve a desconcertar. Siempre estamos en la delgada línea de considerarlos homenajes o críticas, alabanzas o burlas. No lo sabemos, es algo tedioso estar siempre buscando intenciones ocultas.

Desde el cervantismo antiguo se rumia una relación intensa entre los Ludeña y los Cervantes, precisamente con ésta, la hermana de Miguel, puesto que Fernando de Ludeña incumplió una promesa de matrimonio con ella[28].

---

25   AGS. Patronato, 270, n.1, r.23, f. 15 v.
26   Maganto, 2016, pp. 325-358, 340.
27   Deardorf, Max, 2008, pp. 117-141.
28   Lucía, 2019, pp. 175-210.

Esto es muy conocido. El análisis de este contacto es muy relevante puesto que una importante rama de los Ludeña acabó en La Mancha, concretamente en Quintanar de la Orden[29], y se han podido establecer posibles relaciones con el origen y redacción de *El Quijote*, dado que uno de los miembros de esta rama, Alonso Manuel de Ludeña, residió en Esquivias junto al escritor[30].

8.6 La detención y huida de Granollachs (1591)

Otra vez la política, otra vez los genoveses. Otra vez otro personaje y hechos sucesivos y no coetáneos. Para conocer más, Batlle y Gallart nos da el origen de este linaje como médicos en Vic y nada menos que en el año 1371[31], relacionados también con el veguer Miquel Cardona.

Contexto histórico, 1: La fabulación de las relaciones con Cataluña de Felipe II y Felipe III: Las tesis doctorales de Miguel Pérez y de Jesús Gascón sobre la "rebelión aragonesa de 1591"[32] nos han permitido entender el contexto en que se redacta esta parte de la novela y que por otra parte cada vez guarda más relación con el de *La española inglesa*. Nos explicamos. El mismo estupor que causa la descripción benévola de Isabel I, enemiga secular de la Corona, debería hacerla la de los Cardona y Granollachs, en teoría enemigos también del monarca Felipe II. Al igual que tenemos que entender la descripción contenida en (*La española inglesa*) dentro de la época de la Pax Hispánica (1598-1621), a *Las dos doncellas* debemos situarlas en la llegada a Barcelona en 1599 de Felipe III y la celebración de las Cortes que provocaron cierta distensión y cambio de tendencia[33]. En ellas se toma la decisión de terminar con la persecución del diputado militar Joan Granollachs, que estaba huido desde 1591. En la parte de Aragón, en el año 1600 también se perdonará a Juan Agustín, familiar directo en Zaragoza de Bernardo Agustín, el cuatralbo de galeras que también citará Cervantes en *Los trabajos de Persiles y Sigismunda*[34].

Los hechos son conocidos pero complejos. Arrastrando todavía problemas de entendimiento desde 1588, en noviembre de 1590 el gobernador Enric de Cardona detuvo al veguer episcopal de la Seu llamado Jerónimo Cardona. El ayuntamiento también había protestado por otras capturas como las de notario de Besalú Miquel Colomer y la de los hermanos Bernardí y Antoni

---

29   Sánchez Sánchez, 2018, pp. 269-281.
30   Escudero, 2022b, pp. 185-200.
31   Batlle, 1985, p. 64.
32   Gascón, 2000, pp. 404-405.
33   Chamorro, 2012, pp. 81-103.
34   Gascón, 2000, p. 1106.

Granollacs. La decimoctava prendió a su vez a los tres oficiales reales que habían participado e intentó llegar a un acuerdo con el gobernador y se produjo la liberación de los detenidos por ambas partes.

Esto produjo un profundo malestar en el rey a través del Consejo de Aragón. Estaban de acuerdo en lo irregular de las detenciones del gobernador Cardona, pero no les satisfizo que no se respetaran los cauces constitucionales y se produjera una "notoria usurpación de la jurisdicción real". El consejo estudia una respuesta por la vía civil o la criminal, y escoge la vía dura, acusando criminalmente a los diputados involucrados. Definitivamente el 24 de mayo de 1591, Pau Fluvià con Onofre Borja, capitán de la guardia del virrey y ocho alabarderos, intentaron detener a [Joan] Granollachs en la calle Montcada. El suceso produjo "gran grito, alboroto y escándalo, ante el que viendo los dichos oficiales el gran alboroto que causaban al pueblo, desistieron"[35]. No es un desconocido para el cervantismo. Joan de Granollachs precisamente es el personaje que destaca Martín de Riquer en su análisis de este episodio y añade que murió en 1609[36].

Contexto histórico, 2: Los disturbios en el puerto de Barcelona también responden a hechos reales [hechos reales][37](1591). Curiosamente, cuando las casualidades no existen en la historia, cuatro días después del intento de captura de Granollacs, el hijo de Gian Andrea Doria había navegado ante Barcelona comandante ocho galeras genovesas, negándose a rendir el saludo protocolario a la ciudad y llegando incluso a disparar contra el puerto. Esto produjo el decreto de expulsión de los genoveses de la ciudad el 29 de mayo. El descontento provenía de la gran cantidad de ellos que había en la ciudad, acaparando trigo y trabajos cualificados en los astilleros. Así nos describe Miguel Pérez Latre los disturbios nocturnos y la alarma del virrey: "El alboroto creció en dicha ciudad de modo que se receló el pueblo no saqueara las casas de los ginoveses que ay en ella, y que fue necesario poner guarda, porque la ciudad toda la noche estuvo en armas"[38].

---

35   Pérez Latre, 2001, p. 437 y ss.
36   Riquer, 2005, p. 98.
37   En las playas de Valencia la galera de Bernardino de Mendoza disparó fuego amigo contra los barcos del puerto por no haber arriado enseñas en señal de respeto. [Fiscal contra Bernardino de Mendoza, Capitán General de las Galeras de España sobre libelos y sobre los excesos cometidos en la playa de Valencia contra el estandarte y galeras de la orden de Santiago. Mérida, 1554] AHN. OOMM. AHT. Leg. 17118.
38   Pérez Latre, 2001, p. 440.

El aviso de Calvete, el mozo de mulas en la ficción, sobre los disturbios continuos en el puerto cuando llegaban galeras, estaba más que justificado, pero en este caso la unión entre los diversos elementos históricos con los nombres auténticos de diversos personajes (Granolleques, Cardonas) y los disturbios con las galeras del puerto recuerda demasiado a la realidad y a un suceso concreto como es éste.

Pensamos entonces que en la búsqueda de la verosimilitud el autor pudo buscar perfectamente la fabulación de unos sucesos que ocurrieron en 1588-1591, en tiempos de Felipe II, y que se extendieron hasta el perdón de 1599, con el nuevo monarca. Así introduce y hace atravesar a sus personajes inventados, —Teodosia, Marco Antonio y Rafael-, un marco vagamente histórico en donde los personajes andaluces son meros convidados de piedra. Los lectores de la época probablemente lo entenderían así, y desde luego, Cervantes estaba mucho más atento a la realidad catalana de lo que podíamos pensar.

8.7 Francisco de Lemos, Conde de Castro[39]

Último homenaje de la novela. La identificación la hizo de nuevo Martín de Riquer[40], puesto que en el texto sólo se habla de un caballero que pasa a Roma como embajador desde Barcelona. Estamos de acuerdo con él, a pesar de lo arriesgado que es en esta teoría positivista hacer identificaciones sin poder comparar apellidos y nombres entre realidad y ficción.

Obviamente aquí tenemos un recuerdo del intento fallido de Cervantes de marcharse a Nápoles con el Conde de Lemos y por supuesto de Francisco de Lemos, Conde de Castro, Embajador en Roma en 1609, pero que a la muerte de su hermano fue el octavo conde de Lemos. No hace falta recordar que *El Quijote* está dedicado al anterior Conde de Lemos, y que por supuesto también hay una poesía dedicada a este noble en *El Viaje del Parnaso*. De nuevo Lope de Vega le ganó por la mano a Cervantes en sus loas a este noble, y otros compañeros suyos poetas también le adelantaron por la izquierda en sus pretensiones de volver a Italia y a tener un mecenas permanente[41].

---

39   Favaró, 2010-2011, pp. 189-202.
40   Riquer, 2005, p. 98.
41   "En cuanto al segundo hijo de la condesa de Lemos, Francisco de Castro, se puede notar que Lope emplea siete estrofas para evocar su intervención en las justas, cuando suele dedicar una única estrofa a cada uno de los demás combatientes. El poeta subraya su ardor y su espontaneidad, cuando se lanza a la batalla". Kappès-Le Moing, 2019, p. 166.

8.8 [Personaje bisagra] Bartolomé Calvete, criado
Calvete es un personaje que cuando la cuadrilla protagonista de la novela llega a Cataluña hace las funciones de facilitador, es decir, ese personaje que ayuda a las heroínas y héroes a sortear sus pruebas y conseguir definitivamente sus objetivos. Los protagonistas de los cuentos y fábulas tradicionales son valientes, arrojados, viajan por tierras desconocidas, aguas procelosas, se cruzan con enemigos peligrosos—en este caso bandoleros y galeotes—. Desconocen el terreno por donde pisan, y sin estos ayudantes corren el peligro de fracasar.

Por lo que podemos entender de la ficción, Calvete es de la zona, porque lo demuestra con sus consejos y actos—"podemos pasar porque los bandoleros no volverán en unos días, no entréis en la pelea de las galeras"—. Después será recompensado como si de un Sancho y su ínsula se tratase, y es citado en el último párrafo de la novela, cuando podría haber sido ignorado siendo como es un mozo: "Calvete, el mozo de mulas, se quedó con la que don Rafael había enviado a Salamanca, y con otras muchas dádivas que los dos desposados le dieron".

Todo esto es cierto. Es de agradecer que Cervantes habitualmente sea coherente en su plan de obra y que los personajes secundarios que incluye pertenezcan al bloque geográfico en el que se encuentra. También que aproveche para volver a patear burlonamente a otro linaje noble, como por ejemplo los Crivellis de Milán (*La señora Cornelia*). Porque en realidad los Calvete son infanzones originarios de las montañas de Aragón, que se instalaron en Bujalaroz (Zaragoza), y de ahí emigraron a múltiples lugares, entre ellos Gerona y Barcelona[42]. Como en todas las casas, algunos siguieron en el palacio y otros bajaron unos cuantos escalones, como dijo el mismo Alonso Quijada en *El Quijote* sobre los tres tipos de linajes.

Bartolomé Calvete, mercader residente en Sevilla, solicita en la Casa de Contratación permiso en 1597 para poder pasar a las Indias como criado de Alonso Tarancón. Lógicamente debe presentar una probanza de testigos sobre su condición de cristiano viejo[43]. Algún problema debió haber, para que en 1611 vuelva a hacerlo para ir a Santo Domingo. Por ella sabemos que, aunque sevillano de alguna generación más y vecino de la colación de San Miguel, su familia procede de Barcelona. Era un nombre absolutamente verosímil

---

42   Castán, 2009, pp. 175-186.
43   [Expediente de información y licencia de pasajero a indias de Bartolomé Calvete, criado de Alonso Tarancón, natural y vecino de Sevilla, hijo de Juan Benito Creus y Leonor Calvete, a Nueva España. 1597-06-09] AGI. Contratación, Leg. 5254, nº 1, R. 29.

en este contexto: "E como soy hijo legítimo de Juan Benito Creus e de doña Leonor Calvete, difunta, mis padres, e de como el dicho Joan Benito Creus es hijo ligítimo de Bartolomé Creus e Magdalena Creus, sus padres, ya difuntos, vecinos e naturales de la ciudad de Varzelona, del reyno de Cataluña"[44].

8.9 CONCLUSIÓN: ¿POR QUÉ COMENZAR EN JEREZ Y ACABAR EN BARCELONA?: EL MOTÍN DE 1591

Al igual que en *La gitanilla* descubrimos que la acción comienza en Madrid y acaba en Murcia para respetar los acontecimientos que acaecieron en la realidad (1595), y que existe un nexo en EI con el personaje de sir Walter Raleigh que puede unir el *Saco de Cádiz* (1596) con la historia troncal de María Núñez (1597), aquí por simple coherencia deberíamos aplicar la misma hipótesis y técnica. Obviamente todos dirán que es la creatividad del autor, que hace y deshace, pero debe existir un plan de obra, y aun inventado no debe ser aleatorio, responde a un objetivo lineal y coherente del que escribe al igual que obedece a una finalidad hacia el lector destinatario.

Conclusión: El viaje que comienza Marco Antonio Adorno para llegar a Génova, es el habitual para las galeras y lógicamente debe parar en el puerto de Barcelona. Su trayecto es verosímil. Como Luis Corteguera ya había advertido hace décadas (1993), lo que se describe a partir de entonces en la novela—que cita expresamente—es un motín, utilizado habitualmente como instrumento de presión de la política popular. Este autor describe los más sonados según la documentación: 1587, por liberar a un hombre que iba a ser ahorcado, 1604 por la falta de trigo, 1602 porque los genoveses habían herrado a inocentes al remo de las galeras, el de 1624 de las hilanderas por los abusos de los peraires, 1629 otra vez contra los genoveses: Y por supuesto el famoso de 1591. Ocurrían, pero los más graves, los que permanecen en la memoria de las gentes acaecían sólo cada varios años y por circunstancias especiales, y contra los genoveses entre uno y otro pasaron muchos años:

> En 1591, un grupo de gente de Barcelona amenazó con destruir las casas de genoveses residentes en la ciudad, tras un bombardeo en el puerto por parte de unas galeras genovesas. El Consejo de Ciento proclamó, entonces, la expulsión de todos los genoveses de Barcelona, como represalia

---

44 [Expediente de información y licencia de pasajero a indias de Bartolomé Calvete, vecino de Sevilla, mercader, hijo de Juan Benito Creus y Leonor Calvete, a Santo Domingo. 1611-06-14] AGI. Contratación, Leg. 5321, nº 2, R. 46.

por el ataque de las galeras; medida que recibió el apoyo de los artesanos y evitó mayores desastres[45].

Tomemos a Bernat Hernández y su opinión sobre las crisis de bandolerismo más graves en tiempos de Cervantes; obviamente era un problema endémico, que viene incluso de tiempos medievales y se extendió hasta la contemporaneidad, pero para centrar nuestro discurso, nos ceñimos a los tiempos cercanos al autor: En 1570 "la inseguridad de las rutas es alarmante", en 1591 se cortó el comercio por tierra, literalmente; a partir de 1607-1611 es el momento cumbre del bandolerismo, donde aparece Perot Rocaguinarda, también inmortalizado por el autor (*Don Quijote* II, LX):

> El problema se agravó en las décadas finales del siglo. La preocupación por la inseguridad es capital en la correspondencia de Rafael Balcells. En noviembre de 1591, el azafrán que viene de Aragón a Italia tiene que transportarse desde Barcelona a Palamós por mar, pues hay muchos ladrones por tierra; aun así, la barca ha de contar con ocho hombres armados y ser asegurada en la Lonja. En enero de 1592, a causa de los bandoleros, no se encuentra ningún corredor que asegure las balas que viajan por tierra[46].

En resumen, tenemos a un personaje genovés (Marco Antonio Adorno), que llega en una galera con disturbios en Barcelona precisamente con esta nación (motín 24-28 de mayo de 1591), moriscos en Valencia (Sancho de Cardona) y rebelión en Aragón y Cataluña (Granollach, 1591), con el recurrente tema de los bandoleros catalanes incluidos (cierre de caminos por la delincuencia, 1591). No conocemos suficientemente bien ni la época, ni la historia de Aragón y Cataluña en esas fechas, pero una vez comprobado que Cervantes hace pasar a los personajes de su novela por uno de sus escenarios *leitmotiv* más habituales sacamos una serie de conclusiones.

Fuera de considerar estos elementos en sus orígenes como hechos aislados y circunstanciales, debemos estudiarlos como un bloque unido y pensar que son troncales para el esquema y función de la novela. Están ahí, como en el resto de las novelas, por una razón de peso. Tanto es así que creemos que a ellos les debe su existencia, tanto ella como la historia que trata y hasta su forma de narrarla (*La ilustre fregona*).

Sumándolos y viendo cuando coinciden todos ellos en fechas (1591), algo ni casual, ni tan común como vemos, extraemos la conclusión de que el

---

45   Corteguera, 1993, p. 237.
46   Hernández, 1997, p. 9.

manco de Lepanto está haciendo una fabulación o recreación con los elementos del cuento folclórico y de la leyenda de la rebelión de 1591 en Cataluña, en concreto y como trasfondo la Pax Hispánica de Felipe III, al igual que sucede con *La española inglesa*, narración con la que tiene este punto histórico de conexión. Este episodio histórico es tan importante para él, que lo revisitará al final de su existencia en *El Persiles* en el cuento de Ambrosia Agustina (*Los trabajos de Persiles y Sigismunda* III, 12).

Recientemente hemos observado que la sobrina de Cervantes, Constanza de Ovando, tuvo una relación y promesa de matrimonio con Pedro de Lanuza, hermano de Juan de Lanuza, Justicia de Aragón, quien protegió al secretario de Felipe II, Antonio Pérez, en Zaragoza, mientras huía y se enfrentó a las tropas reales en el mismo año 1591, lo que le costó ser ajusticiado. Quizás esta es la relación cercana que estábamos buscando dentro de su biografía para que exista este desusado interés de Cervantes por estos hechos en su obra, puesto que eran unos hechos que escucharía en múltiples ocasiones, dado que le afectaron personalmente.

9
Las comisiones de abastos (1587-1594)
La señora Cornelia
Andalucía y La Mancha

9.1 Cervantes y las comisiones

CERVANTES COMIENZA SUS COMISIONES por Andalucía en 1587[1]. Se ha dicho que supuso abandonar su casa y a su esposa[2], lo que no está para nada demostrado, pues vuelve frecuentemente a Toledo. Tiene muy mala suerte, es un negocio lucrativo, pero extremadamente peligroso por el manejo de caudales y su justificación en el contexto de una sociedad pleitera, acusadora y vengativa (denuncia de Écija, sin ir más lejos): Él acaba en la cárcel, pero otros colaboradores suyos acaban colgados por corrupción, para ser más precisos los que dependían de Antonio de Guevara. Llegó un Juez de Comisión y el 22 de diciembre de 1592 fueron ahorcados entre otros cuatro, Francisco Benito de Mena, proveedor de Su Majestad en el Puerto de Santa María[3].

Recordemos que, sin ir más lejos, en 1590 Miguel de Cervantes había recibido una comisión suya para sacar aceite Carmona[4]. Dos años después estaba muerto por la justicia real. Pasó muy cerca. Se ha sugerido incluso que

---

[1] Brown, Blanco-Arnejo, 1989, pp. 5-20.
[2] Eisenberg, 1999, pp. 143-149.
[3] Álvar Ezquerra, 2011, pp. 90-97.
[4] Cabello, 1999, p. 17.

este episodio luctuoso ha influenciado *El coloquio de los perros*[5], pero para nosotros, que tenemos tendencia a la empatía, pudo ser mucho más.

Nosotros en el aviso a Diego de Carriazo y Juan de Avendaño (*La ilustre fregona*) de que no vayan a Sevilla porque el asistente está ahorcando a todos los rufianes (1596), vemos un episodio autobiográfico del propio Cervantes, que en esa fecha estaba a punto de entrar en la cárcel, y que sin duda llegó a temer por su vida.

Este es otro suceso de su vida duro, puede que no al nivel del cautiverio, pero que como tal podría haber tenido influencia en su narrativa desde múltiples puntos de vista. Es una cuestión que consideramos relevante y que no se ha planteado desde hace décadas. Nosotros la hemos percibido en la elección de ciertos personajes secundarios de varias novelas. Nos referimos otra vez a banqueros, prestamistas y mercaderes genoveses y milaneses con intereses en Toledo, La Mancha, Murcia y Andalucía, coetáneos y relacionados entre sí.

De todos modos, fuera del peligro, ya sostuvimos que Cervantes en *El Quijote* deja mucho de su visión como comisario de abastos describiendo siempre medios de producción en sus novelas que tanto visitaría en su profesión (dehesas, molinos de viento, molinos de agua, pósitos y bodegas)[6]. Hay episodios como el de la Casa del Caballero del Verde Gabán, donde esta visión es predominante: Lo único que se nos describe de la casa son la cueva, la bodega y las tinajas y ni una sola mención a la biblioteca con los libros que debió tener Lorenzo, el hijo poeta del caballero. De nuevo en su obra póstuma, *El Persiles (1617)*, el asesinado Diego de Parraces corresponde al nombre de un mercader segoviano[7].

9.2 LOS PERSONAJES PRINCIPALES: JUAN DE GAMBOA, PEDRO Y ANTONIO DE ISUNZA. JUAN DE GAMBOA, CONTADOR DE HACIENDA (*LA SEÑORA CORNELIA*)

Sin estar completamente seguros, parece que todos los indicios nos llevan a pensar que fue Cristóbal Pérez Pastor (1902) el que descubrió un informe de 1601 firmado por Juan de Gamboa y Bartolomé de Sardeneta sobre las actividades de Miguel de Cervantes en 1594 del partido de Vélez Málaga, sin que realmente nos conste que desde el primer momento se hiciera una iden-

---

5 Se supone que cuando Berganza (*El coloquio de los perros*) habla de los tres pastores que roban se está refiriendo a los colaboradores de Cervantes en el Puerto de Santa María. Demasiado forzado. Astrana, 1948, T. V, Cap. LVII, p. 59 y ss.
6 Escudero, 2020c, pp. 335-346
7 Casado, 1990, p. 546.

tificación positiva tanto por Pérez Pastor[8], como posteriormente por Astrana Marín (1948)[9] entre el Juan de Gamboa, Contador de la Real Hacienda, y el personaje literario, aunque fuera simplemente por homonimia.

Desde entonces en las diversas ediciones de las novelas ejemplares en general, y de *La señora Cornelia* en particular, se ha ido repitiendo prácticamente la misma frase —porque es eso, una referencia indirecta—, sin que haya habido algún autor que, tanto en este caso, como en muchos otros personajes principales y secundarios de Cervantes, se haya profundizado mínimamente en su biografía.

El contador Juan de Gamboa no era caballero (1556-1629): Pensamos que Cervantes pudo citarlo por su nombre, porque era su jefe... Al menos en la distancia. Creemos que probablemente no tenía contacto directo con un caballero de tal altas esferas en la corte, sino con intermediarios de rango menor. Al igual que ha sucedido con otros personajes de los cuentos de caballeros (Quijada, *Don Quijote*; Carriazo, *La ilustre fregona*, etc.), la mención tan ostentosa del poeta al título nos genera desconfianza. Y es que en este caso Juan de Gamboa no fue caballero de la Orden de Santiago hasta 1619, ya fuera del radar cervantino.

De hecho, sabemos por la documentación localizada que en 1598 intentó quedarse con la Alcaidía de la Bienvenida (Badajoz), dentro de esa orden militar, para percibir sus rentas mientras estuviera vacante, y resultó que el nuevo alcaide y comendador, Alonso de Cárdenas, que sí que cumplía los requisitos, le demandó y le requirió que devolviera todo el dinero percibido en el interin: El motivo, efectivamente, no ser caballero[10]. ¿Conocía Cervantes esta realidad y el ridículo que le supuso? ¿Es su mención otra parodia? Difícil saberlo.

9.3 Antonio y Pedro de Isunza (*La señora Cornelia*)
Según Apraiz, en su época (1895) el único cervantista que se había dado cuenta de la homonimia entre el personaje de Antonio de Isunza y Pedro de Isunza, amigo y compañero de Cervantes, fue Émile Chasles (1866)[11], y en una cita poco menos que anecdótica y no concluyente.

---

8   Pérez Pastor, 1902, pp. 264-266.
9   Astrana, 1948, pp. 451—452.
10 [Alonso de Cárdenas contra Juan de Gamboa, contador, sobre los frutos de la vacante de la alcaldía de Bienvenida, Madrid, 1598] AHN. OOMM. AHT. Leg. 15484.
11 Apraiz, 1895, p. 173, nota nº 1; Chasles, 1866, p. 211.

El principal escollo para avanzar en el conocimiento del interior de estas personas vuelve a ser que en más ocasiones de las que nos gustaría el autor escoge dentro del linaje personajes al límite, los que hemos llamado de *frontera*, de tal modo que a veces sufrían de facto una *damnatio memoriae*: Sus sucesores no querían ni oír hablar de ellos. Esto provocaba que a veces ni aparecían en los árboles genealógicos, ni sus legados eran trasladados y copiados. Esto parece una exageración, pero nos lo hemos encontrado varias veces en esta investigación. Y éste nos tememos que es uno de ellos.

El cervantismo decimonónico se centró en buscar datos sobre Pedro de Isunza, ignorando que existió un familiar muy cercano suyo llamado Antonio de Isunza. El genealogista Luis de Salazar y Castro (1658-1734) en sus manuscritos de la Real Academia de la Historia sobre familias nobles de la Monarquía, nos dejó un cuadro genealógico de los Isunza de Vitoria, y en él aparece este nombre cervantino. El problema es que la biografía que nos regala es un lacónico "cuia posteridad está en Inglaterra". De facto también nos deja la imposibilidad de seguir estudiando a este personaje porque no sabemos ni siquiera en qué ciudad vivió o qué cargo ostentó.

Sobre la relación familiar que tuvieron Antonio y el más conocido Pedro, el cuadro es abigarrado, pero podemos entender que Juan Martínez de Isunza tuvo un hijo llamado Martín, del que desciende Antonio, y otro hijo llamado Juan, proveedor, que a su vez tuvo al veedor—del que López Salazar no cita expresamente el nombre—que no es otro añadimos que el conocido de Cervantes Pedro de Isunza[12]: Es decir, que Antonio de Isunza sería su pariente muy cercano, probablemente su primo hermano o como mucho su tío.

A estas alturas no dudamos de que Cervantes, al igual que sucede con otros amigos cercanos, como Antonio de Villaseñor en el *Persiles* (*Los trabajos de Persiles y Sigismunda*, III), o con Hernando de Cifuentes (*La española inglesa*), en el momento en que los retrata, no siempre tiene que utilizar el nombre propio más conocido del linaje, sino que se van deslizando otros secundarios—como Antonio, Constanza o Diego (*Los trabajos de Persiles y Sigismunda* III)-, que no hacen más que demostrar que el autor conocía perfectamente a esos hidalgos.

9.4 El Contexto histórico: La Universidad de Salamanca, Vitoria y Flandes

¿Qué pueden tener que ver Salamanca, dos caballeros vitorianos y Flandes en la época? El desconocimiento del contexto histórico en que se mueven

---

12 [Tabla genealógica de la familia Isunza de Vitoria] RAH, Colección Salazar y Castro, Sign. 9/307, f. 140 v.

los personajes y argumentos de Cervantes nos vuelve a hurtar el entender la función de estos dentro del entramado y plan de la novela.

Es cierto que podríamos pensar que no debemos remover tanto; las menciones a estudiantes universitarios en Cervantes son constantes: Grisóstomo (*Don Quijote* I), Sansón Carrasco (*Don Quijote* II), Lorenzo Miranda (*Don Quijote* II), Tomás Rodaja (*El licenciado Vidriera*), el hermano del Conde del Quintanar de la Orden (*Los trabajos de Persiles y Sigismunda* III), y por supuesto Juan de Gamboa y Antonio de Isunza (*La señora Cornelia*)[13]. Y qué decir de las menciones a Flandes, que son casi constantes, empezando por el propio Vidriera.

Sin embargo, podríamos decir que hay momentos en que la trama resulta demasiado forzada y aquí convertir a Gamboa e Isunza, comisionistas y contadores de Hacienda, en unos personajes de ficción tan alejados de lo que fueron su alter ego reales, nos desconcierta y nos hacemos preguntas. En principio eran solo dos personas cercanas a Miguel de Cervantes, probablemente bastante conocidas en Andalucía, quienes—realidad mediante-, no fueron en ningún caso ni caballeros, ni estudiantes en Salamanca, ni acabaron en Flandes.

Podemos pensar que no importa, y con razón, dado que luego la novela acaba en la Universidad de Bolonia y Ferrara, pues es un carácter totalmente ficcional atribuido a posteriori que sirve como excusa verosímil para mandar a los protagonistas a Italia.

Volvemos a insistir; siempre que hemos *identificado* un personaje de ficción con su alter ego real, si no nos hemos equivocado, algún residuo queda de la ósmosis entre ambos, pero ¿y aquí? No lo parece. Mas de nuevo investigaciones que en principio parecen alejadas de lo cervantino nos vuelven a unir todos estos elementos en la sorprendente historia de España: (1) Dos estudiantes vascos, (2) Vitoria, (3) Universidad de Salamanca, (4) Flandes y (5) final feliz con una boda.

9.5 La "*Guerra de los Pedros*" en el Colegio de San Bartolomé (1513-1517)[14]

Porque resulta que la historia antigua de dos estudiantes vitorianos—uno de ellos descendiente de los Isunza—que estudiaban en un colegio de Salamanca, un familiar de ellos termina en Flandes reclamando perdón sucedió en realidad y que todo acaba en una boda pactada entre las familias también sucedió en realidad. Pero como suele pasar en la vida, no eran dos amigos,

---

13   Rodríguez-San Pedro, 2006, pp. 320-328.
14   Cuart, 2015, pp. 97-120.

ni intentaban buscar aventuras. En realidad, se enfrentaron entre ellos y sus familias con un resultado desastroso. Podemos considerarlo un "hecho real", según la clasificación jolliana.

La ciudad de Vitoria a principios del siglo XVI, era, como muchas en el reino de Castilla, un hervidero de luchas y banderías entre familias. En este caso eran los Isunza, Esquivel, Arduza, Martínez de Álava y otros menores. Tanto es así, que hubo en 1476 que hacer un Capitulado aprobado por el rey para evitar las banderías, cosa que no pudo prever lo que sucedió después: "Primeramente suplicamos a buestra Alteza que mande y ordene que de aquí adelante no se nombre ni aya en esta çiudad de Vitoria apellidos, ni bandos de Ayala, ni de Calleja ni otros apellidos, ni quadrillas, ni boz de otros parientes, ni cofradías algunas, salbo las confradías antiguas"[15].

En este contexto, dos estudiantes de la universidad de Salamanca, llamados Pedro de Arduza [e Isunza] y Pedro de Esquivel, ya habían terminado sus estudios y eran bachilleres y licenciados aproximadamente en 1513. Estaban en plena guerra entre clanes, terminada una y preparando la de la Guerra de las Comunidades (1519-1521). Entonces intentan ser colegiales en Salamanca, que es como decir acceder a ese círculo cerrado donde se asignan los altos cargos de la monarquía. Y para entrar en este selecto club, tienen que demostrar intachable *limpieza de sangre*. Y ahí surge el problema.

Pedro de Arduza [e Isunza] es el primero que intenta entrar en el Colegio de San Bartolomé de Salamanca (1514). Es hijo de Catalina Martínez de Isunza, pequeña nobleza vitoriana, pero además de Juan de Arduza, mercader, extraordinariamente rico, pero de dudosa filiación, lo que le lleva a ser rechazado.

Entonces los Arduza entienden que han sido los Esquivel los que han filtrado información engañosa y dañina, y lanzan un libelo difamatorio contra ellos diciendo que proceden de "moros y judíos" (1515): Conclusión, que tampoco el vástago de la otra familia consigue entrar, lo que ahogaría a ambos linajes en sus aspiraciones por décadas si no se ponía solución.

Denuncia mediante en la Chancillería de Valladolid, se busca a los culpables del libelo y acaban en la cárcel. Uno de ellos, el escribano Martín de Iruña, cuñado de Pedro de Arduza [e Isunza] primero va a la cárcel de Valladolid

---

15 "Capitulado de la ciudad de Vitoria, concedido por Fernando el Católico, en Burgos a 22 de octubre 1476, a petición del concejo, alcalde y regidores de dicha ciudad. 1628". [Traslado manuscrito] BN. MSS/9530, f. 5 r. Ejemplar digitalizado disponible en Biblioteca Digital Hispánica.

y dice que ambas familias siempre fueron amigas: "Syempre han tenido e tienen por muy amigos a los del linaje d'Esquibel y por muy buenos hydalgos"[16].

Pero después huye a Flandes a pedir amparo ante el familiar más influyente que tienen en la Corte. Aquí aparece el penúltimo de los elementos del relato: Juan de Arduza, futuro argentier (tesorero) de Su Majestad[17]. Entonces se produce lo que Cuart Moner define como *Concordia del Argentier* (1518-1519), en la que, en un movimiento inteligente, el cabeza del linaje casa a María de Arduza, hermana de Pedro de Arduza [e Isunza] con un familiar de los Esquivel: Pedro Martínez de Álava. La paz entre ambos supuso que el resto de los miembros de ambos clanes que en el futuro (1560) pidieron su ingreso, lo obtuvieron, incluso aun con fuertes dudas.

¿Pudo conocer Cervantes la *guerra de los Pedros* habiendo pasado setenta años hasta que contactó con Isunzas y Gamboas? Es difícil sostenerlo como un hecho en concreto. Ahora bien, que existían banderías entre todos estos linajes y que la pelea llegó al ámbito universitario, no es descartable porque era público y notorio, y así nos lo hacen ver los testigos de todos los procesos.

Por eso es tan importante no perder de vista el contexto histórico para entender en su profundidad el mensaje que nos quiere lanzar el autor, y qué podían comprender los lectores destinatarios en su época. Las menciones a dos felices y despreocupados vitorianos estudiando en la universidad tiene una serie de aristas en su interpretación que deberíamos estudiar con mayor profundidad a partir de este momento.

9.6 Las comisiones en La Mancha: Deifebo Roqui, Gaspar Rótulo

En nuestra tesis doctoral nos acercamos al Cervantes que respetaba la geografía y la cita a Vivaldo[18], el amigo de Grisóstomo, podría responder a unas comisiones que hizo Adán de Vivaldo en el Campo de Calatrava entre 1518 y 1521. Es decir que la aparición del personaje de ficción en ese momento concreto del diálogo tendría que ver con el espacio y el momento que recorren.

No podemos olvidar tampoco que existe de antiguo una teoría muy poco conocida y referenciada que es la de que el episodio de los galeotes del *Quijote* (*Don Quijote* I, XXII) tendría sus fuentes y antecedentes históricos y reales en el *Informe secreto* de Mateo Alemán, nada menos—autor del *Guzmán de Alfarache*—, sobre el trabajo forzoso en las minas de Almadén. Esta propues-

---

16   Cuart, 2015, p. 108.
17   Juan de Arduza fue argentier (almojarife, tesorero) desde septiembre de 1520. Gelabert, 1985, pp. 515-529; Varela, 2009; Martínez Millán, 2000.
18   Escudero, 2020c, p. 287

ta, que viene de autores como German Bleiberg (1984)[19] y la última Cristina Morales Segura (2020)[20], entre otros, que han estudiado el documento en profundidad, la estudiaremos en el futuro por extenso[21].

Simplemente saber que para nosotros el episodio de los galeotes está donde debe estar, en una zona minera, el Campo de Calatrava, los personajes también (Quijote y Sancho), cuya capital (Almagro) era el punto de reunión donde los galeotes partían hacia su destino en las galeras de Cartagena. Cuestión que se puede verificar documentalmente[22]. El escritor pensamos que aquí hace atravesar a sus creaciones por un escenario histórico verificable, lo mismo que sucede en otras novelas que hemos visto (*Las dos doncellas*, *La española inglesa*, por ejemplo).

En lo que a las *Novelas ejemplares* competen, nos van a aparecer dos nombres cervantinos, Roqui florentín (*La española inglesa*), Cornelio Rótulo (*El amante liberal*), que al igual que Vivaldo o el galeote Jerónimo de Pasamonte, tienen conexiones en el Campo de Calatrava. El primero, secundario, fue administrador del Marquesado de Santa Cruz de Mudela (Ciudad Real); el segundo, en concreto Gaspar Rótulo, era administrador de minas y vecino de Almagro a principios del siglo XVI. Demasiada coincidencia geográfica tanto entre estos apellidos y nacionalidades, como con el *Quijote* y los viajes y comisiones de Cervantes como para no intentar encontrar algún tipo de relación. Sin embargo, y de momento, tan sólo es información que debemos tener en cuenta para nuestros futuros análisis.

9.7 Deifebo Roqui y su linaje (1586-1597) (*La española inglesa*)
Dentro de esta, en *La española inglesa* aparece inesperadamente una cita fugaz, como en tantas otras ocasiones, a un banquero que se describe como florentino y llamado a secas *Roqui*: "Hecho esto, visité los lugares tan santos como innumerables que hay en aquella ciudad santa, y de dos mil escudos que tenía en oro, di los mil seiscientos a un cambio, que me los libró en esta ciudad sobre un tal Roqui, florentín".

Se ha confundido con Pirro Boqui, amigo del padre de Cervantes que firmó en Roma como testigo en su información de limpieza de sangre, parece

---

19 Bleiberg, 1984.
20 Morales, 2020.
21 Esperamos algún día poder hacer un libro sobre las fuentes históricas en las historias interpoladas del primer Quijote, estudio que quedó pendiente en nuestra tesis doctoral (2020).
22 De hecho, hubo una fuga de galeotes desde Almagro en 1572 como la que se describe en el Quijote. AHN. OOMM. AHT. Leg. 38778.

ser desde que Norberto González en 1918 lo atribuyó, de donde pasó a Pérez Pastor, Baztán Lacasa y otros autores[23]. Pero no es necesario cambiar el apellido, en realidad pensamos que es notoriamente del banquero genovés Deifebo Roqui, o alguien de su entorno familiar más cercano. Las pruebas están aquí y son abrumadoras. Éste es el más conocido del linaje, es un personaje absolutamente fundamental en el reinado de Felipe II.

Mercaderes: En primer lugar, son mercaderes de lanas en el centro y los hermanos milaneses Hortensio y Deifebo Roqui, y sus socios Jerónimo Casate y Mucio Paravicino, padre del poeta Hortensio Félix; también los hermanos genoveses Alejandro y Horacio Vivaldo actúan como apoderados. También son mercaderes de trigo y en 1586 aparecen vendiéndolo al pósito de Córdoba por mayor precio de lo permitido, por lo que Deifebo es denunciado[24].

Banquero y prestamista: Pero sin duda la actividad que más conocidos los hizo y que probablemente fue la que atrajo la atención de Cervantes fue la de banquero y prestamista al más alto nivel. No solamente cuando cayó el Secretario de Estado, Pedro Franqueza, Conde de Villalonga, se descubrió que debía a Roqui 572.500 maravedíes, y era la menor de las deudas[25].

Si hay una operación que le entronca con el texto de *La española inglesa* es el cuantioso préstamo que Pedro Téllez Girón, primer duque de Osuna, pidió en 1582 para poder hacer frente a su nombramiento como Virrey de Nápoles: "Habiendo tomado posesión del virreynato de Napóles el excelentísimo señor don Pedro Tellez Girón primero duque de este Estado [de Osuna] hizo para esta jornada excesivos gastos que son notorios que por no poderlos pagar las rentas de su Estado contrajo diferentes deudas, entre las que se numeran las de Deifebo Roqui y Mucio Paravecini, con los quales tubo el señor duque varias quentas"[26].

Administrador del Marquesado de Santa Cruz, 1597: Sin embargo, uno de los cargos que ostentaba que más nos ha sorprendido es que fue administrador del Marquesado de Santa Cruz de Mudela (Ciudad Real)[27], lo que ya de por sí podría entroncar esta cita con la segunda salida del hidalgo manchego, principalmente el episodio de los galeotes (*Don Quijote* I), y los personajes

---

23 González Aurioles, 1918, pp. 48-49; Sliwa, 2006, p. 258.
24 Girón, 2012, pp. 170, 757-771.
25 Juderías, 1909, p. 226.
26 Ostoni, 1998, p. 596.
27 Fernández Izquierdo, 2018, p. 1104.

también de origen italiano de Vivaldo (*Don Quijote* I) y Rótulo (*El amante liberal*), como veremos.

Por cierto, no nos podemos despedir sin apuntar que el Pirro Bosqui que propuso González Aurioles como "modelo vivo", era boloñés (1569)[28], y Deifebo Roqui milanés. Cervantes habla en la novela de un banquero de Florencia. Nueva materia para la discusión sobre si se trata de un error de identificación u otro fallo cervantino[29].

9.8 CORNELIO RÓTULO (*EL AMANTE LIBERAL*)

El héroe está enamorado de ella y tendrá que superar una serie de pruebas, en la tradición de la novela bizantina y del folklore. En este género las aventuras pueden ser inverosímiles hasta el extremo, y sucederse unas a otras. El personaje de Cornelio en esta novela no es otro que el contrapunto al *Amante Liberal* (Ricardo), y por supuesto una de sus pruebas, quizás la final, quizás la más complicada de superar. La descripción es cuando menos sorprendente: "*mancebo galán, atildado, de blandas manos y rizos cabellos, de voz meliflua y de amorosas palabras*". Precisamente el título alude a que de "forma liberal", creyendo que Leonisa está enamorada de él, se aparta a un lado a pesar de haber arriesgado la vida por ella.

La procedencia del apellido Rótulo nos lleva indefectiblemente a Milán, a Toledo y a Almagro, y siempre con miras a finalizar en el personaje histórico más importante: Micer Gaspar Rótulo. Milán porque al igual que Roqui, los Rótulo procedían de allí[30]. Las dos ciudades manchegas, porque ambos son lugares de raigambre quijotesca. A Toledo porque Juan Rótulo se enfrentó a los Reyes Católicos y por mor de la pacificación de la ciudad fue ahorcado (1478)[31]. Es un mercader genovés de tintes y jabón que ya apareció por Murcia allá por 1463[32]. Este hecho, como el resto, desconocemos si era conocido por el autor.

---

28 [Sobre pedir Constantín Gentil, genovés, residente en Madrid, que Pirro Boqui, boloñés, le pague 1.200 escudos de oro que le debe en virtud de letra de cambio. 1568-1569]. ACHVA. Pleitos Civiles, Fernando Alonso (F), C. 215, exp. 6.

29 Botello, 2019, pp. 33-49.

30 Peiró, 1999, p. 184.

31 [Merced a Gómez Manrique, corregidor de Toledo, en remuneración de los buenos servicios y gastos hechos para la conservación de los alcázares de la ciudad, de 150.000 maravedís sobre los bienes confiscados a Juan Rótulo, mercader genovés, ahorcado en la ciudad por desacato a la autoridad real. 1478-07-30, Sevilla] AGS. RGS, Leg. 147807, 56.

32 Quinteros, 2011, pp. 99-123.

Pero el Rótulo más omnipresente en el reino de Castilla de la generación anterior al poeta, fue, sin duda, Gaspar Rótulo. Era concesionario de las más importantes minas de alumbre, lo que hizo millonario. Llegó a Almagro alrededor de 1500. Compró y se hizo señor de las villas de Finés y Somontín en 1528[33]. Tenía un hijo y heredero llamado Ambrosio Rótulo, lo que nos remite indefectiblemente a la ficción[34]. Llegó a ser regidor de Toledo como su desgraciado antepasado en 1541. Murió en 1559[35]. Como curiosidad quijotesca, llegó a construir y tener en propiedad un molino de viento[36], y a pelear una herencia con Pedro Barba, comendador de Pozuelo[37], nombre que aparece en la novela.

---

33   Sánchez Ramos, 2021, pp. 759-774.
34   [La villa de Almagro con Gaspar Rótulo y sus hijos sobre cobrarles tributos. Valladolid, 1542] AHN. OOMM. AHT. Leg. 36713.
35   Una buena y breve biografía: Girón, 2012, p. 256.
36   Porras, 2016, p. 12.
37   [Proceso entre frey Pedro Barba, comendador del Pozuelo e Ana Gutiérrez Barba, su hermana, con Gaspar Rótulo, como heredero de frey Antonio de Torres, comendador de Torrubia. Almagro, 1541/01/27] AHN. OOMM. AHT. Leg. 38690.

10
El Ciclo Sevillano
(1597-1600)
La española inglesa

10.1 El *Ciclo Sevillano*

Estamos de acuerdo con José Montero Reguera en que las etapas de Argel y Andalucía son las "de mayor influencia en su literatura, no sólo por las obras posiblemente escritas en aquella tierra, sino también por las abundantes menciones de lugares y personajes vinculados con Andalucía"[1].

Según Antonio Rey Hazas hay siete novelas ejemplares de un total de diez en la colección que suceden más allá de Despeñaperros[2]. Para ser más concretos, en las *Novelas jemplares*, solamente con Sevilla tenemos la trama de *Rinconete y Cortadillo*, en ella se sitúa *El celoso extremeño*, *La española inglesa* termina en sus calles, el *Coloquio de los perros*, por mucho que suceda en Valladolid, en sus cuentos vuela constantemente a Sevilla y estamos seguros que el argumento principal de *La gitanilla* se coció en una academia sevillana, aunque no se cite expresamente.

Las Academias sevillanas, sean burlescas o no, pensamos que fueron fundamentales tanto para la formación como para el desarrollo del Cervantes escritor[3]. Desencantado, se acordará de ellas en los burlescos sonetos de *Los Académicos de la Argamasilla* al final de la primera parte del *Quijote*.

Sin embargo, estamos contaminados por *El Quijote* y la mención a la cárcel de Sevilla donde hipotéticamente se redactó. Adolfo de Castro (1874) y después Rodríguez Marín,—andaluz de Osuna—insistieron en que el primer

---

1   Montero Reguera, 2010, p. 97.
2   Rey, 2009, pp. 189-215, 199-200.
3   Martínez Hernández, 2010, pp. 35-67.

Quijote se comenzó a escribir en Sevilla[4], cuestión desmentida recientemente por Muñoz Machado, pero es un argumento con un peso notable hoy en día.

Aunque la presencia de Sevilla y de Andalucía, las comisiones de abastos incluidas, es abrumadora, esto no debe ocultar que desde la vuelta del cautiverio (1580) prácticamente todos los lugares donde residió el escritor le influyeron de una forma u otra en su obra y piden su espacio en la crítica.

Fijémonos en concreto en los personajes, y démonos cuenta que, en los que se refiere a personajes principales, a protagonistas de las novelas, sólo en *Las dos doncellas* tenemos personajes andaluces, y son jerezanos—no sevillanos—y es una interpretación particular nuestra. El resto casi siempre son secundarios, abundantes eso sí, pero en un papel no principal. Esta tesis es básica en nuestro estudio.

10.2 *La española inglesa*

Resumen: Como bien dice Isabel Lozano, la sombra de la edición de Schevill y Bonilla de las *Novelas ejemplares* es alargadísima y ellos opinaban que *La española inglesa* es una «solemne niñería, basada en sucesos puramente casuales y de lo más inverosímil que imaginarse puede»[5]. No es extraño que el resto de la crítica, con Riley a la cabeza, lo consideren un romance[6], cuando no lo incluyen en el clásico apartado de las novelas *"idealistas"*[7].

Y eso que, junto a *La Numancia*, siguiendo sobre todo a Fabien Montcher, Christian Andrés y Alfredo Alvar, es de lo poquito en el de Lepanto que se considera que tiene un verdadero trasfondo histórico[8]. También es cierto que el cervantismo decimonónico quiso ver la realidad en esta novela, sobre todo y precisamente en el pasaje sevillano de la misma, pero la falta de pruebas acabó con su iniciativa. Ahora la documentación ha abierto un nuevo camino.

10.3 Estructura temática

El autor va a seguir aquí en su discurso en parte también el trayecto narrativo del cuento folklórico tradicional en que el personaje principal (Ricaredo) para obtener su amor, en este caso concreto, tiene que renunciar a su nobleza de cuna y a la corte, integrarse en la inferior "burguesía", para obtener

---

4   Montero Reguera, 2010, p. 97.
5   Lozano-Renieblas, 2013, p. 48; Galván, 2014, pp. 67-82.
6   Riley, 1984, pp. 37-51.
7   Martín Morán, 2015, pp. 65-78; p. 73.
8   Montcher, 2011, pp. 617-628.

su recompensa en Sevilla: El amor de Isabela[9]. Es el trayecto contrario, pero igualmente tradicional, a otros relatos con un antihéroe (*La ilustre fregona*): En éste, Diego de Carriazo, un caballero, tiene que bajar su escalón social primero y hacerse aguador, pero luego lo recupera en la anagnórisis final al descubrirse la nobleza de Constanza, la "fregona".

Sin embargo, en nuestra clasificación habitual, las diversas tramas las podemos volver a dividir en cinco bloques temáticos principales (presentación, principal, pruebas, desenlace, final), que como casi siempre en Cervantes, comienzan con un suceso, y mezclan mitología con personajes e historias reales, que en la novela toman papeles diversos a su biografía original.

Como cada bloque se desarrolla en un contexto geográfico e histórico diferente, aporta sus propios personajes secundarios que frecuentemente no tienen nada que ver en sus fuentes,—ni históricamente, ni en su procedencia—, con el bloque antecedente, ni con el que le sucede. Como también hemos advertido, al existir tramas y subtramas, esta clasificación podría componerse de seis o quizás doce puntos de acuerdo con el criterio que utilicemos.

La novela comienza, de nuevo, con un secuestro femenino [trama presentación, Caso, 1]: Esta vez la víctima, protagonista de toda la narración, es llamada «Isabela», y es una niña de siete años según se nos cuenta expresamente. El contexto histórico donde se sitúa esta primera trama es el llamado *Saco de Cádiz* [1596], que sirve a su vez nada más empezar como mensaje cronológico al lector para situar la acción que va a escuchar [momento data 1.2]. A él pertenecen tres personajes secundarios, que son el Conde de Leste, y dos católicos secretos [trama subsidiaria 1.3], denominados Clotaldo y Ricaredo.

Después de esta introducción, la narración nos dirige a la entrada del núcleo principal, que no es otro que la historia de cómo esta niña llega a Inglaterra, es criada por los católicos ocultos, recibida por la reina Isabel, un noble inglés importante se enamora de ella, y ella sin embargo sigue siendo fiel a Ricaredo. Este cuento aparentemente inverosímil, es la historia real de la judeoconversa María Núñez y la fundación de la comunidad judía de Amberes [hechos reales, 2.1]. Aquí el poeta la mezcla con la entrada de la mitología bíblica [Tammar y Ammon, 2.2], en la que la reina toma el rol del faraón egipcio [mitología 2.3].

Una vez presentados los personajes principales, siguiendo el canon clásico folklórico tanto la heroína [Isabela] como el héroe [Ricaredo], deben pasar una serie de pruebas para demostrar la verdad de su amor [trama bisagra, 3]: Una enfermedad inicial de Ricaredo [3.1]; la separación física [trama ruptura, 3.2], la cercanía a la muerte con un envenenamiento, que es un cuento

---

9   Santos, Piqueras; 2021, pp. 221-237

secundario muy interesante de carácter religioso (la Vulnerata de Valladolid) [trama crisis, 3.3], el enamoramiento de un tercer personaje, que es una dama escocesa [trama crisis, 3.4]. Cada una de ellas tendrá un nuevo personaje secundario que hará de vehículo de cada nueva idea:

El desenlace en esta novela es abigarrado, atropellado y reconocemos que ciertamente inverosímil al nivel de las novelas bizantinas [trama desenlace, 4]. Los héroes vuelven a pasar otras dos nuevas pruebas: Un intento casual de asesinato del héroe [trama crisis 4.1], el planteamiento de la heroína de retirarse a un convento [trama crisis 4.2], la liberación del cautiverio por los monjes trinitarios, de notorio corte autobiográfico y que ya hemos mencionado [trama desenlace, 4.3, hechos reales].

El "final de novela" llega en Sevilla, que es donde también termina la narración original del mito de María Núñez [hechos reales, 5]. Es de nuevo del ámbito personal y probablemente el lugar donde el autor conoció el núcleo básico del origen de la novela. Este nuevo entorno aporta también sus propios personajes secundarios autóctonos, reales y con seguridad conocidos de Cervantes: Las monjas del convento de Santa Clara y los descendientes de Hernando de Cifuentes.

10.4 LOS PERSONAJES: ALGO MÁS QUE CATÓLICOS SECRETOS

Algo más que católicos secretos: Estamos completamente de acuerdo con las palabras de Ricapito: "Veo en *La española inglesa* un ejemplo de la sensibilidad histórica, religiosa y social de Cervantes sobre su época y su deseo de interpretar críticamente ciertos sucesos para sus compatriotas españoles a través de su narrativa". Será algo muy similar a lo que podremos percibir, por ejemplo, en *Las dos doncellas*. Ahora bien, parte de la crítica que se ha atrevido a ahondar en los antecedentes y el contexto histórico, se ha quedado en el estrato más importante, pero también en el más superficial y evidente: Los católicos secretos y su persecución en tiempos de la reina Isabel[10].

Del estudio de los personajes que aparecen en la novela y aceptando que puede tratarse de nombres históricos, la interpretación de esta novela da, como en otros casos, un giro de ciento ochenta grados a la que se ha hecho hasta ahora con fuentes puramente literarias. Por supuesto debemos partir de que debió existir un plan de trabajo, y por tanto coherencia entre cada geografía, cada fecha y cada personaje entre sí.

---

10   La traducción es nuestra: Ricapito, 1999, p. 39

10.5 El primer bloque y su contexto geográfico: El saco de Cádiz (1596)
Es con mucho el episodio más controvertido y discutido en su interpretación del contexto histórico de la novela [momento data], puesto que Cervantes llama al militar al mando del ataque *Conde de Leste*. Dado que hubo un ataque anterior en 1587, se ha sostenido que Cervantes o se pudo equivocar o en la fecha, o en el nombre. Lo cierto es que Isabel Lozano ha terminado con esta polémica, puesto que Leste es la castellanización de Essex, es decir que el saqueo es el de 1596, y su protagonista fue Robert Devereux, II Conde de Essex[11]. Es un debate que nunca se debió haber producido, al menos a este nivel, si se hubieran estudiado las *Novelas ejemplares* en su conjunto y en su contexto histórico.

Cervantes siempre utilizaba el nombre castellanizado, como hemos podido comprobar reiteradamente en este estudio, y lo mismo que sucede aquí, también es aplicable por ejemplo con los Bentibolla [Bentivoglio, *La Señora Cornelia*], con los Granolleques [Granollach, *Las dos doncellas*], con los nombres de Berbería [Armaute Mamí, *La española inglesa*], o con cualquier otro mercader italiano que se pudiera encontrar [Roqui, *La española inglesa*], lo que ha provocado no pocas confusiones y discusiones.

Personajes insertados: Más nos puede interesar en este momento que una vez situado el momento histórico correcto [1596], podemos identificar al resto de personajes. No podemos saber si lo programó así Cervantes, aunque lo intuimos, pero sí qué pensaría un lector contemporáneo. En la escuadra inglesa había tres jefes: Thomas Howard, sir Walter Raleigh y sir Francis Vere. Identificar cuál de ellos u otro, o ninguno, pudiera estar detrás del llamado *Clotaldo* podría parecer imposible e irrelevante, pero parece ser como veremos que los estudiosos se han inclinado por sir Walter Raleigh, cosa con la que estamos de acuerdo.

La tradición también sostiene que fue el duque que se enamoró de la niña, pero el personaje real más indicado estaba casado y tenía cuarenta y cuatro años (n. 1552) en el momento del saco: A Cervantes, si la escuchó o interpretó por su cuenta así, le pudo parecer sin duda una historia demasiado truculenta, por lo que dobló el personaje, creó un enamorado diferente y le atribuyó las condiciones de su hijo, mucho más joven y adecuado. También hará lo mismo con la mitología bíblica y el incesto en esta misma novela, como veremos.

---

11   Lozano-Renieblas, 2013, pp. 43-57.

10.6 Segundo bloque: La corte inglesa y cuatro personajes históricos

Aparte de la reina—demasiado obvio—estaríamos hablando, con toda la seguridad de que se puede en estas circunstancias, de: Thomas Tresham (1543-1605) y su hijo, Guy de Lansac (1544-1622), el Conde Ernesto de Mansfeld (el joven) (1580-1626).

Thomas Tresham y su hijo Francisco, 1: Cuando Ricaredo hace la petición a la reina de demostrarle fidelidad, es un trasunto de la conocidísima petición expresa que hicieron los llamados "recusantes" a la propia reina Isabel para demostrarle su fidelidad, incluido juramento (Tresham en 1588). Estos son los que Cervantes considera católicos ocultos o criptocatólicos. Dado que en el texto se habla de Clotaldo y de un hijo suyo, Ricaredo, que lo son, entendemos que, en el contexto de la época, una pareja similar muy conocida fue la formada por Thomas Tresham y su hijo Francisco, participante en el famoso complot de la pólvora: "Para servir yo a Vuestra Majestad no es menester incitarme con otros premios que con aquellos que mis padres y mis pasados han alcanzado por haber servido a sus reyes, pero pues Vuestra Majestad gusta que yo la sirva con nuevos deseos y pretensiones, querría saber en qué modo y en qué ejercicio podré mostrar que cumplo con la obligación en que Vuestra Majestad me pone".

Es una declaración cuanto menos extraña en la novela. ¿Por qué necesita afirmar su lealtad? Este texto es el mismo que estos *recusantes* siempre ponían por delante cuando eran multados, encarcelados o deportados por las leyes de la recusación: Fidelidad a la corona de sus antepasados y la suya propia a pesar de ser católicos: "They protested their past loyalty and service to Elizabeth":

> Era el deber de un súbdito leal no sólo someterse a la corona, sino también protestar por su lealtad a la corona en palabra y obra. La lealtad de los recusantes era algo que había que demostrar a la reina y sus funcionarios[12].

---

12 "La lealtad de los recusantes solo podía probarse con el tiempo a través de sus palabras, hechos y cumplimiento de las leyes de recusación. Hombres como Lord Vaux, Viscount Montague y Sir Thomas Tresham utilizó enfoques retóricos de acuerdo con la forma en que el estado entendía que los hombres protestaban su lealtad. En otras palabras, argumentaron en los términos del gobierno cuando discutieron el reconocimiento de deberes y obligaciones debidas a la corona como súbditos y nobles". Lane, 2009, pp. 80-82.

Barón de Lansac, 2: Sin solución de continuidad, la reina dice a Ricaredo que se suba a las naves del «barón de Lansac», interesante personaje que debemos identificar dado el nombre y el contexto con Guy de Saint-Gelais de Lansac (1544-1622)[13],—hijo de Louis de Lansac-, un político y espía que participó con sus barcos a favor del rey de Francia Enrique III, cuando este no se había convertido al catolicismo, así como a favor del rey Felipe II, de la Liga de París y del Concilio de Trento por su hispanofilia[14]. El rey Felipe II le premió con cuarenta mil ducados por haber entregado un puerto que había capturado, lo que no significa que no fuera un personaje también dividido y de frontera tal y como eran los tiempos.

Conde Arnesto, 3: Por otra parte, el malvado más malvado de la ficción cervantina es el llamado «conde Arnesto», que intenta seducir a Isabela y matar a Ricaredo cuando lo encuentra. La modificación del nombre no oculta que Cervantes ha vuelto a referirse de nuevo a una conocidísima pieza del puzle de la época, como es el conde Ernesto de Mansfeld (1580-1626). El que diga el narrador que era joven (veintidós años) no nos hace más que reafirmarnos en esta idea y descartar que se estuviera refiriendo a su padre, llamado igual, pero que fue Gobernador de los Países Bajos católicos (1592-1594).

Se trata de un noble alemán, hijo ilegítimo, católico también, que, aunque había empezado luchando en el bando imperial, se había cambiado al protestante. Murió más tarde que Cervantes (1626), estaba vivo en el momento de la redacción de la novela[15]. Era un mercenario, en cierto modo traidor a su causa en una época proclive a ello, y queda claro no tenía la más mínima simpatía del escritor dado el papel infame y cobarde que le atribuye en la ficción.

10.7 Colofón autobiográfico: Los secundarios Roqui y Mamí

Arnaute Mamí, 4: No hace falta indicar que los dos últimos personajes de este bloque tienen más que ver con la autobiografía de Cervantes, que con el propio. Arnaute Mamí es el renegado albanés que le hizo prisionero en la galera Sol el 26 de septiembre de 1575[16]. Suficientemente conocido.

Deifebo Roqui, 5: En cuanto a la mención rápida y extemporánea que se hace a un banquero llamado Roqui, al que Ricaredo libró mil seiscientos escudos

---

13   Brunet, 2010, pp. 795-844.
14   Le Roux, 2003, pp. 529-569.
15   Esteban, 2020, p. 163.
16   Pérez Pla, Sola, 1996.

de oro en Roma, la crítica creemos que ha sostenido una identificación errónea hasta ahora, creyendo que se trataba de Pirro Boqui[17]. Nosotros haremos una pequeña biografía de este importante político en el apartado de las "comisiones de abastos".

10.8 Un romance moderno... ¿Y una parodia en sus personajes?

Solamente hace falta echar un breve vistazo a la situación política y relaciones diplomáticas entre Inglaterra, las Provincias Unidas, Francia, el Turco y España en dos años (1593-1596) para entender que todos los elementos que Cervantes utiliza están ahí presentes: Está la Liga Católica, está la conversión de Enrique IV de Francia en 1593, se reactiva la guerra contra el turco (1595), con Segismundo Báthory *El transilvano* a la cabeza, y como premio el manco le hace secundario también de *Las dos doncellas*[18].

En el mismo período el Conde de Essex, confidente de la reina, dice haber descubierto un complot por los ministros españoles en Bruselas, que pretendía envenenarla mediante su médico portugués y judío Ruy López. Serán ejecutados el 19 de abril de 1593. Alejandro Farnesio, Duque de Parma muere (1592), y mientras llega el Archiduque Ernesto, el Gobernador de los Países Bajos españoles es el Conde Pedro Ernesto von Mansfeld (1593)[19], padre del que consideramos descrito en la novela como "conde Arnesto". Y finalmente en 1596 una desguarnecida Cádiz es atacada con éxito por los ingleses.

Palabras clave: Guerras de religión, turcos, portugueses, judíos, el veneno. Como podemos comprobar, todos los elementos de la novela están ahí, de plena actualidad en el momento en que se crea la novela. Sólo hay que levantar la mano y cogerlos. Essex, Segismundo, von Mansfeld, son personajes de hoy, del noticiario que llega al alguacil de cualquier venta en busca de luteranos (*Las dos doncellas*). Cervantes está preso en la cárcel de Sevilla por deudas en 1597[20] y permanecerá en la ciudad hasta al menos 1600: Tendrá tiempo de escuchar y de pensar. El peso de la historia en *La española inglesa* será, si cabe, muchísimo mayor de lo que se había planteado hasta el momento.

No tiene sentido, desde nuestro punto de vista, pedirle a Cervantes que sea fiel a la historia, porque él mismo dice que el poeta cuenta las cosas como debían ser, no como sucedieron (*Don Quijote* II, III), ni por el otro lado acu-

---

17 González Aurioles, 1918, pp. 48-49.
18 Luttikhuizen, 2004, pp. 1543-1558.
19 Wernham, 1987, p. 444.
20 Teijeiro, 2014, p. 140.

sarle de inverosímil[21], puesto que, si lo estudiamos por piezas, todo en algún modo y en alguna parte sucedió.

Estamos ante lo que no es más que un romance moderno. Cervantes está fabulando las «Guerras de Religión» (1562-1598) que acaban de terminar, incluyendo a su antojo tramas y personajes que participaron en ellas y dándoles un sentido que podríamos llamar de una sui generis *ejemplaridad*. ¿Es historia, es poesía? ¿En qué parte entre ambas podemos situarla? Muchos hechos sucedieron, como vemos los nombres son reales y tienen sentido en el plan de obra y en su contexto, pero ni las cosas acaecieron como se cuentan, ni fueron hechas por quién se dice en la ficción: Volvamos a repetir, fuentes tradicionales e históricas, consejas, y un resultado conjunto de ficción. Lo volveremos a ver en el episodio de Barcelona (*Las dos doncellas*).

Caracteres comunes en los personajes: ¿Qué tienen en común todos ellos? Efectivamente, son lo que llamamos una y otra vez en esta monografía personajes de *frontera*, entre un mundo y otro, tan comunes en Cervantes. En este caso si agudizamos el ojo nos daremos cuenta de que lo que comparten entre ellos es el hecho de que en algún momento han sido traidores a su causa, todo ello en un contexto religioso del cuento, situándose a veces a favor y otras en contra de su fe. Este carácter dividido de los personajes reales que inserta en estas tramas, al igual que hace en el resto de *Novelas ejemplares* como hemos podido comprobar, pensamos que le llama mucho la atención al poeta y es una de las razones principales de su elección.

No lo decimos al azar. Por hacer de nuevo un breve repaso de sus biografías, el Conde de Essex y William Raleigh fueron ejecutados por traición a la propia reina (1601 y 1618) —en tiempos de Cervantes el último estaba vivo y en la cárcel—, Thomas y Francis Tresham incluso después de muertos acabaron decapitados y nunca apostataron (1605), el segundo por participar en el famoso complot y conspiración contra el Parlamento (1601)[22]; Guy de Lansac, lo mismo servía a un rey dudoso, que al siguiente, que a Felipe II; el conde Ernesto de Mansfeld comenzó en las filas imperiales y acabó en las protestantes, pero es el malo del cuento. En un rápido examen, al principio fueron todos partidarios de la reina, y luego fueron considerados enemigos del estado, es decir favorables al bando católico y español. Quizás estemos ante un homenaje a su figura y a su sacrificio.

Por último, Arnaut Mami también es un renegado, y [Deifebo] Roqui es un mercader, banquero y político milanés. Quizás deberíamos dejar a estos

---

21   Consúltese el interesante artículo: Montero Reguera, 1998, pp. 1071-1078.
22   Nicholls, 2004.

dos fuera de esta clasificación, puesto que quizás están más relacionados con la autobiografía cervantina que con el propio contexto de la novela: las razones de su aparición tienen apariencia más de sentimentales que relacionadas con el resto del esquema narrativo de la corte inglesa y las guerras de religión. Cosecha propia del autor.

El sentimiento de Cervantes: El análisis de la novela, sobre todo del personaje de la reina, según opinión unánime de la crítica parece hablar de un contexto filobritánico[23] o diferente al de 1588[24]. El examen rápido del trasfondo de los personajes nos cuenta todo lo contrario, como hemos visto: ¿Estamos como en otras obras (*El celoso extremeño*[25], *La ilustre fregona*) ante una parodia aparentemente seria y loatoria de Cervantes?

Hay que tener en cuenta dentro del complejo estudio que estamos abordando la propia vida del autor. Cervantes ha sido durante sus comisiones de abastos en Andalucía un vehículo para el levantamiento de la *Gran Armada* (1588). Se ha jugado la vida y ha acabado por ello en una cárcel en Sevilla. Es complicado que cambie de opinión tan radicalmente en tiempos de Felipe III y esté formalmente al lado de la paz, salvo que entendamos que la decepción con la política de su antecesor fuera tan grande que no le hubiera importado.

10.9 La trama principal: María Núñez

Aunque como hemos visto existen varios bloques y en cada uno de ellos varias tramas y subtramas, si consultáramos cuál de ellas es la que define a la novela de *La española inglesa*, es decir cuál se consideraría el tronco de la narración sobre el que las demás solamente serían ramas, y por supuesto sería la de Preciosa con su secuestro, envío a Inglaterra, ésa que precisamente los críticos decimonónicos consideraban una historia absurda y de lo más inverosímil.

En 1990, Ángel María García Gómez en un Coloquio cervantista trajo por fin la prueba que durante años habían estado buscando otros eruditos, y es una mención antigua a la historia de la judeoconversa María Núñez y su periplo desde Lisboa, pasando por Londres, Ámsterdam y Sevilla:

> Manuel y María se embarcaron para Holanda (1593). Tomaron los ingleses que tenían guerra contra España a los propuestos navegantes: y un Duque inglés enamorado de la rara hermosura de María Núñez la solicitó con tan amante extremo que la reina Isabela de Inglaterra, infor-

---

23 Cervantes, Sevilla, Rey, 1995, p. 1395.
24 García Gómez, 1990, pp. 621-628.
25 Gómez Íñiguez, 1990, pp. 633-640.

mada de su amor, ordenó que se la trajesen y dejando libre al navío por su respeto con benignas promesas la llevó en su carroza para mostrar a los de Londres un prodigio de belleza que no rindiéndose a los amorosos ruegos y a los ofrecimientos honoríficos y provechosos dejó toda la pompa inglesa por el Judaísmo que observó en Ámsterdam. Y en el año 1598 viniendo de Portugal su madre Mayor Rodríguez con sus hijos Antonio López Pereyra y la famosa Justa Pereyra se ajustaron los casamientos de Manuel López Homen con la heroica María Núñez López[26].

Aquí están todos los elementos básicos de la narración de Miguel de Cervantes; la genética entre ambas es incuestionable: (1) Secuestro de una mujer por parte de los ingleses; (2) el duque inglés enamorado; (3) el viaje con carroza con la reina Isabel, (4) renuncia a las comodidades y (5) vuelta a Ámsterdam para casarse con el judío con el que se había comprometido.

Se trata de una narración famosa, estudiada y publicitada, puesto que hoy es el *mito fundacional* de la comunidad hebrea de Ámsterdam, y como dice el texto a María se la considera una *heroína* de su pueblo. Evidentemente en el momento en que Cervantes lo pudo escuchar, era tan reciente (1597-1598) que no se había convertido en una leyenda; todavía podía considerarse un chisme, una anécdota, una noticia.

El escritor cambia los nombres, disminuye la edad de la protagonista, elimina al personaje del futuro marido (Manuel López Homen), trueca la trama de presentación, que se sitúa en el saqueo de Cádiz (1596), y por supuesto añade la saga bíblica, muchísimos personajes secundarios y un final diferente. A pesar de todos estos cambios, y de que se ha privilegiado el suceso del secuestro para definir esta historia[27], este es solo la primera parte del cuento; si lo entendemos en su totalidad, estamos ante un hecho que se narraba en aquel momento como verdad histórica y por tanto encajaría también en la categoría jolliana de hecho real.

Uno de los principales problemas de interpretación que tenemos es que la primera puesta de negro sobre blanco en un libro de historia es del año 1683. No dudamos por las fechas a las que se remiten que los hechos debieron ocurrir entre 1595 y 1597, pero se pusieron por escrito, repetimos un siglo después. Curiosamente la primera versión, la más antigua, de esta leyenda es precisamente la literaria de Miguel de Cervantes (1613), cosa de la que parece que los historiadores de la diáspora judía no se han dado por enterados, al menos en ningún caso lo explicitan.

---

26   Leví, 1683, pp. 5-6
27   Lozano-Renieblas, Romo, 2018, p. 193.

De todos modos, el relato a pesar de ser contado como si hubiera sucedido así punto por punto, tiene un aroma legendario y de cuento folklórico evidente, que es lo que llevó a los críticos a calificarla de inverosímil. De hecho, sobre la fundación de la comunidad judía de Ámsterdam hay otra versión posterior muy diferente a ésta[28]. Han sido necesarios varios estudios para confirmar la veracidad histórica de cada uno de estos aspectos del relato[29]. Hasta el más dudoso de ellos, que decía que uno de los familiares pasó a ser Contador del Rey, siendo como eran conversos: "Pereyra pasó después a donde fue Contador Mayor del Rey de España y balido del Conde Duque [...]", pues era completamente cierto[30].

10.10 EL NEXO DE UNIÓN ENTRE TRAMAS: EL PERSONAJE DE CLOTALDO
¿Por qué comenzar una novela en Cádiz y terminarla en Sevilla? Una pregunta como esta en *La gitanilla* nos llevó hasta el descubrimiento de que en el fondo existía un suceso real que había que respetar. ¿Estaríamos aquí en el mismo caso?

Estudiando los tres navegantes que pudieron participar en el "Saco de Cádiz" de 1596 y que por tanto podrían estar detrás del trasfondo del cervantino Clotaldo, según lo entendería un lector de la época—desechemos las intenciones del autor-, era bastante evidente que el más probable era sir Walter Raleigh, por los avatares de su vida y su condición de *personaje de frontera*.

Entonces llegó a mis oídos que en 2013 Frans Lavell crea en Holanda un musical denominado "María Núñez": Tan famoso es el personaje de la judía hoy en día. Por supuesto ninguna referencia a *La española inglesa*. Resultó que en el elenco ya no aparece un duque innominado enamorado de la protagonista, sino que directamente se trata de sir Walter Raleigh, cuyo rol era cantado por el tenor Valentin Jar en esa versión[31]. ¿De dónde había surgido esta idea? ¿Por qué la versión del siglo XXI de la leyenda añade a este personaje y era más completa que la tradicional?

La verdad es que no sé en qué momento el mito cambió, pero sí es cierto que en 2005 en un congreso en el Reino Unido la profesora norteamericana

---

28   Salomon, 1989, n° 2, pp. 275-316
29   Bodian, 1997, pp. 23-24.
30   [Certificación de Manuel López Pereira, contador de cuentas la Contaduría Mayor de la Real Hacienda del pago hecho por Bernardino de Velasco y Tovar, Condestable de Castilla, de las alcabalas de la villa de Arnedo y lugares de su tierra y jurisdicción. 1641-05-24] Archivo de la Nobleza, Frías, C.1382, doc. 9.
31   http://marianunez.nl/cast/.

e hispanista Sharonah Fredrick ya dio una conferencia en que aparecía este dato, y no creo que fuera ni de su cosecha, ni sea la primera referencia[32].

Entonces, sin conocer cómo de antigua es esta versión, nos surgen varias preguntas sobre por qué se ha producido esta convergencia. ¿Le contaron la historia a Cervantes tal y como la refleja o fue él con su creatividad el que la ha modificado para siempre? ¿Hubo varias versiones paralelas? ¿Cuál de las dos versiones fue la primera?

Nos deberíamos plantear primero si lo que le contaron a Miguel de Cervantes fue la historia del saco de Cádiz y los posteriores secuestro y amores de sir Walter Raleigh (Clotaldo) con una judía y no la historia de María Núñez por separado. ¿Sería este personaje el vehículo? No es extraño, pues por ejemplo Cervantes cambia el sexo del hijo de Diego de Carriazo (*La ilustre fregona*) ¿Por qué le iban a contar la historia de una judía de Ámsterdam si no se la encontró por la calle en Sevilla? No por nada éste era el personaje conocido, y además de navegante, era también escritor, que llegó incluso a hacer una relación del *Saco de Cádiz* que lógicamente Cervantes no pudo leer.

Esto nos permitiría entender por qué se unieron ambas historias, y por qué todo empieza en Cádiz, si es que ambas se habían adjudicado popularmente a la misma persona. A Cervantes le habría llamado mucho la atención oír hablar de nuevo de un secuestro y de la apariencia novelesca y tradicional del relato, tres requisitos de nuevo tan de su gusto.

Otra posibilidad, es que no es descartable tampoco que el poeta lo dedujera por él mismo, puesto que es lo que se ha hecho a posteriori sin base documental alguna. Y tampoco podemos desechar que la versión cervantina haya inspirado al resto y sea el origen y no el destino. De momento todas son propuestas irresolubles.

10.11 TRAMAS SECUNDARIAS: LA SAGA BÍBLICA, *LA VULNERATA* Y EL ENVENENAMIENTO DE ISABELA

Siguiendo su técnica habitual, al hecho real o historia real que sostiene el transcurso de la narración, se le une mitología y folklore. Dado que estamos en el contexto de las guerras de religión, el mito es bíblico, el de Tammar y Ammon y la leyenda es la de la "Vulnerata" de Valladolid[33].

Como hemos sostenido, el envenenamiento es escogido por Cervantes para insertarlo en la ficción probablemente por el recuerdo al intento de asesinato por este medio de la reina Isabel por parte de sus médicos judíos portugueses, un argumento que encajaría perfectamente con el contexto histórico

---

32 Fredrick, 2005.
33 Montcher, 2011, pp. 617-628.

y la trama principal (María Núñez) y que explicaría por qué se escoge esta idea para diferenciarla del relato original de Tamar (violación).

En este entramado de fuentes, se mezcla la saga de David. Estamos completamente de acuerdo en el análisis que hace Isabel Lozano-Renieblas sobre que de nuevo es una novelización de mitología, en este caso bíblica. Se respetan casi todos los pasos que sigue la saga: (1) Descontrol pasional del hombre, (2) llegada de la hermana (3) declaración del enamorado, pero el pudor cervantino evita los más desagradables: (4) desdobla los personajes (Amnón en Ricaredo y Arnesto), (5) separación del incesto (Isabela y Ricaredo no son hermanos), (6) evita la violación de Tamar, y la sustituye por el envenenamiento a Isabela[34].

Esto es una técnica cervantina que vemos que realiza en otras novelas ejemplares como (*La ilustre fregona*, *Las dos doncellas*) donde, por las necesidades narrativas, varía los hechos reales y el sentido de los mitos originales, cambiando el sexo de los protagonistas y desdoblando personajes para evitar precisamente el problema del incesto.

La Vulnerata y su identificación con Isabela: En la construcción del personaje de Isabela, además de María Núñez, hay actualmente una corriente de opinión extraordinariamente interesante que es su identificación con la imagen de la Virgen María conocida como "la Vulnerata" después de que el tosigo que le administraron le había también afeado el rostro hasta dejarla irreconocible.

En el ataque a Cádiz de 1597, los ingleses intentaron destrozar la imagen de la Virgen que encontraron, pero según el rector de Calatayud «*por más que porfiaron los hereges en afearle su divino rostro, lo más que pudieron conseguir fue dexarle señalado con siete graves heridas pero no borrarle su hermosura que aún se trasluce más entre las sombras de sus llagas*»[35]. En el año 1600 fue llevada de Cádiz a Valladolid, al Colegio de los Ingleses de San Albano, y allí pudo o conocerla o escuchar su historia, muy similar a los memoriales de la época. También es una explicación alternativa a por qué el saco de Cádiz se incluye en la novela y por qué aparecerían sir Walter Raleigh (como Clotaldo) y el conde de Essex (como conde de Leste).

A nosotros la ósmosis entre ambas narraciones nos parece obvia, como un ingrediente más de la construcción del personaje y siguiendo a Anne Cruz, es un nuevo elemento que pretendía buscar en el lector recordar la

---

34 Lozano-Renieblas, 2011, p. 533.
35 Montcher, 2011, pp. 617-628.

cruenta guerra pasada y como propaganda del presente de la *Pax Hispánica*[36]. Nos recuerda mucho a la situación que plantea el autor en *Las dos doncellas* y a la inclusión de Cardonas, Granollachs y la nueva paz en Cataluña desde las Cortes de 1599.

Luisa de Carvajal e Isabela: Otra hipótesis que no se ha planteado, es la influencia en el personaje de Isabela de la misionera y mártir católica Luisa de Carvajal. Esta noble decidió su destino precisamente en Valladolid, precisamente en el colegio de los ingleses y el contexto de la llegada de la Vulnerata y su aprendizaje le llega de mano de los seminaristas de esta nacionalidad (1601)[37]. Se marcha a Inglaterra en 1605 y muere en 1614, justo coincidiendo con la visita de los Cervantes. La figura de Isabela, una mujer atrapada en territorio hostil, quien, a pesar de todas las presiones y enfermedades, resiste en su fe puede tener algo que ver con la ficción, al menos algún lector podría entenderlo.

El personaje de la reina Isabel como el faraón benévolo: Dentro de este ambiente de guerras de religión mezclado con mitología bíblica, la teoría reciente de Deborah Forteza sobre el papel del personaje de la reina Isabel de Inglaterra y su construcción a imagen y semejanza de los faraones egipcios y el rey Salomón tendría todo el sentido. Así completaríamos parcialmente el debate sobre el sentido del buenismo del autor con este enemigo tradicional de España.

Estudiando las crónicas de Sander, Ribadeneyra y Yepes, quienes consideran a la monarca un monstruo por su persecución a los católicos, y la comparan con el faraón tirano de la epopeya de Moisés (Ramsés II), esta estudiosa entiende que Cervantes tiene sus miras en otras dos figuras más benévolas: El faraón anterior que salvó a José y al pueblo judío durante la sequía (Sesostris II), y el sabio rey Salomón, por su forma de impartir justicia, ahora bien, siempre con una carga importante de ironía, presente siempre en el alcalaíno[38].

10.12 Finales de novela: El medio geográfico, Sevilla
Estamos de acuerdo con Isabel Lozano-Renieblas que la elección de Cervantes de Sevilla como colofón de esta novela parte precisamente de que la his-

---

36 Cruz, 2009, pp. 39-62.
37 Burrieza, 2020, pp. 30-63.
38 Forteza, 2018, pp. 75-86.

toria principal, la de la judeoconversa María Núñez, termina con su marido mercader viniendo a vivir a Sevilla[39], hipotéticamente con ella.

Pero dentro de este contexto, y como siempre advertimos, el escritor inserta una serie de personas secundarias propias de este ambiente, que para nada tienen que ver con el resto del cuento, ni con su trama principal, y que también son reales. En este caso parece que puede tratarse de vecinos de Cervantes, incluso de familiares. ¿Pudo elegir también este final debido a cuestiones personales?

10.13 Los Personajes: Hernando de Cifuentes

El final de *La española inglesa* es otro de estos finales sorprendentes de novela que Cervantes utiliza profusamente, nada menos que seis veces[40]. En esta ocasión la verosimilitud de la narración, hasta el límite de hacer pensar al lector que los hechos ocurrieron en realidad, llega hasta indicarnos que los protagonistas, Isabela y Ricaredo[41], vivieron en Sevilla en unas casas alquiladas enfrente del Monasterio de Santa Paula—completamente real—, y que las compraron a los herederos de Hernando de Cifuentes: "En cuya compañía se piensa que aún hoy vive en las casas que alquilaron frontero de Santa Paula, que después las compraron de los herederos de un hidalgo burgalés que se llamaba Hernando de Cifuentes".

El monasterio de Santa Paula y su abadesa: En el cervantismo decimonónico se hizo mucho hincapié en la elección del monasterio de Santa Paula, porque la coincidencia de varias monjas con el apellido Cervantes. Norberto González Aurioles y después Luis Astrana Marín recuerdan como la abadesa en 1590 era Juana de Cervantes Saavedra (Juana de Santa María después de profesar), hija de Diego de Cervantes y de Catalina Virués. Otras monjas del convento eran Julia de Santa Ana, hija de Juan de Herver de Cervantes, y sor Mariana de San José, hija de Melchora de Ovando y Figueroa.

Este Juan de Herver es también descendiente de una saga de plateros[42], artesanos y por tanto conversos[43], que luego se convirtieron en muy ricos mercaderes en el tráfico indiano hacia Santo Domingo—hablamos de millo-

---

39   Lozano-Renieblas, 2011, p. 531.
40   García López, 1999, p. 188.
41   Por supuesto no sabemos si sus alter ego reales, María Núñez y su marido realmente vivieron en esa casa. No queremos ni planteárnoslo ni siquiera como posibilidad.
42   Hermoso, 2011, cita nº 67.
43   Herrera, 2021, p. 34.

nes de maravedíes—, prestamistas por supuesto y en el siglo XVII se ennoblecieron, pasaron a Indias desde Sevilla con cargos de postín (corregidores) a pesar de sus antecedentes[44]. Si vemos con quién tenía el patriarca de la familia su empresa en 1531—los genoveses Agustín de Vivaldo y Batista Justinián, entre otros[45]—, pues entenderemos aún más qué hace aquí esta mención y nos haremos más preguntas sin respuesta. Vivaldo es el nombre del amigo de Grisóstomo en la primera parte del *Quijote* (*Don Quijote* I, XIII).

Estos eruditos, junto con el archivero Julio Mayo, opinan que la cita que aparece en la novela se debe a este motivo. Lo cierto es que la coincidencia es demasiado evidente como para que sea una casualidad, y Cervantes ya sabemos que es un señor "que escribe y trata negocios" entre ellos muchos mercaderes y banqueros[46].

Los Cifuentes, hidalgos burgaleses, no hubieran pasado de ser unos hidalgos anónimos más si no fuera por esta breve mención literaria. Cervantes demuestra que conoce muy bien a esta familia, porque no cita a los inquilinos actuales de estas hipotéticas casas, sino al nombre del patriarca del linaje: Tanto la mención a Hernando, como la residencia de estos hidalgos en Sevilla y su procedencia burgalesa son hechos completamente verídicos y documentalmente contrastables.

Esta mención a los miembros fundaciones medievales de los diferentes linajes que cita en sus novelas es otro *leitmotiv* de su obra, como hemos visto. Por poner dos ejemplos, también lo son Diego de Carriazo (*La ilustre fregona*) y Juan Haldudo (*Don Quijote*) ¿Por qué lo hace? ¿Por qué no cita a Francisco el *Sevillano* que es su coetáneo y sin embargo cita a su abuelo Hernando *El burgalés* ya desaparecido? ¿Quiere demostrar lo bien que conoce a la familia? ¿Les llamaban así, los descendientes de *Hernando el burgalés*? ¿Va dirigida a alguien esta mención como el *Gorrero Triguillos* (*La gitanilla*)? ¿Es algo personal o no es más que un dato más en pos de la verosimilitud?

En realidad, los Cifuentes que vivían en Sevilla alrededor de 1580 eran Francisco de Cifuentes y probablemente su hermano Hernando de Cifuentes, y llevaban viviendo allí unos dieciséis años, provenientes de Burgos. Según sus prolijos expedientes de hidalguía, eran descendientes de Pedro Fernández de Cifuentes, casado con Inés Díaz, proveniente del solar de Cifontes en Gijón, es decir que eran de origen remoto asturiano y montañés.

---

44 [Autos del inventario de bienes de Juan Herver de Cervantes, vecino de México y corregidor de Tepeapulco. 1622-07-20], AGI. México, 259, n° 117.
45 Sardone, 2016, p. 3273.
46 Canavaggio, 1997, pp. 25-45.

Éste a su vez procreó a Hernando de Cifuentes, el personaje cervantino, casado con Juana Rosa, padre de Pablo de Cifuentes, marido de la hidalga vizcaína Ana de Unzueta y abuelo de Francisco de Cifuentes, que éste sí es el "hidalgo" que al final fue a residir a Sevilla:

> E que puede auer quarenta años poco más o menos que este testigo fue a negocios de mercaderes de la ciudad de Burgos al Prinçipado de Asturias [1537], e fue cerca de la villa de Gijona, donde oyó deçir que auía una casa y solar de notorios hijosdalgo que se llama la casa de Cifontes y diçiendo este testigo que en la çiudad de Burgos donde él rresidía y era vezino auía Cifuentes, señalado particularmente al dicho Pablo de Cifuentes, padre del que litiga[47]

¿Por qué Cervantes incluyó a Hernando de Cifuentes y su estirpe en una novela?: Sea cual sea la respuesta es una mención notoriamente autobiográfica como ya habían predicho diversos autores. Pues tenemos tres posibilidades, la hipotesis planteada por Noberto González Aurioles[48], que consiste como hemos visto en que Cervantes era familia de las monjas de Santa Paula; la planteada por Julio Mayo, que pasa porque Francisco de Cifuentes emparentó con los Titón Cervantes—, es decir, que eran parientes lejanos[49]. Y la nuestra, que pasa porque Francisco de Cifuentes y su hermano Hernando vivían en la colación de San Isidro, que es la misma en la que vivió Miguel de Cervantes desde 1595 en varias ocasiones[50], es decir que al menos eran vecinos y por supuesto no dudamos de que se conocían personalmente:

> Sepan quantos esta carta vieren como yo Francisco de Cifuentes, vecino desta çiudad de Seuilla en la colaçión de San Ysidro, otorgo y conozco que doy y otorgo todo my poder cumplido bastante quanto derecho en tal caso se rrequiere y es necesario a Hernando de Cifuentes, estante en esta ciudad de Seuilla (1580)[51].

---

47 [Cifuentes, Francisco de. Real provisión ejecutoria de hidalguía. 1587-07-23]. ACHGR. Caja 4568-004, fol. 10 r.-10 v.
48 González Aurioles, 1912.
49 Mayo, 2015-2016, pp. 109-138.
50 Munguía, 1995, p. 239.
51 [Pleito de Francisco de Cifuentes, vecino de Sevilla. 1580] ACHVA. Sala de hijosdalgo, C. 1732, nº 7, p. 3.

Estos Cifuentes eran prestamistas desde décadas atrás. Esta condición ayuda mucho a entender la mención de estos Cifuentes[52] al igual que la del mismo Roqui (*La española inglesa*). También eran hidalgos en duda—lucharon por su hidalguía en la Real Chancillería de Valladolid en 1580—. Todas estas características parecen ser polo de atracción para el Cervantes poeta. Nos estamos arrepintiendo de no haber incluido a los Herver y los Cifuentes dentro de la categoría de mercaderes y banqueros. De hecho, una hipótesis no excluye a la otra y puede que todas sean coincidentes.

---

52 [Ejecutoria del pleito litigado por Francisco de Cifuentes, vecino de Sevilla, con María Sanz de Rozas, viuda, como curadora de Hernando Gil de Valle, vecinos de Valle, en el valle de Ruesga (Cantabria), sobre un juro que había sido de Juan de Valle. 1597-4-12]. ACHVA. Registro de ejecutorias, C. 1837, doc. 49
[Ejecutoria del pleito litigado por María Sanz de Rozas y Catalina Hernández de Arredondo con Francisco de Cifuentes, vecino de Sevilla, sobre ejecución de bienes por 195.000 maravedíes que les debían de los réditos de un juro sobre las salinas de Rosío (Burgos). 1589-6-25] ACHVA. Registro de ejecutorias, C. 1643, doc. 38.
[Pleito de Hernán Gil del Valle, menor, y su curador en su nombre, de Valle (Cantabria), con Francisco de Cifuentes, de Sevilla, sobre el juro que Juan del Valle, contador de Panamá, que disfrutaba en Salinas del Rosío (Burgos), y que ahora están en poder del demandado. 1586/1597]. ACHVA. Pleitos civiles, Fernando Alonso (F), C. 281, doc. 2.

11

El coloquio de los perros
Valladolid
(1604-1606)

11.1 El entorno histórico: ¡Ay, Valladolid!

AL MANCO DE LEPANTO lo percibimos en sus obras de Esquivias despreocupado, hilarante. Es sólo una impresión personal, pero el escritor que retrata a su casero toledano haciéndose caballero en una venta (*Don Quijote*) y al padre del alcalde de su aldea como aguador en un mesón (*La ilustre fregona*), pues muestra a un hombre que tiene tiempo para solazarse, descansar, reírse del vecino de enfrente y escribir en un ambiente distendido sin la presión de los *muchos negocios* de otras partes.

El Cervantes de Valladolid es otro[1]. Está contrariado. Viene a la capital en 1604 con la procesión de deudos siguiendo a la nueva Corte, acompañado de toda su familia, incluida su amiga Juana de Gaytán y probablemente su mujer Catalina de Salazar—pero ¿no estaban separados desde 1587?[2]—quizás buscando mercedes o terminar su comisión andaluza. Aquí le vendrán recuerdos de su niñez, cuando su abuelo Juan de Cervantes también tuvo cárcel y negocios con banqueros italianos[3]. ¿Será esta experiencia una de las que refleja en *el Coloquio*?

Amezúa dice que la aparición del personaje real de Luis de Mahudes en el *Coloquio* supone un trato benigno a la capital, a la altura de Argel y Sevilla[4]. Nosotros entendemos todo lo contrario. Su decepción con la Corte la plasmará vivamente en uno de los cuentos insertos en esta novela (1613).

---

1   Alonso Cortés, 1916.
2   Eisenberg, 1999, pp. 143-149.
3   Canavaggio, 2009, pp. 69-86.
4   Cervantes, Amezúa, 1912.

Valladolid también es el lugar donde tiene lugar el proceso Ezpeleta (1605)[5]. El caballero de Santiago navarro Gaspar de Ezpeleta es asesinado a las puertas de la casa vallisoletana de Miguel de Cervantes en la ciudad y él acaba en el presidio unos días. Obviamente su experiencia fue de nuevo traumática como en el cautiverio y la cárcel de Sevilla: No le quedarán muchas ganas de reflejar su paso por la ciudad en su obra y así como reconoce en profesor Teijeiro Fuentes, "si las analizamos con detenimiento, las referencias de Cervantes a Valladolid no resultan excesivamente favorables":

La reprimenda del ayo a Diego de Carriazo (*La ilustre fregona*) diciéndole que no se pare a ver "niñerías", que el *El Quijote* les llame *cazoleros*[6], o que, con todos los prohombres de la monarquía juntos en la Corte, que los dos protagonistas del *Casamiento Engañoso* sean de Pamplona y Logroño y la única mención a un personaje local sea un desconocido mayordomo de un hospital (Mahudes), a un innominado Licenciado Peralta y a un muy secundario paje Santistéban (*La señora Cornelia*), pues indica el desinterés personal y literario más absoluto por los aduladores que allá conoció.

11.2 Proemio sobre el *Coloquio*

Francisco Márquez Villanueva y Ángel Estévez Molinero al considerar picaresca esta novela, le atribuyen todas las fuentes de la misma: "Berganza, un perro atiborrado de literatura, pues exhibe de diversos modos su familiaridad con la Diana de Montemayor, los libros de caballerías, el Asno de Oro, la tradición esópica, la comedia al uso, el cantarcillo popular, la oratoria sacra, la literatura ascética, los memorialistas y, no habrá que decir, toda la picaresca"[7].

Para nosotros que tenemos una visión más pragmática e ingenua, percibimos que *El coloquio de los perros* es, en primer lugar, una recopilación de cuentos folklóricos, dichos, fábulas con moralejas e historias reales que se podían escuchar en la época y que Cervantes ficciona y pone en boca de dos perros que pueden hablar. Es un semillero de historias. Es conocido por la crítica cervantina que quería escribir un libro de este tipo, al estilo de la *Miscelánea de Zapata*, el *Decameron* o el *Conde Lucanor*, que probablemente hubiera sido muy similar a este resultado en el contenido, que no en la forma.

El coloquio de los perros es también poliédrico y tendrá una interpretación diferente dependiendo del criterio que utilicemos. Para la crítica es una parodia del coloquio renacentista de Erasmo o Mexía. En nuestro punto de

---

5   Canavaggio, 1997, pp. 25-45.
6   Se hace una completa revisión a la geografía urbana donde residió el escritor: Teijeiro, 2014, pp. 177-179.
7   Estévez, 2008, pp. 171-198.

vista no es una casualidad que sea la última novela de la colección. Es el epitafio vital de Cervantes, mientras que *El Persiles* lo consideramos su testamento familiar[8] y el *Viaje del Parnaso* el literario y poético.

Es un recorrido por los estilos y temas que han caracterizado tanto su vida, como por supuesto, su narrativa. Curiosamente sólo hay un apartado, y pequeño, dedicado a la milicia. Como en el resto de las *Novelas ejemplares*, el cautiverio aquí es un tema menor, inexistente. Como destaca Avalle-Arce, tampoco tiene cabida "el amor"[9], en línea opuesta al resto de la colección, cosa que agradecemos enormemente[10].

El tono es burlesco. Pero mientras que, en el resto de las *Novelas ejemplares*, incluido *El Quijote*, son otros, en este epílogo literario Cervantes, el objeto de su afilada pluma creemos que es él mismo en varias subtramas. Aquí pone en boca de sus personajes sus propios fracasos como intelectual, como poeta, como dramaturgo, de las decepciones tan grandes que ha tenido en sus pretendidos amigos en la Corte y también fuera de ella.

Nos encontramos un poso de amargura, pero también de la sorna y socarronería habituales, que son con los que el poeta se está despidiendo de su paso por esta vida. Cervantes tiene 66 años cuando publica esta colección de novelas. Cuando llegue el *Viaje del Parnaso* tendrá tiempo de desdecirse y alabarse a sí mismo como escritor y sentirse orgulloso de su carrera.

El que se hable de historias protagonizadas por animales que hablan en su mayor parte[11], y que esto sea un leitmotiv de la literatura de la época, no oculta ni un segundo que en realidad es un trasunto-catálogo de los vicios y las miserias humanas, puestos en boca y actitudes de seres vivos inanimados que asumen los defectos, las inseguridades y los errores de sus parientes que pretenden ser intelectualmente superiores. Así es el Cervantes escritor desde el principio—*La Galatea* (1585)—.

No debo ocultar que, aparte Quijote, es la novela o conjunto de facecias que más me gusta de Cervantes. A cada paso rezuma moralejas y por tanto ejemplaridad en cada una de sus historias independientes. En algunos puntos emociona y a cuatrocientos años vista todavía tiene la actualidad y la frescura de las sentencias de un sabio anciano.

---

8   En teoría nuestro próximo libro será "*Ficción y realidad en El Persiles de Cervantes*".

9   Se ve que no considera "amor" el episodio que hemos llamado "Los amores de la esclava" quizás con cierta condescendencia por nuestra parte sobre lo que en verdad no lo es. Citado por: Armijo, 1990, p. 617.

10   Laspéras, 2015, pp. 133-149

11   Sáez, 2011, pp. 797-806.

Como hemos hecho desde el principio con todas las novelas, hemos parcelado punto por punto ésta. Me he atrevido a dar un nombre provisional a cada uno de estos cuentos que vuelvo a repetir entiendo que se deben estudiar por separado y considerarlos gérmenes de otras novelas ejemplares non natas. Es por así decirlo, una incubadora de ideas, una muestra del amplio cajón de ellas guardadas por la imaginación del alcalaíno.

El resultado han sido nada menos que dieciséis, aunque un par de ellas cuelgan jerárquicamente del relato anterior. Entiendo que nunca nos pondríamos de acuerdo metodológicamente sobre el número exacto, ni el género, ni procedencia de cada una de ellas. Lo proponemos por tanto tan sólo a efectos de identificación más sencilla y evitar de hablar de fuentes de una única novela en conjunto, lo que acabaría por desorientar el discurso. Utilizaremos en el análisis los caracteres que venimos arrastrando desde el principio (fuentes, personajes y su entorno).

11.3 Los personajes principales: Luis de Mahudes y sus perros

El personaje de Luis de Mahudes y sus perros es ideal en este momento porque, al igual que en la propia novela, nos va a servir para cerrar este ciclo. El ejemplo del *Coloquio de los Perros* es muy importante para este estudio por lo nítido que resulta que existe en este caso una relación genética entre lo folklórico, lo histórico y la novela final. Es el paradigma de la postura que hemos mantenido desde el principio sobre cómo utiliza Cervantes estas fuentes. De hecho, nos llegamos a plantear empezar esta monografía con este cuento para luego pasar al resto, en vez de terminar con él como al final hemos hecho.

El argumento del *Coloquio de los perros* para nosotros se construye trayendo el cuento del *Calila y Dimna* al Valladolid presente de Miguel de Cervantes, sustituyendo a los dos chacales por dos perros y al rey por el Alférez Campuzano y Mahudes. La intención posterior de Cervantes es hacer una colección de cuentos al estilo de estas recopilaciones que hemos citado, pero con anécdotas y exempla nuevos, que él ha recopilado y novelado "por primera vez en lengua castellana". Armazón tradicional, nuevas historias. Así de simple.

En esto estaríamos de acuerdo con Carmen Armijo sobre los diversos sostenes de este relato: Fábulas y mitología, humanismo religioso (moralejas, ejemplaridad), Calila e Dimna de Alfonso X *El Sabio* (esquema argumental), Sendebar (colección de historias) y dos que faltarían que son los personajes históricos presentes (Mahudes) y entorno histórico actual (Valladolid, Hospital de la Resurrección):

Cervantes hace una lectura del Evangelio que combina con la narrativa medieval: el Calila e Dimna, el Sendebar, el Conde Lucanor, junto con la tradición de fábulas greco-latinas. Este encuentro entre la narrativa de la novela, el humanismo religioso y la intención ejemplar puede ser observada en la Novela[12].

Para nosotros la genética en remoto entre ambos textos es innegable. Luego estaría la discusión sobre las influencias inmediatas. Por ejemplo, ¿de dónde extrajo el alcalaíno la idea de la *Ilustre fregona*, de un cuento tradicional oral o fue una réplica a las obras de Lope de Vega que lo tratan? El que sea esto último, es decir que la fuente inmediata sea literaria, lo más probable por otra parte, no le quita un ápice de cuento ancestral al argumento en sí. Estamos hablando de cuestiones diferentes.

Otra cuestión es la valoración del peso específico de cada tipo de antecedentes. Para Amezúa y Mayo la clave del origen del *Coloquio de los perros* es precisamente la existencia del personaje histórico de Mahudes y sus perros. Esto, según Beusterien, le hace pensar que Valladolid es clave para su producción literaria, en concreto esta novela, muy por encima del cautiverio en Argel y su experiencia sevillana[13]. Si esto es así, Amezúa, como la mayoría del cervantismo decimonónico se vino muy arriba con muy escasas pruebas y un número muy reducido de personajes. Como hemos visto, pienso que Cervantes apenas cuenta con Valladolid en comparación con otras ciudades donde también residió.

Pero eso no significa que llevara cierta razón y que su descrédito sea injustificado—coincido con él en quitarle peso al cautiverio—. El naturalismo de que hace gala, hablando de un Cervantes que ve a los perros andando por las calles de Valladolid desde su ventana, nosotros también lo hemos utilizado en otros casos como simple imagen ilustrativa y muy imaginativa de lo que pudo suceder.

Del aparente encono y enfrentamiento entre dos posturas contrapuestas en la que nosotros hemos tomado parte claramente por la convivencia de ambas: la creatividad y el realismo[14]. Somos conscientes de que es esta una hipótesis con muy pocos adeptos actualmente, como todo lo que tiene que ver con fuentes históricas. De hecho, la mención de Carmen Armijo al *Calila y Dimna* es una cita menor y muy de pasada. Mahudes no hace falta precisar que ni aparece. Adrián J. Sáez en sus dos amplios y recientes estudio sobre

---

12   Armijo, 1990, p. 620.
13   Cervantes, 1912.
14   Beusterien, 2014, pp. 117-123.

la verosimilitud en esta novela menciona otras fuentes alternativas como el *Diálogo entre dos perrillos* de Baltasar del Alcázar o la *Historia del anciano y dos perros negros* de las Mil y una noches[15].

El asunto sobre la biografía del Luis de Mahudes histórico, para un personaje relativamente importante, pero a la vez secundario, parece ya cerrado con el extenso artículo de la archivera, directora del Archivo Histórico Provincial de Valladolid y académica Amalia Prieto Cantero. Apenas ha sido referenciado. Entendemos que se debe al escaso interés por el realismo y además porque es antiguo y está publicado en un ámbito externo a la teoría literaria. Ella, que, desde su cargo, consiguió rescatar el Archivo del Hospital de la Resurrección, tuvo acceso privilegiado y de primera mano a los documentos sobre el mayordomo Luis de Mahudes y dictó una serie de sentencias muy interesantes. Parece ser que desde entonces el tema en el ámbito documental no ha vuelto a ser revisado por extenso (1977):

> Don Bartholomé Plaça, por la gracia de Dios y de la Sancta Yglesia de Roma, Obispo de Valladolid, del Consejo del Rey Nuestro Señor. Por la presente damos licencia a Luis de Mahudes, mayordomo del Hospital de los desamparados, extramuros desta dicha ciudad o a la persona que él nombrare y pusiere, para que pueda pedir limosna para el dicho hospital, en la forma acostumbrada (1598)[16.]

En concordancia con María del Sagrario Medrano[17], Amalia Prieto enmienda la plana a los anteriores cervantistas y al propio Cervantes mostrando cierto carácter, puesto que según ella el poeta sitúa la acción en el Hospital de la Resurrección erróneamente: Mahudes fue creador del Hospital de los Desamparados (1591) y donde paseaba con sus perros era en éste y no en aquel. La confusión viene porque cuando el alcalaíno llega a Valladolid, Mahudes ya ha muerto (1600) y un hospital heredó al otro.

Este dato es muy importante, no lo debemos pasar de largo, porque implica que Cervantes nunca pudo ver la escena de que habla—el paseo del mayordomo con los canes-, sino que necesariamente tuvo que escucharlo oralmente como si fuera un chisme o anécdota e imaginárselo [folclore/hechos reales]. Esto ya hemos visto que es una constante en el resto de las fuentes

---

15   También menciona a Jarocka, Marja Ludwika y su artículo sobre el "Calila e Dimna". Sáez, 2009, pp. 797-806; Sáez, 2010, pp. 215-228.
16   Prieto, 1977, pp. 1-54.
17   En una tesina reciente hay dedicado un capítulo entero a esta archivera y sus descubrimientos. Medrano, 2013, pp. 56-58.

folklóricas en *Novelas ejemplares*: Su canal es la transmisión oral, no vivencias propias y personales del autor. Lógico por otra parte, teniendo en cuenta que necesita historias recientes que encajen con cuentos ancestrales, y no son fáciles de encontrar. También parece ser que los perros nunca aparecieron expresamente en la documentación. Es una presunción de Amezúa que todos hemos asumido retroalimentándonos, precisamente porque aparecen en el *Coloquio*.

11.3 Estructura temática: La alegoría de las tres edades, el mito de Edipo y la adivinanza de la Esfinge

Una vez hecho el despliegue de las historias en que se compone la recopilación de facto del *Coloquio* se nos allegó una idea inmediata que aún está cociéndose. No sólo el contenido de las mismas responde a antecedentes mitológicos y folklóricos, sino que su estructura y organización, el marco al fin y al cabo donde todos se insertan, parece también responder al mismo concepto tradicional. Comencé por la *Alegoría de las tres edades* de Tiziano (1512-1514), y terminé por *La adivinanza de la Esfinge* en el mito de Edipo[18]. ¿Qué animal es el que primero se arrastra, luego va a dos patas y después a tres? Pues así hemos incluido la infancia, la juventud, la madurez y la vejez-muerte en nuestro esquema.

Visto así, obviamente todo el cuento parece ser de nuevo un mito moderno en la pluma cervantina. En esta línea, la elección del Hospital de la Resurrección para situar la acción no es ninguna casualidad, porque el relato en su conjunto tiene entonces que terminar con la enfermedad y la muerte, y qué mejor localización para ello que un Hospital con cuidados paliativos. Todo parecía indicar que el motivo había sido solamente por Mahudes y los perros o la cercanía física por otra parte a su casa en Valladolid—el Hospital estaba a la trasera del domicilio vallisoletano del poeta[19]—, pero no estaría de más plantearse una visión mucho más amplia y compleja. Desde el principio nos hemos planteado el porqué del comienzo y final de cada novela, y esta pregunta está dando sus frutos.

Todos los cuentos están ordenados como un viaje iniciático; la heroína es Berganza, pero podemos ser cualquiera de nosotros que cumplimos etapas en la vida. La complejidad temática es excepcional, porque tenemos que tener en cuenta que lo que proponemos es que existe un arduo proceso intelectual de búsqueda y composición: Conlleva seleccionar la historia base tradicional, escuchar, acumular en la memoria, quizás anotar, historias actuales con

---

18   Prat, 2006, pp. 75-87.
19   Teijeiro, 2014, pp. 177-179.

mimbres similares y hacer una mezcla en que todo encaje sin que se perciban las suturas.

Si hay una equivalencia de cada cuento con algún episodio de la propia vida de Cervantes; es pronto para comprobarlo y afirmarlo, pero parece desde luego que es evidente que, no sé si en todos, pero en algunos sí que se traslucen claramente aspectos de su personalidad [aprendizaje intelectual (3), la milicia (8), el poeta (12), la perrilla de falda (16)].

De todos modos, como casi todo en el cervantismo esta propuesta ya fue transitada también por Amezúa, para quién este coloquio era una especie de "memorias íntimas" del escritor, con mucho de biografía y de vivencias personales. Hasta el romanticismo alemán, que idolatro, trató este tema[20]. A pesar de todo, creo que no llegó tan lejos.

11.4 El esquema: Las tres edades y la colección de cuentos.

(1) Infancia (Primer bloque)

Nacimiento a palos: Nicolás "el Romo" y el matadero de Sevilla, 1

La pérdida de la inocencia: Los pastores y el lobo, 2

El aprendizaje intelectual: El mercader y el estudio de gramática, Sevilla, 3

(2) Juventud (Segundo bloque): La justicia y el idealismo de la juventud

La justicia hasta la muerte: Los amores de la esclava, Sevilla, 4

La inocencia no cuenta: El amancebamiento de la Colindres, el bretón, el alguacil y el escribano, Sanlúcar de Barrameda (Cádiz), 5

La justicia es ciega, 1: El alguacil cobarde, Sevilla-Jerez de la Frontera, 6

La justicia es ciega, 2: El robo del caballo Piedehierro, Badajoz, Antequera (Málaga), 7

(3) Madurez (Tercer bloque). La integración en la sociedad (familia, trabajo, amigos, socialización)

Trabajo: El atambor y el "perro sabio", Mairena (Sevilla), 8

---

20 Cervantes, García López, 2013, p. 1006.

Familia: La bruja Cañizares y el perro Montiel (Las brujas de Córdoba), Montilla (Córdoba), 9

Sociedad: El Conde Maldonado, Granada, 10

Sociedad: El morisco de Granada; Granada, 11

La reflexión final: Echar la vista atrás, arrepentimiento.

Lo que he recibido: [El mancebo poeta, 12]

Volver a empezar: [Los perros de Mahudes, Valladolid, 13]

(4) Vejez, Enfermedad y Muerte (Cuarto bloque, final).

La búsqueda de soluciones: (1) Pensar, (2) reclamar, (3) puertas cerradas.

Pensar: El alquimista, el poeta, el matemático y el arbitrista, Hospital de la Resurrección (Valladolid), 14. Tántalo, tenerlo delante y no poder tocarlo.

Protestar: El pobre ignorante, el corregidor y las mozas vagabundas, Valladolid, 15

Decepción: La señora con la perrilla de falda, Valladolid, 16 No conseguí lo que quería.

Desarrollo.

11.5 Primer bloque: El nacimiento, la pérdida de la inocencia, el aprendizaje

Nicolás *El Romo* y el matadero de Sevilla, 1: El aprendizaje que se puede extraer de esta trama es que la sociedad es una selva en la que no puedes pedir que haya honra: *No me maravillo, Berganza; que, como el hacer mal viene de natural cosecha, fácilmente se aprende el hacerle*. Es una idea mixta del Barroco con la del *buen salvaje*, que se vuelve malo con la "civilización", más propia de tiempos posteriores (Rousseau, Montaigne). Es una historia picaresca de ladrones, buscavidas y gente de mal vivir en que todos roban.

El nacimiento: Difícilmente hay una sentencia tan cruda para comenzar una novela como ésta: "Vese claro en que, apenas ha sacado el niño el brazo de las fajas, cuando levanta la mano con muestras de querer vengarse de quien, a su parecer, le ofende; y casi la primera palabra articulada que habla es llamar puta a su ama o a su madre"[21].

Personajes: Por supuesto *el Romo* es un apellido completamente real, no está inventado. Probablemente comenzaría como un apodo. Aunque ahora nos suene extraño, en la Sevilla del dieciséis eran numerosos, pasaron muchos a Indias, y los había de todas las clases sociales, no sólo matarifes como en la novela[22].

Los pastores y el lobo, 2: Es la primera etapa de la vida es donde se produce *la pérdida de la inocencia*. Es un juego de metáforas entre el mundo bucólico y su trasunto en el mundo real. Temáticamente está enlazado en su literalidad con el cuento de Juan Haldudo y el pastor Andrés de *El Quijote* (*Don Quijote* I, IV), puesto que en el relato se trasluce que el pastor Andrés probablemente también engaña a su amo con la pérdida de las ovejas. La crítica decimonónica lo atribuyó a un hecho real en el Puerto de Santa María con escaso éxito y repercusión[23].

Comienza con una declaración autobiográfica de intenciones sobre la ilusión con que afrontas tus primeros trabajos y la propia vida; los efluvios de la juventud llevan a pensar que puedes con todo, que vas a cambiar el mundo y que te convertirás en el paladín de los menesterosos, como el propio caballero andante don Quijote en la ficción: "Pareciéndome ser propio y natural oficio de los perros guardar ganado, que es obra donde se encierra una virtud grande, como es amparar y defender de los poderosos y soberbios los humildes y los que poco pueden".

---

21   Redondo, 1990, pp. 857-873.
22   Existen decenas de expedientes que lo prueban. Obviamente no hemos encontrado un matarife llamado Nicolás. Habría que comprobarlo en los archivos municipales y padrones. [Hernando el Romo, hijo de Juan Romo y de Catalina Sánchez, vecinos de Sevilla 1515-05-22]. AGI. Contratación, 5536, Leg.1, F.405(1).
[Andrés Hernández el Romo, hijo de Antón Ruiz el Romo y de Juana Hernández Anrique, vecinos de Córdoba, al Río de la Plata. 1535-07-31] AGI. Contratación,5536, L.3, F.347(6).
[Licencia de criados para Antonio Álvarez del Romo, tesorero. 1554-12-19, Valladolid] AGI. Lima,567, L.7, F.485R.
23   Se supone que cuando Berganza habla de los tres pastores que roban se está refiriendo a los jefes de Cervantes ahorcados por un Juez de Comisión en el Puerto de Santa María. La idea procede de Francisco Rodríguez Marín. Ya lo vimos. No hay homonimia, es arriesgada. Astrana, 1948, T. V, Cap. LVII, p. 59 y ss.

Pero luego resultó que descubres que *el lobo es el pastor*. Esa es precisamente la moraleja del cuento: Si el que debe hacer cumplir la ley es el primero que se la salta. ¿Quién vigila al vigilante? No te puedes fiar de nadie, ni siquiera de aquel que te favoreció y fue tu amigo.

En un segundo nivel de análisis, aún más personal, sabemos que Cervantes comienza a ser novelista con *La Galatea* (1585), un libro pastoril. El tema del segundo cuento de la recopilación no está escogido al azar. Con la sabiduría que dan los años, y echando la vista atrás, manifiesta una cierta decepción y arrepentimiento podríamos decir, ya que incluye una autocrítica a la inverosimilitud de su propia obra literaria, una vez que treinta años después ha evolucionado hacia el realismo que le imponen los años y su propia experiencia: "Por donde vine a entender lo que pienso que deben de creer todos: que todos aquellos libros son cosas soñadas y bien escritas para entretenimiento de los ociosos, y no verdad alguna".

El mercader y el estudio de gramática, Sevilla, 3: El perro entra al servicio de un mercader muy rico. Le hacen llevar el "vademécum" a la Gramática de los Jesuitas en la boca, hasta que los maestros se cansan del perro gracioso. Es el relato dedicado a la etapa del aprendizaje. Y aquí el perro la hace en Sevilla, donde se la atribuyen estudios primerizos al propio Miguel de Cervantes[24].

Los mercaderes como personajes secundarios recurrentes son un *leitmotiv* de Cervantes como hemos visto, sobre todo los genoveses. Su opinión de su ascenso social simplemente por el dinero no es buena, sin respetar las reglas, aunque sean injustas, como la limpieza de sangre, tradición y procedimiento reglado, con los símbolos de la falsa nobleza impuestos a los hijos en el pecho de su nuevo traje de caballero. Es en este punto también notoriamente autobiográfico, pues tuvo muchísima relación con ellos como hemos visto (Valladolid, proceso Ezpeleta)[25]. Es lógico que, viviendo allí, y teniendo estos contactos, guarde un espacio para ellos en su memoria y deslice una cita en este momento concreto.

El primer consejo viene porque cuando ya has dado un paso adelante, y piensas que la vida te sonríe, puedes dar dos pasos atrás: "Volví a entregar el cuello a la cadena y el cuerpo a una esterilla que detrás de la puerta me pusieron. [...] Y de allí a poco se vuelve a padecer la suerte primera y a los primeros trabajos y desdichas, es un dolor tan riguroso que, si no acaba la vida, es por atormentarla más viviendo".

---

24   "En el mejor de los casos se le hace estudiante en el colegio sevillano de los jesuitas". Teijerio, 2014, p. 139.
25   Canavaggio, 1997, pp. 25-45.

Es una *Novela ejemplar* en potencia; Cervantes vuelve a tomar una conocida fábula de Esopo del *asno y la perrita faldera* [folclore][26] —y lo sabemos porque él mismo lo dice expresamente, así lo hace también con Cupido en (*Las dos doncellas*)-, y la adapta otra vez al presente buscando un hecho cercano. La segunda moraleja es que, aun portándote bien, incluso haciéndolo mejor que otros, ellos reciben caricias y tú palos. En este contexto, puede ser una alegoría, un trasunto del éxito intelectual de otros mediocres frente al suyo.

11.6 El idealismo de la juventud: La búsqueda de la justicia

En *El Persiles* volverá de nuevo a este *leitmotiv* de su literatura: la idea de la corrupción de las instancias judiciales: La comitiva de los peregrinos es detenida por creerles culpables del asesinato de Diego de Parraces (*Los trabajos de Persiles y Sigismunda*, III). Decimos esto, por no hacer siempre las mismas referencias a *El Quijote* y el ideal de justicia que impregna todo el texto, desde un punto de vista paródico y melancólico a veces[27].

Los amores de la esclava, Sevilla, 4: Subtrama del cuento anterior, que continúa teniendo como escenario la casa del mercader. El perro intenta ser lo más justo posible, incluso hasta pasa hambre para cumplir su función de vigilancia. Ataca virulentamente a aquella que incumple las reglas en su función de agente del orden. Lo único que consigue es casi perder la vida porque intentan envenenarlo con una esponja mojada en manteca. Desde el punto de vista del contenido, las historias que incorporan el veneno son una constante en las *Novelas ejemplares* (*La española inglesa*, *El licenciado Vidriera*, *membrillo Toledano*). La moraleja es que el entorno te lleva a ser corrupto y como poco desinteresado de tus obligaciones, puesto que cumplir la ley a rajatabla te hace pasar calamidades y jugarte la vida.

El amancebamiento de la Colindres, el bretón, el alguacil y el escribano, Sanlúcar de Barrameda (Cádiz), 5.1: Un relato de equívocos, una comedia bufa. Probablemente una de las historias que hubiera merecido desarrollarse y convertirse en novela corta. La dueña y mesonera era mujer de un hidalgo (con carta de ejecutoria según presume) y por tanto su declaración tenía más peso

---

26 "Acordándome de la fábula de Isopo, cuando aquel asno, tan asno que quiso hacer a su señor las mismas caricias que le hacía una perrilla regalada suya, que le granjearon ser molido a palos. Parecióme que en esta fábula se nos dio a entender que las gracias y donaires de algunos no están bien en otros".

27 Pons, 1922.

que las demás. Esto es un chisme de la época real, puesto que es algo que se puede constatar en la documentación de la época.

Conclusión, 5.2: El ladrón fue otro (de hecho, el mismo perro), pero no importó. Ninguno mentía, pero todos acabaron en la cárcel, sin respetar lo que hoy llamaríamos presunción de inocencia. Vuelta de tuerca de nuevo sobre la injusticia contra los inocentes, que pagan siempre hagan lo que hagan.

Los personajes, 5.3: El apelativo de *Colindres* hace referencia también a un apellido conocido de la Sevilla renacentista, que está ahí acorde con la historia: Es más, podría referirse en otra mención bufa sin muchos problemas a Nuflo de Colindres[28], poeta sevillano que coincidió con Cervantes[29], como así hizo un guiño a Juan Rufo anteriormente en el episodio del *Gorrero Triguillos* (*La gitanilla*). En cuanto al contexto histórico, la ambientación es completamente real: Hace mención a la gran colonia de mercaderes bretones que había instalados en Sanlúcar de Barrameda[30].

El alguacil cobarde, Sevilla-Jerez de la Frontera, 6.1: Segunda parte del cuento anterior. Es una nueva versión de *Rinconete y Cortadillo* con similares personajes y situaciones, de nuevo picaresca. El alguacil acomete a seis rufianes él solo en la Puerta de Jerez. El héroe en realidad es un villano, amigo de secuaces que aparecen como personajes secundarios. Hoy se conoce a este

---

28   Descendiente también de mercaderes y terratenientes con tráfico con las Indias. [Real cédula dando licencia Nuflo de Colindres, vecino de Sevilla, para enviar a Indias, 6 garañones libres del almojarifazgo. 1549-11-09, Cigales] AGI. Indiferente,424, L. 22, f.29 V/2.

29   Montero, 2020, pp. 68-82.

30   Había hasta en Sanlúcar de Barrameda una calle de los bretones. "Los mercaderes castellanos estaban acostumbrados a frecuentar las costas de Bretaña desde el siglo XIII, pero es a partir del XV, coincidiendo con la estabilidad de la colonia de mercaderes establecida en Nantes cuando las relaciones se intensifican".

Bello León, Juan Manuel, «Apuntes para el estudio de la influencia del corso y la piratería en la política exterior de los Reyes Católicos», *Historia, Instituciones, Documentos*, n° 23, 1996, p. 74

Salas Almela, Luis, «Nobleza y fiscalidad en la Ruta de las Indias: el emporio señorial de Sanlúcar de Barrameda (1576-1641)», *Anuario de Estudios Americanos*, n° 64, 2, julio-diciembre, 13-60, Sevilla, 2007, pp. 13-60

[Juan Rodríguez, guarda de la saca de la moneda de Sevilla, contra Tan Gilibrer, bretón, sobre sacar moneda acuñada de estos reinos. 1570]. AHN. CONSEJOS,25407, Exp.7.

trastorno como el *síndrome del héroe* y ha sido tratado en múltiples series y películas.

Los personajes, 6.2: Nicolás *el Romo*, Monipodio y el Asistente de Sevilla Sarmiento de Valladares (1589) personaje completamente real de la época cervantina y además con ese cargo[31]. La aparición de este último está relacionada directamente con el tema del bandolerismo, recurrente en la novelística cervantina, y por tanto directamente con el personaje del conde del Puñonrostro y sus ejecuciones (*La gitanilla*), con los bandoleros de *La Galatea* y por supuesto con las citas de bandoleros catalanes,—Roque Guinart a la cabeza (*Don Quijote, Las dos doncellas*)—[32]. ¿A qué se deben estas concomitancias? Estudiado el bandolerismo andaluz del siglo XVII por Francisco Andújar, resulta cómo este Alcalde de Casa y Corte había hecho castigos públicos en Úbeda en la famosa "destrucción de La Sauceda", que pasó a la literatura con Cervantes (*El coloquio de los perros*) y Vicente Espinel (*Marcos de Obregón*)[33].

El robo del caballo Piedehierro, Badajoz, Antequera (Málaga), 7.1: Como siempre Cervantes mezcla mitología clásica, con folklore y hechos reales que pudo conocer. Es una versión del refrán o conseja *la avaricia rompe el saco*, sumado a la historia griega de Heracles con Autólico, Éurito e Ífito, y la romana del caballo Seyano, adaptado a su vez un ejemplo actual.

En resumen, un caballo es robado en Antequera. Los ladrones dijeron que un tal Pedro de Losada le debía una cédula de cuatrocientos reales, lo reconoció y dio el caballo hurtado por prenda. Salió a subasta por quinientos reales por intermedio de un hombre de paja. Cobraron los ladrones y el Losada una deuda que no tenían. Los dueños vinieron y demostraron que el caballo era suyo. El nuevo amo, que era inocente pero avaricioso, por comprar duros a cuatro pesetas sin ver que estas gangas siempre esconden alguna trampa, perdió el rocín y todo el dinero.

Las similitudes con el mito clásico son evidentes, y creo que le debemos a este la elección de este tema tan singular y discordante con el resto en este momento del cuento: Autólico, el mejor ladrón, roba las yeguas al rey Éurito y se las vende a Heracles. Ífito, hijo del monarca, le dice que hay que buscarlas,

---

31 [Visita hecha al Hospital Real de Sevilla por el licenciado Juan Sarmiento Valladares, asistente de Sevilla y del Consejo Real]. AGS. Consejo Real de Castilla, Leg. 517,1 [Diversas cartas del Alcalde de Sevilla, Juan Sarmiento Valladares]. AGS. PTR, Leg. 81, doc. 282.
32 Aladró, 2103, p. 317
33 Andújar, 2010, pp. 255-283.

sospechando que las había robado por despecho amoroso. Heracles se venga tirando a Ífito desde una torre o una muralla. Parte de este mito también aparece reflejado en *El Persiles* en el cuento de Claricia y Domicio (*Los trabajos de Persiles y Sigismunda*, III, XIV).

La mención expresa que esta vez se hace de la mitología es el caballo Seyano, que parece que también estuvo basado en hechos reales. Traído por Hércules, de nuevo, de Grecia, todo nuevo dueño que tenía moría de inmediato. Es el ejemplo clásico del gafado, de la mala suerte. Antonio de Guevara en su *Libro primero de las epístolas familiares* (1541) incluye una *Letra para don Juan de Palamós*, en la cual se declara quién fue el caballo Seyano, con una leyenda completamente diferente adaptada a la historia medieval española, donde el caballo es de Segorbe, son cinco los caballeros muertos y hasta un propietario el rey don Jaime. Ejemplos modernos de este cuento o leyendas urbanas como nos gusta decir, son las joyas de la realeza, el más famoso el diamante Hope.

Ejemplaridad, 7.2: La moraleja o ejemplaridad es que los ladrones, que deberían ser castigados, se aprovechan de los mismos mecanismos y procedimientos de la justicia para robar y cobrar. Mientras que la codicia del comprador inocente del caballo le pierde.

Personajes, 7.3: El nombre del caballo responde a una dehesa de Badajoz (Extremadura), donde, obviamente se crían caballos entre otros animales[34]. Por ese mimetismo, o incluso un apodo de la época, pudo el poeta preparar el nombre. También era un apellido. Ya en 1416 fue ahorcado un Alfón Piedehierro y consta un contrato de rozas de dehesas de un tal Alonso Andrés Piedehierro en Talavera de la Reina (Toledo, 1537), de donde procedía la familia de Cervantes y lugar pasajero en *Los trabajos de Persiles y Sigismunda*[35].

11.7 Tercer bloque: La integración en la sociedad (familia, amigos, las clases sociales)

El atambor y el *perro sabio*, Mairena (Sevilla), 8.1: Aquí se mezclan elementos autobiográficos (la milicia), que no podríamos resumir en estas líneas. Es una

---

34 [Pleito entre la ciudad de Badajoz (Badajoz) contra la villa de Talavera la Real (Badajoz) junto con el Consejo de la Mesta sobre la pretensión de prorrogar el arbitrio de la dehesa de Piedehierro y destinarlo a la asistencia de la casa y hospital de niños expósitos en dicha ciudad. 1723, Badajoz (Badajoz)] AHN. Consejos, Leg. 35169, exp.1.

35 Una completísima historia de esta dehesa del propio término de Badajoz capital se encuentra desde la Edad Media. Guerra, 1984, pp. 437-476.

historia bisagra que da paso a la más importante de las brujas de Córdoba. La llamada "Montiel" lo confunde con su hijo. Utiliza nombres grotescos como en el episodio de la manada de ovejas en *El Quijote* (Pimpinela de Plafagonia). [Ejemplaridad]: No es bueno hacerse demasiado el listo; es mejor pasar desapercibido. Es el consejo que todavía hoy nos daban en el ejército.

Personajes, 8.2: Aparece de nuevo el bachiller Pasillas, que se firma licenciado sin tener grado alguno. Es probablemente el mismo personaje que aparece en el entremés de *"La guarda cuidadosa"* descrito como el Sacristán Lorenzo Pasillas. Es un linaje real de Jaén (Osuna)—lugar frecuentado por Cervantes en sus comisiones[36]—con varios religiosos en su seno. Por el contexto, nos inclinamos por una referencia indirecta a Alonso de Pasillas, un sacerdote que pasó en 1567 a Nueva España desde Sevilla con sus esclavos (Michoacán)[37]. En 1492, recién conquistado el pueblo de Campillos (Málaga) sus neopobladores fueron Rui García de Pasillas y Juan de Pasillas, todos vecinos de Osuna (Jaén), con lo cual la familia estaba ya asentada en esta población jienense en la Baja Edad Media[38].

Fuera de personajes, la trama tiene relación simbiótica con la historia del Licenciado Alonso López de Alcobendas en el primer Quijote, quien también mentía sobre su condición de bachiller (*Don Quijote* I, XIX).

La bruja Cañizares y el perro Montiel (Las brujas de Córdoba), Montilla (Córdoba), 9.1: Cuento doblado, segunda historia. Según la crítica Cervantes no creía en la brujería[39], pero aquí inserta una subtrama en la que aparecen las tres brujas más famosas de la Andalucía de la época, las cordobesas *La Cañizares*, *La Montilla* y *La Camacha* [Personajes, entorno histórico, 9.2]. La leyenda se contaba como real, por lo que lo podemos considerar una mezcla de folklore y verdad histórica.

---

36   Cabello, 2020, pp. 21-34.

37   Existen varios documentos (5) en el AGI sobre este clérigo. [Real Cédula a los oficiales de la Casa de la Contratación dando licencia a Alonso de Pasillas, clérigo presbítero, para pasar a Michoacán. 1567-05-28, El Escorial] AGI. Indiferente,1967, L. 16, f. 202 v.

38   Aguilar, 1891, p. 25.

39   La brujería y sus artes en Cervantes es prácticamente una subespecialidad dentro del cervantismo, al igual que lo morisco o el cautiverio. Si tuviéramos que hacer referencia aquí a un estado de la cuestión, necesitaríamos mínimo un capítulo específico. De hecho, Muñoz Machado en su última biografía del genio se lo dedica: Muñoz Machado, 2022, p. 533 y ss.

A pesar de que los procesos inquisitoriales a lo largo de los siglos fueron muy numerosos, estos de *Las Camachas* tuvieron un largo recorrido hasta el siglo XIX en diversas crónicas[40]. Temáticamente, tiene mucho que ver con el también famosísimo caso del doctor Torralba, también procesado por la inquisición (1527), que inmortaliza en el episodio del caballo Clavileño en la segunda parte del *Quijote*[41].

Leonor Rodríguez, que así se llamaba la más famosa de las brujas y hechiceras (Montilla, Córdoba, 1532-1585), recibió el apodo de su abuelo (Antón García Camacho). Del estudio de Rocío Alamillos extraemos la noticia, muy interesante, de que al igual que Luis de Mahudes o María Núñez (*La española inglesa*), cuando Cervantes llega a Montilla en sus comisiones en 1591, la bruja llevaba cinco años muerta. Pudo incluso haberse hospedado en su mesón. Entonces estamos ya hablando de transmisión oral y de un chisme, una conseja, todavía no en el mito o leyenda en que se convirtió después[42].

Técnica literaria. El autor aprovecha que uno de sus "poderes" era convertir sus hijos en animales, para entrar a Berganza como personaje en el nudo de la historia. Las descripciones son extraordinariamente crudas. Para García López el episodio al completo de la Cañizares tiene como fundamento fundamentar la verosimilitud de toda la novela[43].

El Conde Maldonado, Granada, 10: Es una especie de segunda versión de *La gitanilla*, situada esta vez en Granada, incluso este personaje puede ser el origen oral de la primera novela junto con la leyenda de María Cabrera (1488). Trata sobre el paje de un conde, al que respetan por hacerse gitano.

Es obvio que el poeta escuchó esta conseja probablemente con apelativos y circunstancias[44]. El nombre y título de *Conde* para el patriarca gitano consta desde la primera referencia a la entrada de este pueblo nómada en España (salvoconducto de Alfonso V de Aragón al conde Juan de Egipto *Menor*, 1425). En cuanto a que todos los gitanos se llamaban Maldonado, era un apellido muy común entre esta comunidad[45].

El morisco de Granada; Granada, 11: El perro pasa mucha hambre. El tono con los moriscos frente a *El Quijote* y otras obras es mucho menos condes-

---

40   Matute, 1836, pp. 23 y ss.
41   Caro, 1995, p. 231; Escudero, 2020c, p. 344.
42   Alamillos, 2010, pp. 46-49; Vicente, 1989, pp. 1-8.
43   Cervantes, García López, 2013, p. 1074.
44   Muñoz Machado, 2022, p. 336
45   [El fiscal contra Francisco Maldonado gitano, para enviarle a galeras. Úbeda (Jaén). 1640] AHN. Consejos, Leg. 27694, exp.11

cendiente, a veces duro. La crítica discute si se trata de la opinión propia del autor o es ficción[46].

11.8 La reflexión final.

El mancebo poeta, 12: Da la impresión de ser completamente autobiográfico, incluso es hasta quizás demasiado crudo porque es posible que no le sucediera a él, sino a algún dramaturgo compañero. El perro pasa por el Monasterio de San Jerónimo y encuentra a un mancebo poeta y pasa a su servicio; desde el principio las alabanzas son completamente irónicas: ¡Mirad—dije entre mí—qué néctar o ambrosía me da este poeta, de los que ellos dicen que se mantienen los dioses y su Apolo allá en el cielo!.
[Personajes] Aparece de nuevo Angulo *El malo*[47], el personaje del segundo Quijote, toledano. [Conseja] Todo el público se marcha de su representación, le dan una herida, y no puede vengarse.
Los perros de Mahudes, Valladolid, 13: Desenlace. Se cierra el círculo. Mahudes por fin aparece. Es una persona real del Valladolid de la época (1597).

11.9 Finales de novela: El desenlace de la vida

El desenlace de la novela, como el de la vida, significa terminar en un hospital, con una enfermedad grave y mirando a la muerte a los ojos. A la pregunta de qué he conseguido con tanto esfuerzo, es volver a la casilla de salida y plantearte si nunca tuviste que irte.

11.10 La búsqueda de soluciones: Pensar, reclamar, pedir

[El alquimista, el poeta, el matemático y el arbitrista, Hospital de la Resurrección (Valladolid), 14: En cuatro camas de la enfermería estaban cuatro personas, todos hablando por los codos, todos dando soluciones imposibles e inverosímiles a los problemas del mundo, cada uno desde su punto de vista y sin escuchar ni atender al del resto. Se lamentan de que con su enorme preparación nadie les hace caso. Son locos e ignorantes (sesgo cognitivo conocido como el efecto Dunning-Kruger). Es la renovación de la historia mezclando de nuevo los ingredientes del folklore (cuento, chiste), mitología clásica (Tántalo y Sísifo, con su deseo inmortal imposible de cumplir) y la situación verosímil de una conversación cualquiera de barrio (hechos reales).

---

46   "Sin llegar a afirmar que el episodio del morisco sea un añadido forzado de Cervantes para poder insertar su diatriba contra la minoría y su alabanza de la expulsión". Benítez, 2018, p. 41
47   Fernández Nieto, 1995, p. 217.

El pobre ignorante, el corregidor y las mozas vagabundas, Valladolid, 15: La ignorancia del pobre. Se atreve a hablar al corregidor a voces y recibe una paliza a pesar de su buena intención. La moraleja es que a veces no sirve ni siquiera protestar por las injusticias o pedir algo si nadie te lo reclama. Puede ser peor.

La señora con la perrilla de falda, Valladolid, 16: Final. Es otra versión de la fábula de Esopo del asno y la perrilla que ya había incluido en esta misma novela. La ejemplaridad viene del lado de su propia vida: Su fracaso profesional al no conseguir un puesto relevante en la corte, ni en la administración de la monarquía: "Una muestra y señal desa verdad que dices nos dan algunos hombrecillos que a la sombra de sus amos se atreven a ser insolentes; y si acaso la muerte o otro accidente de fortuna derriba el árbol donde se arriman, luego se descubre y manifiesta su poco valor". Critica a los lacayos de los nobles con los que tuvo que lidiar—muchas veces no pudo acceder a la cabeza—(*El casamiento engañoso*).

En su testamento vital, *el Persiles* (1617) nos esperará a nosotros como lectores para volver a insistir por duplicado esta sentencia al hacer que Periandro y los peregrinos no pasasen por la Corte (Madrid), por prisas, ni por Toledo, advertidos por la peregrina con la que se cruzan:

> Confirmóles en este parecer la antigua peregrina, diciéndoles que andaban en la corte ciertos pequeños, que tenían fama de ser hijos de grandes; que, aunque pájaros noveles, se abatían al señuelo de cualquiera mujer hermosa, de cualquiera calidad que fuese: Que el amor antojadizo no busca calidades, sino hermosura.

12
Cervantes a través de la mirada de sus personajes

¿**Quién es Cervantes?**[1]: Convendremos que es cierto que no conocemos suficientemente bien la biografía de Cervantes como para ni siquiera plantearnos la pregunta. Pero dejar de lado el estudio del contexto histórico de los personajes y las tramas por un negacionismo conceptual, injustificado para nosotros, nos priva de un vía para conocer el factor humano. No todo son lecturas, también hay filias, fobias, enfados, experiencias pasajeras, gustos de un día, dudas y certezas, estados de ánimo. Aunque parezca mentira, podemos percibir algunos de ellos en cómo afronta el plan de obra de sus novelas. En esto marcamos un camino diametralmente opuesto a muchas opiniones establecidas.

Revivir a los *modelos muertos*: Frente a la idea de que Cervantes no es realista y sus personajes y argumentos son inventados, la documentación cuenta una historia completamente distinta. Al igual que a los teóricos de la literatura, a los historiadores y archiveros nos enseñaron a tener una fe ciega en un documento con escribano y data, aunque con matices.

Es cierto que la identificación de cada una de estas personas individualmente podría ofrecer dudas, el conjunto forma un bloque compacto que nos obliga a afrontar el análisis de estas novelas de forma diferente. Algunas de ellas como *La gitanilla*, *Las dos doncellas*, *Don Quijote* tienen una interpretación radicalmente distinta a las propuestas actuales, y aunque sea en detalles puntuales, no deberíamos verlas con los mismos ojos.

---

[1] Escudero, 2022c, pp. 143-158.

Allende del cautiverio; la influencia del medio: El cautiverio en Argel se considera, de facto, uno de los pocos elementos personales de su narrativa. El análisis historicista de las novelas ejemplares nos confirma que es cierto, que no es muy autobiográfico, al menos hasta el final de su vida. De hecho, podríamos decir que es más propenso a reflejar la vida de los demás que la suya propia.

Ahora bien, a la vista de los ciclos, debemos superar esta visión reducida y comenzar a aceptar que todas las experiencias vitales le influyeron, no sólo Argel. Hasta hemos propuesto un Cervantes más despreocupado en Toledo que en Valladolid, ciudad ésta última de la que prácticamente se olvidó. Eso se puede percibir en su tratamiento de los personajes históricos. Esto para nosotros es fundamental: Sin estas experiencias personales las novelas no serían las mismas.

Los familiares: Como ya dijo el profesor Teijeiro, es desconcertante el poco reflejo que existe en sus obras de Córdoba o Alcalá de Henares, es decir, de su niñez. Pero, aunque sea mínimo, existe. En *La gitanilla* las referencias a María Cabrera y al poeta cordobés Juan Rufo, pueden entenderse como cuentos personales, y en *La española inglesa* la mención a los Cifuentes y a las monjas del Convento de Santa Paula también pueden ser recuerdos de sus familiares sevillanos. Todo el llamado ciclo toledano, principalmente *Don Quijote*, *La ilustre fregona* y *Rinconete y Cortadillo*, está trufado de personajes enemigos de la familia política de Cervantes. Lo veremos.

Por último Antonio Rey Hazas ya advirtió que la mayor parte de sucesos que trata en sus novelas, y son muchas, son de mujeres a las que se priva de su libertad, ya sea sexual o física o que viven en un entorno asfixiante, en que falta ésta (*La gitanilla*, *La ilustre fregona*, *La española inglesa*, *La fuerza de la sangre*, *El amante liberal*, etc.). Nosotros añadiríamos que la ilegitimidad es también otro leitmotiv de otro buen número de relatos. Pensamos que en esta elección puede haber un motivo personal subyacentes: la propia existencia de su hija Isabel de Saavedra.

Los amigos: En el apartado que hemos denominado de las comisiones de abastos, parece que hace un homenaje a aquellos que le contrataron (Isunza y Gamboa). En *El licenciado Vidriera*, los Rueda y Diego de Valdivia parece remitir a su fallida y accidentada comisión en Écija (1588-1589). Los Villavicencio y Adorno a su cercanía a Jerez. Todas las menciones a los banqueros y poetas italianos (Vivaldo, Roqui, Carducha, Rótulo) pueden hacer referencia a este mundo de los negocios en el que desde la época de su abuelo, el corregidor Juan de Cervantes, estaba personalmente imbricado y que vio la luz en el proceso Ezpeleta de Valladolid. El alférez Campuzano y Pedro de Herrera tuvieron que tener alguna relación personal con el autor que aun no hemos sabido desentrañar (*El casamiento engañoso*).

Los enemigos: Entre las menciones irónicas, que serían muchas más como hemos visto. Tenemos dos grupos principales ya conocidos. Las menciones a Lope y los hidalgos Toledanos. En el primero, el argumento de *La gitanilla* y la cita a Francisco de Vera, Corregidor de Murcia en 1595 y al secuestro de su hija, es un golpe bajo a todo el lopismo. El segundo, también contradice la idea arraigada de que el manco de Lepanto se llevaba mal con su familia. Cada vez que repasamos nuestros apuntes crece en nosotros la idea que la mención socarrona de los linajes de Quijada (*Don Quijote*), Carriazo (*La ilustre fregona*), Argüello (*La ilustre fregona*), Rincón (*Rinconete y Cortadillo*), y otros, todos procedentes de Esquivias, Illescas, Borox (Toledo), no hubiera existido si no fueran enemigos acérrimos de los parientes más cercanos de su mujer, como ya hemos visto.

Los desconocidos y vecinos circunstanciales: Encabezan la lista los Carrizales (*El celoso extremeño*), convidados de piedra hasta el momento, y ahora unos hidalgos de Almendralejo (Badajoz) que descienden de Luis de Carrizales, secretario del Duque de Béjar, que pagó *El Quijote*. Este mecenas vuelve a aparecer como sostén del Conde de la Roca (*La gitanilla*). Son dos menciones soterradas al mismo tema, que nos indica que preocupaba, y mucho, al autor.

Entre los personajes inesperados se encuentran el escudero Contreras y el paje Santisteban. Recordemos que Cervantes fue camarero del Cardenal Acquaviva y conocía a la perfección el oficio. El primero lo podemos adscribir a los Mendoza y por tanto a Guadalajara y a su familia troncal (*La gitanilla*). El segundo, a Valladolid, el paje de los reyes Alonso de Santisteban, cuyos descendientes estaban en el séquito italiano de la coronación de Felipe III en la capital. De esta misma ciudad es Luis de Mahudes, mayordomo del Hospital de los Desamparados y sus perros. Un completo desgraciado que sólo ha pasado a la historia gracias a su mención en *El coloquio de los perros*. A quien, por cierto, Cervantes no pudo conocer personalmente pues murió en 1597.

Experiencias vitales: Dentro de los temas que le interesan y que reescribe varias veces, además de los ya conocidos como el cautiverio, descuellan "las guerras de religión" (*La española inglesa*), las *banderías trujillanas* (*El celoso extremeño*), *las banderías jerezanas* (*Las dos doncellas*), el motín de 1591 en Aragón y Cataluña, los bandoleros andaluces y catalanes y los cuentos manchegos. No tenemos un nexo claro documentado entre su biografía directa, estos hechos y los lugares donde ocurren (Extremadura, Jerez, Barcelona, La Mancha). Como ya se ha intentado desde la crítica, por el interés recurrente debe de haberlo. Nosotros hemos hecho nuestras propuestas.

Finalmente, dos menciones más que nos han resultado curiosas. La cita aparentemente errónea al asistente de Sevilla, el conde de Puñonrostro, amigo de los Salazar, su familia política. No puede ser un error, porque en esos momentos Cervantes estaba en la cárcel. Pensamos que temió por su vida, y este asistente fue su tabla de salvación.

La segunda, muy importante, la del *El coloquio de los perros*. No teníamos intención de incluirla en esta monografía, porque aun es simplemente un esquema, pero el número de cuentos y de personajes era tan sugerente que debía formar parte. Para nosotros es una alegoría de su propia vida, la de cualquiera de nosotros, con menciones hasta a sus propios fracasos personales como dramaturgo y frustraciones personales: La niñez, el aprendizaje, la milicia, los amigos, los malditos arribistas de la Corte. Por mucho que estén en boca de un "inocente" perro.

La personalidad de Cervantes: Aquí tendríamos muchas cosas que decir, que ya hemos ido desgranando muy sucintamente en los pasados apartados, pero por compendiar algunos: En primer lugar, es obvio que es un hombre que se considera un poeta de origen. Aunque ya lo afirme en el Parnaso, en las ejemplares dedica *La gitanilla* a todos los poetas que un día fueron y que le decepcionaron.

En segundo, la ironía invade muchas de las ejemplares y sus protagonistas. Ya se habían estudiado, por ejemplo, las menciones hiperbóreas y mitológicas de Carrizales en el *El celoso extremeño*, pero es una técnica común a la mayoría, incluso las más aparentemente serias y melífluas. En *Don Quijote* este método estallará con fuerza, por lo evidente, lo que no significa que no estuviera latente en el resto.

En segundo, *Las dos doncellas*, un poco ignoradas, toman otro cariz con su antifelipismo regio, ya conocido y que aquí añade otra muesca. Su alabanza de varios enemigos de la monarquía, al hilo del motín de Barcelona de 1591, no deja lugar a dudas y sorprendería en la época a los contemporáneos. A nivel personal, lo más destacable es que lo haga de Pedro de Vique, porque en teoría su amigo Pedro de Ludeña lo sustituyó (1586). ¿Qué pretendía? Alabar a un defenestrado cuando tu colega es el beneficiado, no deja en buen lugar a ninguno de los dos.

Fue maltratado por los grandes magnates y los pequeños que le servían. En *La Galatea* ya se puede percibir este desasosiego (1585), pero permanece semioculto entre pastores y se nota todavía la ilusión de la juventud. Al final de su vida (*Los trabajos de Persiles y Sigismunda*), las menciones se hacen ya notorias, cuando no quiere pasar ni por Madrid ni por Toledo con su comitiva de peregrinos, pero en las ejemplares hay dos ejemplos muy claros.

El primero es *La gitanilla*, donde ataca sin compasión a Fernando de Vera, a Lope y probablemente al Duque de Béjar. El segundo es en el *El coloquio de los perros*, frase con la que terminamos el libro. No hay duda, es un hombre en sus estertores con una gran amargura, decepcionado. No se siente valorado, ni siquiera en sus círculos.

Nosotros empatizamos con él muchísimo. Entendemos como Javier Salazar Rincón, que, aunque hidalgo, era pobre como su personaje don Quijote, y difícilmente podía ser aceptado en los altos círculos cortesanos o de gobierno que él pretendió integrar[2]. Lo de judeoconverso lo ocultaba, como la mayoría. Lo otro no podía. Ni siquiera en la milicia pasó de ser un humilde soldado.

La ironía y la ira en el *Quijote*: La inclusión del *Quijote* en el ciclo toledano y la misma existencia de este con cinco obras, ya supone una hipótesis arriesgada, pero es lo que cuentan los mismos personajes. Nosotros partimos de la base de que muchos de ellos, con nombres y apellidos responden a la realidad, y algunos los documentamos. Si partimos de esa hipótesis, hacemos un despliegue de los mismos e intentamos resolver el puzle, el resultado no parece tan descabellado.

Posiblemente estemos hablando de una reacción visceral y puntual hacia la cercanía física de los hidalgos de Esquivias, Lope de Vega o su mismo entorno político familiar, un único factor y todos ellos. Hubo un desencadenante que desconocemos, aunque intuimos, y no tiene por qué ser solamente poético. Luego probablemente se arrepintió porque no iba con él. *El Quijote* de 1605 quizás responde a un momento muy puntual de ira en Toledo. *El Quijote* de 1615 es sólo una contestación a una provocación que pudo ser o no ser.

Recuerdo cómo estaba conversando con el profesor Davydd J. Greenwood sobre el desconcierto que me producía el por qué Cervantes maltrataba tanto a su personaje Alonso Quijada, en un realismo exacerbado,

---

2 Salazar, 2010, pp. 209-250.

sangrante a veces, que por cierto el famoso antropólogo me corrigió. Entonces no lo entendía y el positivismo me ha dado poco a poco respuestas.

Pasado el tiempo seguimos teniendo el mismo problema para interpretar *El Quijote*. Cervantes abraza en Toledo lo que podríamos describir como un realismo radical. Los hechos son como la vida misma, desnudos. La risa no oculta la amargura. Su avanzada propuesta (1605) contrasta con la vuelta al clasicismo de muchas de las *Novelas ejemplares* (1613) y mucho más con *El Persiles* (1617). He llegado a pensar que no son del mismo autor. Hasta Ruth El Saffar se plantea que las novelas idealistas sean anteriores a las realistas[3].

Todas las explicaciones que se dan son puramente literarias y a nosotros siempre nos falta contar con el factor humano. El Cervantes comedido de todas sus novelas, que elimina incestos, duplica personajes para evitar dudas, que quita el adulterio de *El celoso extremeño*, que las termina llenas de una felicidad irónica, pero soterrada... Apenas se deja llevar en *El viejo celoso* y *La fuerza de la sangre*. ¿Por qué decide apalear constantemente a su personaje más famoso, y de paso a Lope y al resto, sin tapujos, ni metáforas cuando desdeña las comedias populares por zafias y vulgares?

Como no lo consideramos ingenuo, creemos que era consciente del terremoto que provocaba. En un momento determinado le da igual lo que piensen de él y sabe que su propuesta tendrá graves consecuencias: Burlas por su personaje, desprecios por sus sinónimos voluntarios, segundas partes anónimas... Después de leer miles de documentos de la época, la experiencia nos hace pensar que la rabia que se trasluce en mostrarse tal cual, tanto él como su personaje, en un momento concreto, para abandonarlo poco después por un realismo disfrazado y latente, completamente diferente a lo que piensa y nos ha demostrado que sabe hacer, puede deberse a una cuestión personal, ¿por qué no plantearlo?

El descubrimiento de que hubo un entorno "manchego" en su cercanía mientras vivió en Toledo creemos que nos explicaría muchos caminos literarios escogidos y es una de las líneas de investigación documental a seguir en los próximos años. Cervantes nos retrata, a veces con acidez, a las gentes que le rodeaban en vida. Ahora ellos, en venganza, nos cuentan aquello que no quiso que supiéramos de él mismo.

---

3   El Saffar, 1974, p. 189.

Bibliografía

Abellán Pérez, Juan, *El libro del Alcázar: Desde la toma de Jerez a la conquista de Gibraltar. Siglos XIII-XV*, Jerez, E.H. Editores, 2012.

Aguilar y Cano, Antonio, *Apuntes históricos de la villa de Campillos*. Puente Genil, Imprenta y Librería "Estrada y Reina", 1891.

Aladró, Jordi, «Cervantes y el bandolerismo catalán en el origen de la novela», *eHumanista/Cervantes 2*, 2103, pp. 316-339.

Alamillos Álvarez, Rocío, «Entre bruja y hechicera: La Camacha, la condena de Leonor Rodríguez, una hechicera Montillana», *Andalucía en la Historia*, año VI, nº 28 (2010), abril-junio, pp. 46-49.

Alonso Acero, Beatriz, *Sultanes de Berbería en tierras de la cristiandad. Exilio musulmán, conversión y asimilación en la Monarquía hispánica (siglos XVI y XVII)*, Barcelona (Bellaterra), 2006.

Alonso Cortés, Narciso, *Casos cervantinos tocantes a Valladolid*. Madrid, Junta para Ampliación de Estudios e Investigaciones Científicas, Centro de Estudios Históricos, 1916.

Alonso Cortés, Narciso. «Tres amigos de Cervantes», *Boletín de la Real Academia Española* 28, 1947-48, pp. 142-175.

Alonso Lafuente, Cristina, «El comentario de textos: La novela», *Didáctica (Lengua y Literatura)*. V. 14, 2002, pp. 93-107.

Altieri Sánchez, Juan, La Casa de los Figueroa del Castillo de Badajoz. Badajoz, Autoedición, 2015.

Álvar Ezquerra, Alfredo, «Esteban de Garibay (1533-1599), o doce claves y algunas relectiones para entender cómo paralizó la renovación historiográfica española», *Revista de Historiografía (RevHisto)*, nº 15, 2011, pp. 90-97.

Amezúa, Agustín G. de, *Cervantes creador de la novela corta española*. 2 vols. Madrid, CSIC, 1956-1958.

Andújar Castillo, Francisco, «Sobre los orígenes del bandolerismo andaluz. Un proceso de 1638», Lozano, Julián J.; Castellano, Juan L. (eds.), *Violencia y conflictividad en el universo barroco*, Granada, Comares, 2010, pp. 255-283.

Apraiz y Sáenz del Burgo, Julián de, *Cervantes vascófilo, o sea Cervantes vindicado de su supuesto antivizcainismo*. Domingo Sar, Vitoria, 1895.

Aranda Pérez, Francisco José, «Nobles, discretos varones que gobernáis a Toledo», *Poderes intermedios, poderes interpuestos: sociedad y oligarquías en la España moderna*. Cuenca: Universidad de Castilla-La Mancha, 1999, pp. 227-311.

Ariño, Francisco de, *Sucesos de Sevilla de 1592 a 1594*. Sevilla, Imprenta de d. Rafael Tarascó y Lassa, 1873.

Armas y Cárdenas, José de, «Cervantes y el *Quijote*», *El hombre, el libro y la época*, La Habana, La Moderna Poesía, 1905.

Armijo Canto, Carmen Elena, «La narrativa medieval y el *Coloquio de los perros*», *Actas del II Coloquio Internacional de la Asociación de Cervantistas, Alcalá de Henares 6-9 de noviembre de 1989*, Barcelona, Anthropos, 1990, pp. 615-620.

Asensio, José María. «El Loaysa de *El celoso extremeño*». *Boletín de la Real Academia de la Historia*, T. 42, 1903, pp. 442-445.

Astrana Marín, Luis, *Vida ejemplar y heroica de Miguel de Cervantes Saavedra con mil documentos hasta ahora inéditos y numerosas ilustraciones y grabados de época*. Madrid, Editorial Reus, 1948-1958.

Avalle-Arce, Juan Bautista, «Una tradición literaria: el cuento de los dos amigos», *Nueva Revista de Filología Hispánica, NRFH*, V. XI, n° 1, 1957, pp. 1-35.

―――. «El cuento de los dos amigos (Cervantes y la tradición literaria)», *Deslindes cervantinos*, Madrid, Ediciones de Historia, Geografía y Arte, 1961, pp. 163-235.

―――. «La captura (Cervantes y la autobiografía)», *Nuevos deslindes cervantinos*, Barcelona: Ariel, 1975, pp. 279-333.

―――. «La gitanilla», *Cervantes: Bulletin of the Cervantes Society of America* 1, 1-2, 1981, pp. 9-17.

Barbagallo, Antonio, «Sancho no es, se hace», *Cervantes: Bulletin of the Cervantes Society of America*. Volume XV, Number 1 (Spring 1995), pp. 46-59.

Barredo de Valenzuela y Arroyo, Adolfo; de Cadenas y López, Ampelio, *Nobiliario de Extremadura*. Tomo II (Letras C.-E), Instituto Salazar y Castro, Madrid, Hidalguía, 1997.

Bastús y Carrera, Vicente Joaquín, *Nuevas anotaciones al Ingenioso hidalgo don Quijote de la Mancha de Miguel de Cervantes Saavedra*, Barcelona, Imprenta de la Viuda e hijos de Gorchs, 1834.

Bataillon, Marcel, «La Dénonciation Mensongère dans *La gitanilla*», *BH*, n° 52, 1950, pp. 274-276.

Batlle i Gallart, Carme, «Els Granollacs, una família de metges de Barcelona (Segle XV)». *Gimbernat: Revista d'Història de la Medicina i de les Ciències de la Salut*, 1985, Vol. 3, p. 53-78.

Bello Léon, Juan Manuel, «Apuntes para el estudio de la influencia del corso y la piratería en la política exterior de los Reyes Católicos», *Historia, Instituciones, Documentos*, n° 23, 1996, pp. 63-98.

Beltrán Almería, Luis, «Las formas simples del romancero hispánico», *Revista de Filología Española (RFE)*, T. XCV, enero-junio 2015, pp. 25-44.

Bennassar, Bartolomé, *La España del Siglo de Oro*, Barcelona, Crítica, 1983.

Bennassar, Bartolomé y Lucile. *Los cristianos de Alá. La fascinante aventura de los renegados*, Madrid, Nerea, 1989.

Benítez, Rafael. «La historia de los moriscos en la obra de Cervantes. Apología de la expulsión, crítica de la limpieza de sangre», *Il Mediterraneo di Cervantes 1571-1616*, Michele Maria Rabà (Ed.), Consiglio Nazionale delle Ricerche, Istituto di Storia dell'Europa Mediterranea, Cagliari, 2018, pp. 37-55.

Bermúdez de Pedraza, Francisco, *Antigüedad y excelencias de Granada*. Madrid, Luis Sancha, 1608.

Beusterien, John, «El origen de "El coloquio de los perros" según Amezúa: Un ajuste de cuentas con un crítico fascista», *eHumanista/Cervantes 3*, 2014, pp. 117-123.

Bleiberg, Germán, *El "informe secreto" de Mateo Alemán sobre el trabajo forzoso en las minas de Almadén*. London, Támesis Books, 1984.

Bodian, Miriam, «Hebrews of the portuguese nation: conversos and community in early modern Amsterdam», Indiana University Press, Bloomington, Indianapolis, 1997, pp. 23-24.

Bojnicanová, Renáta. *La figura del bandolero en la literatura oral eslovaca y catalana: Paralelos folclórico-literarios*. Tesis doctoral. Alvarado, Salustio; Ribera Llopis, Juan Miguel (dir.). Universidad Complutense de Madrid; Facultad de Filología, Departamento de Filología Románica, Filología Eslava y Lingüística General, Madrid, 2007.

Botello, Jesús. «Los descuidos cervantinos del *Quijote*: entre la ecdótica y la imitatio paródica de los clásicos». *Anales Cervantinos*, T. 51, 2019, pp. 33-49.

Brown, Kenneth; Blanco-Arnejo, María Dolores, «Dos documentos inéditos cervantinos», *Cervantes: Bulletin of the Cervantes Society of America*, n° 9.2, 1989, pp. 5-20.

Brunet, Serge, «Philippe II et la Ligue parisienne (1588)», *Revue historique*, (n° 656), 2010/4, pp. 795-844.

Bubnova, Tatiana, «Cervantes y Delicado», T. 38, n° 2, Número Monográfico Dedicado a Cervantes, *Nueva Revista de Filología Hispánica, NRFH*, 1990, pp. 567-590.

Burrieza Sánchez, Javier, «La santidad femenina y el martirio en el Colegio de Ingleses: Luisa de Carvajal», *Magallanica: revista de historia moderna*, V. 6, n° 12, 2020, pp. 30-63.

Cabello Núñez, José, «Nuevos documentos inéditos sobre Miguel de Cervantes y su presencia en Carmona como comisario real de abastos», *Anales Cervantinos*, n° 44, 1999, pp. 11-30.

———. «Miguel de Cervantes Saavedra, comisario real de abastos en la villa ducal de Osuna (1593)», *Anales Cervantinos*, n° 52, 2020, pp. 21-34.

Canavaggio, Jean, «Aproximación al proceso Ezpeleta», *Cervantes: Bulletin of the Cervantes Society of America*, n° 17.1, 1997, pp. 25-45.

———. «Cervantes en su vivir». *Don Quijote en el reino de la fantasía: realidad y ficción en el universo mental y biográfico de Cervantes*, Reyes Cano, Rogelio (coord.), Fundación Focus-Abengoa, Sevilla, 2004, pp. 131-156.

———. «Cervantes y Valladolid», *Castilla. Estudios de Literatura*, 0, 2009, pp. 69-86.

———. *Pasó ante mí: Cervantes en los documentos notariales Documentos del Archivo Histórico de Protocolos de Madrid*. Catálogo de la exposición, Boletín Oficial de la Comunidad de Madrid, Madrid, 2016.

Caro Baroja, Julio, *Vidas mágicas e Inquisición*, vol. I. Madrid, Istmo, 1995.

Casado Alonso, Hilario, «El comercio del pastel. Datos para una geografía de la industria pañera española en el siglo XVI», *Revista de Historia Económica*, año VIII, nº 3, 1990, p. 523-548.

Castán y Alegre, Miguel Ángel, «Linaje Calvete, infanzones regnícolas de Aragón», Hidalguía, Año LVI, 2009, nº 333, pp. 175-186.

Castillo Bejarano, Rafael, «Su hermano, de quien tanto se temía: hacia una ética del reconocimiento en *Las dos doncellas*», *Anales cervantinos*, V. LIV, 2022, pp. 291-314.

Castro, Américo. El pensamiento de Cervantes». *Revista de Filología Española*, Anejo VI, Madrid, Editorial Hernando, 1925.

Cervantes Saavedra, Miguel de (2005), *Novelas ejemplares*, García López, Jorge (ed.), Madrid, Real Academia Española, 2013.

———. *Comedia de la Soberana Virgen de Guadalupe y sus milagros y grandezas de España*. Sevilla: por Bartolomé Gomez de Pastrana, 1617.

———. *El casamiento engañoso y El coloquio de los perros*. Amezúa y Mayo, Agustín G. (ed.), Madrid, Bailly-Baillière, 1912.

———. *Novelas ejemplares*, Avalle-Arce, Juan Bautista (ed.). Madrid, Castalia, 1982.

———. «Canción nacida de las varias nuevas que han venido de la católica armada que fue sobre Inglaterra», Sevilla Arroyo, Florencio; Rey Hazas, Antonio (eds.), *Obra completa de Cervantes, Poesías sueltas*, Alcalá de Henares, Centro de Estudios Cervantinos, V. III, 1995.

———. *Novelas Ejemplares*, García López, Jorge (ed.); Blasco, Javier (estudio preliminar), Barcelona, Crítica, 2001.

———. *Relación de lo sucedido en la ciudad de Valladolid, desde el punto del felicísimo nacimiento del príncipe don Felipe Dominico Víctor nuestro señor, hasta que se acabaron las demostraciones de alegría que por él se hicieron*. Marín Cepeda, Patricia, Patricia (ed.). *Cervantes: Bulletin of the Cervantes Society of America*, nº 25.2, 2005-2006, pp. 194-270.

———. *La Gran Sultana doña Catalina de Oviedo*. Gómez Canseco, Luis (ed.), Editorial Biblioteca Nueva, Madrid, 2010.

———. *Novelas Ejemplares*, García López, Jorge (ed.). Real Academia Española, Madrid, 2013.

———. *La Galatea,* Montero, Juan (ed.), Madrid, Real Academia Española, Barcelona, Galaxia Gutenberg-Círculo de Lectores, 2014.

———. *Los Trabajos de Persiles y Sigismunda*. Lerner, Isaías y Lozano-Renieblas, Isabel (eds.). Penguin Clásicos, Barcelona, 2016.

———. *La tía fingida*. Sáez, Adrián J. (ed.). Cátedra, Barcelona, 2018.

Chamorro, Alfredo. «Un éxito efímero: La visita de Felipe III a Barcelona en 1599». «Scripta manent». Actas del I Congreso Internacional Jóvenes Investigadores Siglo de Oro (JISO 2011), Mata Induráin, Carlos; Sáez, Adrián J. (eds.), Pamplona, Servicio de Publicaciones de la Universidad de Navarra, 2012, pp. 81-103.

Chasles, Émile, *Michel de Cervantes: sa vie, son temps, son oeuvre politique et littéraire*, París, Bourdier et Cie, 1866.

Childers, William, «Según es cristiana la gente: The Quintanar of Persiles y Sigismunda and the Archival Record», *Cervantes. Bulletin of the Cervantes Society of America*, n° 24.2, 2004-2005, pp. 5-41.

Clavijo Provencio, Ramón y Puerto Castrillón, Carla y Gómez Martín, Amparo. *Jerez y El Quijote: La colección municipal*. Instituto de Cultura de Jerez, 2005.

Close, Anthony J., «La aportación de tres hispanistas franceses al estudio del folklore en *El Quijote*», *Tus obras los rincones de la tierra descubren. VI Congreso Internacional de la Asociación de Cervantistas, CINDAC*, Dotras Bravo, Alexia y Lucía Megías, José Manuel y Magro García, Elisabeth y Montero Reguera, José (eds.); Alcalá de Henares, 13 al 16 de diciembre de 2006, Alcalá de Henares, Centro de Estudios Cervantinos, 2008, pp. 233-246.

Colón Calderón, Isabel, «Poesía y poetas en *La Galatea*», *DICENDA. Cuadernos de Filología Hispánica*, n° 14, 1996, pp. 79-92.

Conde Alcántara, Felipe. *Las Ermitas en la villa de Illescas en los siglos XVI al XVIII*. FUNCAVE: Fundación Ntra. Sra. De la Caridad, Memoria Benéfica de Vega, Illescas, 2020.

Corchado Soriano, Manuel, «Sobre Rodrigo Pacheco, vecino de Argamasilla». *Cuadernos de Estudios Manchegos*, II época, n° 4. Ciudad Real, 1974, pp. 165-174

Corteguera, Luis R., «El motín, ¿una institución de la política popular en la Barcelona del XVI y XVII?», *Pedralbes: Revista d'historia moderna*; n° 13, 2, 1993, pp. 235-242.

Cotarello Valledor, Armando, *Cervantes lector: discurso leído ante el Instituto de España y en representación de la Real Academia Española, en la Fiesta Nacional del Libro del 23 de abril de 1940*, Instituto de España, 1943.

Cotarelo y Mori, Emilio, *Efemérides cervantinas: Osea resumen cronológico de la vida de Miguel de Cervantes Saavedra*. Madrid: Tipografía de la "Revista de Archivos, Bibliotecas y Museos," 1905, p. 224-229.

Cruz, Anne J., «Vindicating the Vulnerata: Cádiz and the Circulation of Religious Imagery as Weapons of War», Cruz, Anne J. (ed.), *Material and Symbolic Circulation between Spain and England, 1554-1604*, Hampshire, Ashgate, 2009, pp. 39-62.

Cuart Moner, Baltasar, «El Argentier Juan de Adurza y la creación de una dinastía de Colegiales Juristas en el siglo XVI». *De nuevo sobre juristas salmanticenses: estudios en homenaje al profesor Salustiano de Dios*. Miguel Motta, Javier Infante; Torijano Pérez, Eugenia (coord.), 2015, pp. 97-120.

Dánvila i Collado, Manuel, «Expulsión de los moriscos españoles», *Conferencia pronunciada en el Ateneo de Madrid*. Madrid, Librería de Fernando Fé, 1889.

Darnis, Pierre, *Lecture et initiation dans le récit bref cervantin*. Thèse de doctorat. Universite Toulouse II, Le Mirail, 2006.

―――. «*La fuerza de la sangre, La ilustre fregona* y *Las dos doncellas*: ¿tres tipos folclóricos?», *Edad de Oro*, T. XXXIII, 2014, pp. 151-162

De Armas y Cárdenas, José, «Cervantes y el *Quijote*», *El hombre, el libro y la época*, La Moderna Poesía, La Habana, 1905.

De Armas, Frederick, «El virreinato de Nápoles en las *Novelas ejemplares* de Cervantes». *Hipogrifo*, v. 2.1, 2014, pp. 87-98.

De Ceballos-Escalera y Gila, Alfonso, «Notas para el estudio de las relaciones de la corona con la ciudad de Ávila: una prosopografía de los corregidores (1385-1835)», *Cuadernos de Ayala, Revista de la Federación Española de Genealogía y Heráldica*, Ed. IGDA, 2017, pp. 1-159.

De Torre, Lucas. «Un cautivo compañero de Cervantes», *Boletín de la Real Academia Española*, T. III, 1916, pp. 350-358.

Deardorf, Max, «Imperial Justice, Colonial Power: Pedro Vique y Manrique, the Galley Captain of Cartagena de Indias, 1578-1607», *Colonial Latin American Historical Review*. V. 17, Spring 2008, pp—117-141.

Díez, José Ignacio, «La dedicatoria de Cervantes "Al duque de Béjar"», *Criticón*, n° 124, 2015, pp. 29-51.

Domènech, Conxita, «Los protegidos de Pedro Manrique: Moriscos y bandoleros en la Cataluña del *Quijote*», *Cervantes: Bulletin of the Cervantes Society of America*, V. 37, n.° 1, 2017, pp. 77-94.

Eisenberg, Daniel, «La biblioteca de Cervantes: Una reconstrucción», *Studia in Honorem prof. Martín de Riquer*, V. II, Barcelona, Quaderns Crema, 1987, pp. 271-328

―――. *La interpretación cervantina del Quijote*. Madrid, Compañía literaria, 1995.

―――. «El convenio de separación de Cervantes y su mujer Catalina», *Anales Cervantinos*, n° 35, 1999, pp. 143-149.

El Saffar, Ruth S. *Novel to Romance: A Study of Cervantes's Novelas ejemplares*. The Johns Hopkins University Press. Baltimore and London, 1974.

Ellsworth Hamann, Byron, «Ruinas nuevas: Iconoclastia y conversión en el s. XVI». *Araucaria. Revista Iberoamericana de Filosofía, Política y Humanidades*, Año 12, N° 23. Primer semestre de 2010, pp. 140-154.

Emerson, Phyllis S.: *Index of Astrana Marín's Vida ejemplar y heroica de Miguel de Cervantes Saavedra, with a Chronology of Cervantes' Life*, Lexington, Kentucky: Erasmus Press, 1978.

Escobar Borrego, Francisco Javier, «Materiam superabat opus: Cervantes, cautivo lector de Rufo (al trasluz de la modalidad épico-novelesca en La Austríada y los Apotegmas)», *Creneida, Anuario de Literaturas Hispánicas*, n° 6, 2018, pp. 146-198

Escudero Buendía, Francisco Javier, «El personaje de Antonio de Villaseñor, llamado «El bárbaro». La presencia del referente histórico del Persiles al Quijote», 2019, HIPOGRIFO, n° 7.1, 2019, pp. 99-109.

—. «Fuentes históricas de *La gitanilla*: El escándalo del secuestro de Teresa de Figueroa, hija del Corregidor de Murcia (1595)». Dentro del *XII Congreso de la Asociación Internacional del Siglo de Oro (AISO)*, Neuchâtel, 2-6 de noviembre 2020a. Conferencia inédita.

—. «Fuentes históricas entre el Quijote y el Persiles: los episodios de Juan Haldudo y Antonio de Villaseñor, vecinos del Quintanar (*Don Quijote* I, IV)», *En la villa y corte. Trigésima áurea. Actas del XI Congreso de la Asociación Internacional Siglo de Oro* (AISO, Madrid, 2017), Martínez Pereira, Ana et alli (eds.); Madrid, UNED, Fundación General UCM, 2020b, pp. 335-346.

—. *Prosopografía de personajes reales cervantinos en la Mancha: Un reflejo de la sociedad rural del Toboso a finales del siglo XVI (1578-1591)*, Tesis doctoral UCLM, Crosas López, Francisco (dir.), Toledo, Facultad de Humanidades, 2020c.

—. *Personas y personajes del Quijote*. Toledo, Almud-Ediciones de Castilla-La Mancha, 2021a.

—. «De escribanos de número a alcaldes mediante la violencia (1577-1597): el «cuento de los asientos» del *Quijote* y su verosimilitud en «La Mancha» del siglo XVI (Don Quijote II, 31)», *Hipogrifo*, V. 9, nº 2, 2021b, pp. 103-125.

—. «La mujer campesina manchega y su reflejo en «El Quijote»: la «verdadera» Dulcinea se encuentra en los archivos (1578-1603)». *Mujeres. Espacios y tiempos": XIV Jornadas de Castilla-La Mancha sobre investigación en archivos* (2019), Cedenilla Paredes, María (dir.), Guadalajara, Asociación de amigos del Archivo Histórico Provincial, 2022a, pp. 827-840.

—. *Las otras vidas de don Quijote*. Barcelona, Penguin, 2022b.

—. «Alonso Manuel de Ludeña, El Quintanar, Esquivias y la "piedra rosetta" documental (1594-1607): ¿una nueva mirada a la génesis del *Quijote*?», Mata Induráin, Carlos; Ariel Núñez Sepúlveda, Ariel; Usunáriz Iribertegui, Miren (eds.), «*Spero lucem*». *Actas del XI Congreso Internacional Jóvenes Investigadores Siglo de Oro (JISO 2021)*, Pamplona, Servicio de Publicaciones de la Universidad de Navarra, 2022c, pp. 185-200.

—. «Cervantes íntimo: conociendo al autor del *Quijote* a través de sus personajes en las Novelas ejemplares (1613)», *Reto demográfico y la imagen de Cervantes, VI Semana Universitaria y Cervantina: I Congreso de Investigación y Reto Demográfico (ISEN_RED22);* López Ruiz, Víctor Raúl; Nevado Peña, Domingo (coord.). Cuenca, Ediciones de la UCLM, 2022d, pp. 143-158.

Esteban Estríngana, Alicia, Perderse en Flandes. «Opciones y desafíos de la Monarquía de Felipe IV en tres años decisivos (1621-1623)», *XV Reunión científica de la Fundación Española de Historia Moderna. Monarquías en conflicto: Linajes y noblezas en la articulación de la Monarquía Hispánica*. Gelabert González, Juan Eloy et allí (coord.) Fundación Española de Historia Moderna, Universidad de Cantabria, 2020, pp. 131-194.

Estévez Molinero, Ángel, «El coloquio en la "mesa de trucos": claves cervantinas del arte de hacer novelas», en Julián Jiménez Heffernan (ed.), *La tropelía. Hacia "El coloquio de los perros",* Madrid, Artemisa Eds., 2008, pp. 171-198.

Favarò, Valentina, «Un hombre al servicio del rey: Francisco de Lemos, conde de Castro (1601-1620)», *Saitabi*, nº 60-61, 2010-2011, pp. 189-202.

Fernández de Navarrete, M., *Vida de Miguel de Cervantes Saavedra*, Madrid, 1819.

Fernández Izquierdo, Francisco, «Almirantes en la mar y señores de tierra adentro. La Administración del Marquesado de Santa Cruz en el tránsito del siglo XVI al XVII», *Monarquías en conflicto: Linajes y noblezas en la articulación de la Monarquía Hispánica*; Fortea Pérez, José Ignacio et allí (coord.), Fundación Española de Historia Moderna. Universidad de Cantabria, 2018, pp. 1091-1107.

Fernández Nieto, Manuel, «Donaires del primer teatro español», en Pedraza Jiménez, Felipe B. y González Cañal, Rafael (eds.), *Los albores del teatro español. Actas de las XVII Jornadas de Teatro Clásico de Almagro*, julio 1994. Ciudad Real, UCLM, 1995, p. 215-234.

Fernández-Daza Álvarez, Carmen, «Lope de Vega y Juan Antonio de Vera», *Anuario de Estudios Filológicos*, vol. 17, 1994, pp. 115-132.

———. *El primer conde de la Roca*. Badajoz, Junta de Extremadura, 1995.

Figueroa y Melgar, Alfonso de, *Estudio histórico sobre algunas familias españolas*. T. V, cap. XI, Madrid, Villena, 1974, pp. 686-696.

Floristán Imízcoz, José Manuel, «Los musulmanes de Cristo. Reconciliados griegos y albaneses en los territorios de la monarquía hispánica», Cutillas Ferrer, José; Recio Morales, Óscar (eds.). *Eastern Europe, Safavid Persia and the Iberian world: Frontiers and Circulations at the Edge of Empires*. Albatros Ediciones, Valencia, 2019, pp. 83-104.

Forcione, Alban K., «Cervantes's "La Gitanilla" as Erasmian Romance"», *Cervantes and the Humanist Vision: A Study of Four Exemplary Novels*, Princeton University Press, 1982, pp. 93-223.

Forteza, Deborah, «Una reina de novela: Isabel de Inglaterra y la ejemplaridad en Cervantes, Ribadeneyra y Yepes», *Hipogrifo*, nº 6.2, 2018, pp. 75-86.

Fredrick, Sharonah, «Elizabeth Tudor and the Marranos: the Untold Story», *Notes from Limmud, 2005*. Nottingham University, UK: https://lethargic-man.livejournal.com/52257.html.

Frenk, Margit, *Entre la voz y el silencio*, México, Fondo de Cultura Económica, 2005

Galván, Fernando, «Los Católicos Secretos en la Española Inglesa», *Anales cervantinos*, T. 46, 2014, pp. 67-82.

Garcés, María Antonia, «"Señora de Nuestra Libertad": Cuerpos y fronteras en la historia del Cautivo (Don Quijote I, 37-41)», *Cervantes y el Quijote: Actas del coloquio internacional,* Oviedo 27-30 de octubre de 2004 organizado por la Cátedra Emilio Alarcos. Martínez Mata, Emilio (coord..), Madrid, Editorial Arco, 2007, pp. 161-172.

Garcés, María Antonia, «Los avatares de un nombre: Saavedra y Cervantes». RLit, LXV, 130, 2003, pp. 351-374.

Garcés, María Antonia, *Cervantes en Argel: historia de un cautivo*, Madrid: Gredos, 2005.

García de Paz, José Luis. *Planeta Mendoza*. AACHE, Guadalajara, 2019.

García Fernández, Ernesto, El linaje Avendaño: Causas y consecuencias de su ascenso social en la Baja Edad Media. *Anuario de Estudios Medievales*, n° 37/2, julio-diciembre 2007, pp. 527-561.

García Gómez, Ángel María, «Una historia sefardí como posible fuente de "La española inglesa" de Cervantes», *Actas del II Coloquio Internacional de la Asociación de Cervantistas, Alcalá de Henares 6-9 de noviembre de 1989*, Barcelona, Anthropos, 1990, pp. 621-628.

García Guzmán, María del Mar, «La conquista de Baza vista desde Jerez de la Frontera», *Estudios sobre patrimonio, cultura y ciencias medievales*, n° 7-8, 2005-2006, pp. 163-186.

García López, Jorge, «Finales de novela en las Ejemplares», *Anales Cervantinos*, T. XXXV, 1999a, pp. 185-192.

———. «*Rinconete y Cortadillo* y la novela picaresca», *Cervantes: Bulletin of the Cervantes Society of America*, n° 19.2, 1999b, pp. 113-124.

García Rey, Verardo, *Nuevos documentos cervantinos, hasta ahora inéditos*, Madrid, Imprenta Municipal, 1929.

Garrido Domínguez, Antonio, «Bromas y veras en los recuerdos personales (a propósito del Memorabile)», *Risa y géneros menores*, Beltrán Almería, Luis et allí (coord..); 2017, pp. 43-57.

Garza Carvajal, Federico, *Perceptions of Manliness in Andalucia and Mexico 1561-1699*. Tesis Doctoral. Amsterdam: Amsterdamse Historische Reeks, Kleine Serie, 2000.

Gascón Pérez, Jesús, *La rebelión aragonesa de 1591*, Tesis doctoral. Colás Latorre, Gregorio (dir.), Universidad de Zaragoza, Historia Moderna y Contemporánea, 2000.

Gelabert, J.E., «La Corte de Carlos V y los banqueros italianos en las cuentas de Juan de Arduza, argentier de su Magestad». *Aspetti della vita económica medievale*, Florencia, 1985, pp. 515-529.

Girón Pascual, Rafael María, «Exogamia e ilegitimidad: Estrategias familiares de los mercaderes genoveses de Granada durante la Edad Moderna (ss. XVI-XVIII)», *Historia y Genealogía*, n° 3, 2013, pp. 83-98.

———. *Las Indias de Génova: Mercaderes genoveses en el Reino de Granada durante la Edad Moderna*. Tesis Doctoral, Departamento de Historia Moderna y de América, Universidad de Granada, 2012.

Gómez Íñiguez, Laura, «Humor cervantino: *El celoso extremeño*». *Actas del II Coloquio Internacional de la Asociación de Cervantistas*, Alcalá de Henares, 1989, Barcelona, Anthropos, 1990, pp. 633-640.

Gómez-Menor, J.C. «En torno a algunos retratos de El Greco». *Boletín de Arte Toledano*, T. I, n° 2, Toledo, 1966, pp. 77-78.

González Aurioles, Norberto, *Cervantes y el monasterio de Santa Paula de Sevilla*, Madrid, Imprenta de la viuda de A. Álvarez, 1912.

———. *Estudio crítico: Recuerdos autobiográficos de Cervantes en "La Española Inglesa"*. Madrid: Imprenta de la Viuda de A. Álvarez, 1900.

González Cuerva, Rubén, «El prodigioso príncipe transilvano: La larga guerra contra los turcos (1593-1606) a través de las "Relaciones de Sucesos"». *Studia Histórica., Historia Moderna*, n° 28, 2006, pp. 277-299.
González de Amezúa y Mayo, Agustín. «Cervantes creador de la novela corta española: Introducción a la edición crítica y comentada de las Novelas Ejemplares». Madrid, CSIC, 1956, Vol. II, pp. 268-269.
González Mujeriego, José Manuel, *Lo que Cervantes calló*. Cultiva Libros, 2014.
González Palencia, Ángel, «Un cuento popular marroquí y *El celoso extremeño* de Cervantes», *Homenaje a Menéndez Pidal*, Madrid, 1924, T, pp. 417-423.
Goodwin, Robert. *España: Centro del mundo (1519-1682)*. Madrid, Espasa, 2016.
Guerra Guerra, Arcadio, «La economía agraria en Badajoz y su término: Notas para su historia (I. La dehesa de Pie de Hierro)», *Revista de Estudios Extremeños*, V. 40, n° 3, 1984, pp. 437-476.
Hare, Cristopher, *A Princess of the Italian Reformation. Giulia Gonzaga (1513-1566). Her Family and Her Friends*. New York, Charles Scribner's sons, 1910.
Hermoso Mellado-Damas, María Matilde, «La confrérie des Chevaliers de la rue de Castro de Séville: Una stratégie de marchands au XVI° siécle», *Circulations maritimes: L'Espagne et son empire: XVI°-XVIII° siécle*. Rennes: Presses universitaires de Rennes, 2011.
Hernández, Bernardo, «La opinión castellana sobre Cataluña en el siglo XVI», *Historia Social*, n° 29, 1997, pp. 3-20.

Herrera García, Francisco Javier, «Conversos, mercaderes y plateros: Los Romí y sus variadas ocupaciones en la Sevilla del siglo XVI», Escuredo Barrado, E. (ed.), *Imparilitas: Homenaje a la profesora Fátima Halcón*, Sevilla, Los Papeles del Sitio, 2021, pp. 23-42.
Iglesias Feijoo, Luis, «Cervantes, el *Quijote* y la ecdótica: a propósito de un libro de Francisco Rico», *Boletín de la Biblioteca de Menéndez Pelayo*, T. LXXXIII, 2007, pp. 89-109.
Illescas, Gonzalo de, *Jornada de Carlos V a Túnez*, Real Academia de la Historia (ed.), Madrid, 1804.
Imperiale, Louis, «Cervantes y la ficcionalización de las religiones» en Ruth Fine y Santiago López Navia, (eds), *Cervantes y las religiones* Madrid/Frankfurt, Iberoamericana-Vervuert, 2008, pp. 625-642.
Iribarren, Mary C. «Gitanos y payos: Dos mundos y dos ideas sobre la libertad en *La Gitanilla*». Thémata. Revista de Filosofía, n° 40, 2008, p. 187-196.
Iventosch, Hermann, «Dulcinea: Nombre pastoril», *NRFH*, V. XVII, 1964, pp. 60-81.
Jolles, André, *Las formas simples*, Editorial Universitaria, Santiago de Chile, 1972.
Joly, Monique Joly, Reseña de Canavaggio, Jean, «Cervantes dramaturge. Un théâtre à naître, Presses Universitaires de France, Paris, 1977; 506 pp.», *NRFH*, v. XXVIII, p. 419.

Jordán Fernández, Jorge Alberto. «O porque no se presentara Miguel de Cervantes al Cabildo... Dudas en torno a un documento cervantino: El acta del cabildo de Estepa de 15 de octubre de 1591». *Anuario de Hespérides. Investigaciones científicas e innovaciones didácticas*, Sevilla, 2017, vol. 23-24, pp. 83-108.

Juderías, Julián, «Los favoritos de Felipe III: Don Pedro Franqueza, Conde de Villalonga, Secretario de Estado», *Revista de Archivos, Bibliotecas y Museos*. Año XIII, marzo-abril 1909, n° 3 y 4, p. 1-48

Kappès-Le Moing, Morgane. «La imagen de los condes de Lemos en Fiestas de Denia (1599) de Lope de Vega», en Strosetzki, Christoph (coord.), *Perspectivas actuales del hispanismo mundial: Literatura Cultura-Lengua*, vol. I: Medieval/Siglo de Oro/Teatro, WWU Münster, Reihe XII, Band 22.1, Münster, 2019, pp. 159-170.

Korpás, Zoltán, «Húngaros en obras de Lope de Vega: las fuentes históricas del drama *El rey sin reino*», *Anuario Lope de Vega*, n° 5,1999, pp.119-138.

Lacarra, María Jesús. «De la mujer engañadora a la malcasada ingeniosa. El cuento de *El pozo* (Decamerón VII, 4)», *Cuadernos de Filología Italiana*, 2001, n° extraordinario, pp. 393-414.

Lane, Michael David, *"Of Whims and Fancies": A Study of English Recusants under Elizabeth, 1570-1595*. Thesis, Lousiana State University, Department of History, B.A., Baylor University, 2009, (December 2015).

Laspéras, Jean-Michel, «El amor y su expresión en las Novelas Ejemplares», *Cervantes creador y Cervantes recreado*, BIADIG: Biblioteca áurea digital, V. 26, Marigno, Emmanuel; Mata Indurain, Carlos, Ramírez Sierra, Hugo Hernán (ed.), 2015, pp. 133-149.

Le Roux, Nicolas, «Guerre civile, entreprises maritimes et identité nobiliaire: Les imaginations de Guy de Lanssac (1544-1622)», *Bibliothèque d'Humanisme et Renaissance* 65, n° 3, 2003, pp. 529-569.

Leblic García, Ventura; Arellano García, Mario. *Los hidalgos en Toledo. Temas toledanos*, I.P.I.E.T., Diputación Provincial, Toledo, 1987, p. 1-72.

Leblon, Bernard, *El gran fichero de los gitanos en España (s. XV-XVIII)*. Asociación de enseñantes con gitanos, 2017.

Lerner, Isaías, «Quijote, segunda parte: Parodia e invención». NRFH, XXXVIII, 1990, p. 817-836.

Leví de Barrios, Miguel, *Triumpho del Govierno Popular en la Casa de Iacob, Amsterdam,* 1683.

López de Ayala y Álvarez de Toledo, Jerónimo. «Toledo en el siglo XVI: Después del vencimiento de las Comunidades». *Discursos leídos ante la Real Academia de la Historia. 23 de junio de 1901.* Madrid, Imprenta de los hijos de M.G. Hernández, 1901.

López de Haro, Alonso, *Nobiliario genealógico de los Reyes y títulos de España*, Madrid, Imprenta real, 1622.

López de Meneses, Amada. «Una prima gitana de Miguel de Cervantes». *Estudis romànics*, n° 14, 1972, pp. 247-250.

López Gómez, Juan Estanislao, «Cisneros: Protector de la liturgia mozárabe y su tradición eucarística». Conferencia en Toledo del 07/04/2017 dentro del *"Ciclo de la Hermandad de Caballeros y Damas Mozárabes de Toledo".* http://www.mozarabesdetoledo.es/Conferencia_2017.1.pdf, pp. 1-16.

López-Salazar Pérez, Jerónimo, «Hidalgos de carne y hueso en la Mancha Cervantina», *Pedralbes*, n° 25, 2005, pp. 51-102.

Lora Serrano, Gloria, «Fiscalidad eclesiástica y conflictividad social en Plasencia y su tierra a fines de la Edad Media». *HID*, n° 31, 2004, pp. 369-394.

———. «Ordenación y control de la vida económica en la Plasencia medieval: El abasto de la carne». *MERIDIES*, T. VIII, 2006, pp. 47-72.

Lozano-Renieblas, Isabel, *Cervantes y el mundo del «Persiles»*, Alcalá de Henares, Centro de Estudios Cervantinos, 1998.

———. «Tradición y experimentación en *"La Española Inglesa"*». *Visiones y revisiones cervantinas. Actas selectas del VII Congreso Internacional de la Asociación de Cervantistas*, Strosetzki, Christoph (ed.), Asociación de Cervantistas, Centro de Estudios Cervantinos, Alcalá de Henares, 2011, pp. 527-534.

———. «Pesquisa sobre el conde de Leste», *Hesperia. Anuario de filología hispánica*, T. XVI.2, 2013, pp. 43-57.

———. «Caso y prueba judicial en "La fuerza de la sangre"», *De mi patria y de mí mismo salgo: actas del x Congreso Internacional de la Asociación de Cervantistas, Madrid, 3-7 de septiembre de 2018*, Migueláñez González, Daniel; Vargas Díaz-Toledo, Aurelio, 2022, pp. 529-542.

Lozano-Renieblas, Isabel y Romo-Feito, Fernando. *Sales Cervantinas: Cervantes y lo jocoserio*, Universidad Veracruzana, Ficticia Editorial, Ciudad de México, 2018.

Lucía Megías, José Manuel, *La madurez de Cervantes: Una vida en la Corte. Retazos de una biografía de los siglos de oro*. Parte II, Madrid, EDAF, 2016.

———. «"Este es el manco sano, el famoso todo, el escritor alegre, y, finalmente, el regocijo de las musas": notas para una biografía cervantina sin el Persiles», Davenport, Randi Lise; Lozano-Renieblas, Isabel (eds.), *Cervantes en el Septentrión*, New York, Instituto de Estudios Auriseculares (IDEA), 2019a, pp. 175-210.

———. «Silencios en la biografía cervantina: dos silencios y un epílogo argamasillesco». González Cañal, Rafael; García González, Almudena (eds.), *Los Trabajos de Cervantes: XIII Coloquio internacional de la Asociación de Cervantistas*. Cuenca, Ediciones de la Universidad de Castilla-La Mancha, 2019b, pp. 49-69.

Luttikhuizen, Frances, «Verdad histórica y verdad poética en *La señora Cornelia*», *Actas del I Coloquio Internacional de la Asociación de Cervantistas*, Alcalá de Henares (Madrid), Anthropos, 1990, pp. 265-269.

———. «Apuntes sobre el nombre de pila de *El celoso extremeño*», *Actas del III Congreso Internacional de la Asociación de Cervantistas,* Barcelona, Anthropos, 1993, pp. 519-525.

———. «¿Fueron censuradas las *Novelas ejemplares?*». *Cervantes: Bulletin of the Cervantes Society of America*, v. 17.1, 1997, pp. 165-174.

———. «Cervantes y "el Transilvano"», *Peregrinamente peregrinos: Actas del V Congreso Internacional de la Asociación de Cervantistas*, Lisboa, Fundaçao Calouste Gubelkian, 1-5 septiembre 2003, Villar Lecumberri, Alicia (coord.), V. 2, 2004, pp. 1543-1558.

———. «Retrato del rostro femenino de la Reforma Protestante», *Aletheia*, v. 57.1, 2020, pp. 1-20.

Madrid y Medina, Ángela. «Gutierre de Quijada, el "antepasado" de don Quijote», *Revista de la CECEL*, n° 15, 2015, pp. 21-45.

Madroñal Durán, Abraham, «Juan Palomeque y otros «sinónomos voluntarios» entre Cervantes y Lope de Vega», *Anales Cervantinos*, n° 48, 2016, pp. 127—143.

———. «Nuevos datos sobre El niño inocente de La Guardia, de Lope de Vega», *RILCE*, n° 31.1, 2017, pp. 283-301.

Maganto Pavón, Emilio, «El Acta Parroquial de la ceremonia de velaciones de Miguel de Cervantes y Catalina de Salazar. Contrayentes y participantes dentro de su contexto histórico (Nuevo estudio retrospectivo y reevaluación de este importante documento cervantino)», *eHumanista*, n° 34, 2016a, pp. 325-358.

———. «Un punto oscuro en la vida de Cervantes: su amante, Ana de Villafranca y la hija de ambos, Isabel de Saavedra (Nuevos documentos cervantinos que desvelan la vida de Isabel durante sus primeros quince años, aclarando algunas dudas y corriendo errores biográficos)», *Boletín de la Biblioteca de Menéndez Pelayo*, T. XCII, 2016b, pp. 243-266

Mariel Arena, Silvana, «Triguillos, el zahorí, frente al tesoro de Preciosa. Avances para el estudio de la construcción de una identidad ejemplar en Cervantes». *Actas del Tercer Congreso Internacional de la Asociación de Cervantistas*, Bernat Vistarini, Antonio Pablo (coord.), Cala Galdana, Menorca, 20-25 de octubre de 1997, Universitat de les Illes Balears, Palma, 1998, pp. 430-444.

Marín Cepeda, Patricia, «Valladolid, theatrum mundo», *Cervantes: Bulletin of the Cervantes Society of America*, n° 25.2, 2005-2006, pp. 161-93.

———. *Cervantes y la corte de Felipe II. Escritores en el entorno de Ascanio Colonna (1560-1608)*. Madrid: Polifemo (Colección "La Europa de la Corte", vol. 14, 2015.

Martín Morán, José Manuel, «La ejemplaridad de las novelas cervantinas a la luz de la teoría de la novella del Cinquecento», *Criticón*, n° 124, 2015, pp. 65-78.

———. «Reivindicación del don nadie. El personaje anónimo en el Persiles», González Cañal, Rafael; García González, Almudena (eds.), *Los trabajos de Cervantes. XIII Coloquio Internacional de la Asociación de Cervantistas, Argamasilla de Alba, 23/25-11-17*, Cuenca, Ediciones de la Universidad de Castilla-La Mancha, 2019, pp. 211-220.

———. «El personaje anónimo en el "Quijote"», Migueláñez González, Daniel; Vargas Díaz-Toledo, Aurelio (coord.). *De mi patria y de mí mismo salgo: Actas del X Congreso Internacional de la Asociación de Cervantistas (Madrid, 3-7 de septiembre de 2018)*, Editorial Universidad de Alcalá, Instituto Universitario "Miguel de Cervantes", Alcalá de Henares, 2022, pp. 239-254.

Martín Romera, María Ángeles, «Contra el oficio y contra natura. Parcialidad, sodomía y self-fashioning en los procesos contra Fernando de Vera y Vargas, corregidor de Murcia (1594-1595)». *Cuadernos de Historia Moderna*, n° 43(1), 2018, pp. 157-181.

Martínez Dávila, Roger Louis. *Creating conversos: The Carvajal-Santa María family in Early Modern Spain*. University of Notre Dame Press, Notre Dame, Indiana, 2018.

Martínez Hernández, Santiago, «En la Corte la ignorancia vive [...] y [...] son poetas todos: Mecenazgo, bibliofilia y comunicación literaria en la cultura aristocrática de corte». *Cuadernos de Historia Moderna*, 2010, vol. 35, pp. 35-67.

Martínez Millán, José (dir.). *La Corte de Carlos V*. Madrid, Sociedad Estatal para la conmemoración de los centenarios de Felipe II y Carlos V, 2000, 5 vols.

Martínez Navarro, María del Rosario, «Reseña de: "Cervantes y la Corte de Felipe II. Escritores en el entorno de Ascanio Colonna (1560-1608)". Patricia Marín Cepeda (Madrid, Ediciones Polifemo, 2015)», *Atalanta, Revista de las Letras Barrocas*, V. 3, n° 2, 2015, pp. 233-240.

Matute i Luquín, Gaspar de, *Colección de los autos generales y particulares de fe, celebrados por el Tribunal de la Inquisición de Córdoba, anotados y dados a luz por*. Córdoba, Imprenta de Santaló, Canalejas y Compañía, 1836.

Mayo Rodríguez, Julio, «Cervantes en Utrera», *Anuario de Hespérides: Investigaciones científicas e innovaciones didácticas,* Asociación de profesores de geografía e historia de Bachillerato y Ciencias Sociales de Andalucía, Sevilla, V. XXI-II-XIV, 2015-2016, pp. 109-138.

Medrano del Pozo, María del Sagrario. *El cervantismo de Narciso Alonso Cortés*. Blasco Pascual, Francisco Javier (tutor). Máster en estudios filológicos, Universidad de Valladolid, 2013, p. 56-58 (inédito).

Melé, Eugenio, «Don Luis de Avila, su "Comentario" y los italianos», *Bulletin Hispanique*, T. 24, n°2, 1922, pp. 97-119.

Menéndez Pidal, Faustino, «Un desafío en el Quijote». *Boletín de la Real Academia de la Historia*, n° 202/3, septiembre-diciembre, 2005, pp. 339-355.

Millé y Giménez, Juan, *Sobre la génesis del Quijote: Cervantes, Lope, Góngora, el "Romancero general," el "Entremés de los romances," etc.* Barcelona, Araluce, 1930.

Mingorance Ruiz, José Antonio, *Los extranjeros en Jerez de la Frontera a fines de la Edad Media*. Tesis Doctoral. Pérez González, Silvia María; Miura Andrades, José María (dir.). Departamento de Geografía, Historia y Filosofía, Facultad de Humanidades Universidad Pablo de Olavide, Sevilla, 2013.

Miñana, Rogelio. *La verosimilitud en el Siglo de Oro: Cervantes y la novela corta*, Juan de la Cuesta, Newark, 2002.

Mira Caballos, Esteban. «Cuando el hambre apretaba: El sueño áureo de los almendralejenses en América»; *Conferencia XIII Jornadas "Viaje de Ida y Vuelta: Siglos XVI, XVII y XVIII"*. Almendralejo, 2022, (en prensa).

Molho, Maurice. «Aproximación al "Celoso extremeño"». *Nueva Revista de Filología Hispánica*. NRFH, T. 38, n° 2, 1990, pp. 743-792.

Moner, Michel. «Du conte merveilleux à la pseudo-autobiographie: Le récit du Captif (Don Quichotte, I, 39-41)», *Écrire sur soi en Espagne: Modèles et écarts: Actes du XII Colloque International d'Aix-en-Provence* (4-6 Décembre 1986). Aix-en-Provence: Université de Provence, 1988, pp. 57-71.

Montaner, Alberto. «Zahara/Zoraida y la Cava Rumia: Historia, leyenda e invención», *De Cervantes y el Islam*. Martínez de Castilla, Nuria; Benumeya Grimau, Rodolfo G. (eds.). Madrid: Sociedad Estatal de Conmemoraciones Culturales, 2006, p. 278.

Montcher, Fabien, «"La española inglesa" de Cervantes en su contexto historiográfico», *Visiones y revisiones cervantinas: actas selectas del VII Congreso Internacional de la Asociación de Cervantistas*, Strosetzki, Cristoph (ed.), 2011, pp. 617-628.

Montero Reguera José, «Cervantes y la verosimilitud: *La ilustre fregona*». *Revista de filología románica*, n° 10, 1993, pp. 337-360.

———. «La española inglesa y la cuestión de la verosimilitud en la novelística cervantina», *Actas del IV Congreso Internacional de la Asociación Internacional del Siglo de Oro (AISO)*, García de Enterría, María Cruz; Cordón Mesa, Alicia (eds.), V. 2, 1998, pp. 1071-1078.

———. «Historia, política y literatura en *La Galatea* de Miguel de Cervantes», *Romeral: Estudios filológicos en homenaje a José Antonio Fernández Romero*, Báez, I., Pérez, María R. (eds.), Universidade de Vigo, Servicio de Publicacións, 2002, pp. 329-342.

———. «Edward C. Riley o el honor del cervantismo», *Bulletin of Spanish Studies*, V. LXXXI, n° 4-5, 2004, pp. 415-424

———. «El andalucismo de Cervantes: Historia de un equívoco, *Hesperia. Anuario de filología hispánica*, n° XIII-1, 2010, pp. 97-118.

———. «La Gitanilla: Una rei-vindicación de la poesía». Ínsula: Revista de letras y ciencias humanas, agosto 2013, n. 799-800, [número dedicado al centenario de las *Novelas Ejemplares* (1613-2013)], pp. 34-36.

Montero, Juan, «Poetas andaluces en torno a 1621. Retazos de un panorama», *Atalanta*, 2020, n° 8/2, pp. 68-82.

Morales Segura, Cristina, *Galeotes de mercurio. El caso de Mateo Alemán: la interacción entre el derecho y la literatura en el informe de la mina de mercurio de Almadén y El Guzmán de Alfarache,* Madrid, Dykinson, 2020.

Morata Pérez, Jesús María, «En torno al granadino Andrés del Pozo y algunos textos inéditos de la poética silva», *Canente: Revista literaria*, n° 1, 2001, pp. 13-84.

Moreno Nieto, Luis; Geysse, Augusto, *Toledo y los toledanos en las obras de Cervantes*. Toledo, Diputación Provincial, 1982.

Munguía García, Víctor Eduardo, *Biografía de Miguel de Cervantes Saavedra: Estado de la cuestión*. Tesis doctoral, Madrid, Universidad Complutense, 1995.

Muñoz de San Pedro, Miguel, «Documentación familiar de Diego García de Paredes», *Revista de Estudios Extremeños*, V. XII, I-V. Enero-diciembre, 1956, pp. 3-58.

Muñoz Machado, Santiago, *Cervantes*. Barcelona, Editorial Planeta, 2022.

Muñoz Sánchez, Juan Ramón, «Los episodios de los Trabajos de Persiles y Sigismunda», *Hesperia, Anuario de Filología Hispánica*, VI, 2003, p. 159.

Murillo, Luis Andrés, «Narrative structures in the Novelas Ejemplares: an outline», *Cervantes: Bulletin of the Cervantes Society of America*, vol. 8, nº 2, 1988, pp. 231-250.

Navarro Gavilán, Blanca, «La sociedad media e inferior en Córdoba durante el siglo XV: Familia y vida cotidiana. Tesis doctoral. Cabrera Sánchez, Margarita (dir.). Universidad de Córdoba, Facultad de Filosofía y Letras, Córdoba, 2014.

Nebot Calpe, Natividad, «Valencia y Aragón en el "Quijote" y en el "Persiles"», *Actas XXXIV Congreso Internacional de la Asociación Europea de Profesores de Español: Zaragoza, 26 al 31 de julio de 1999*, Zaragoza, 2000, pp. 35-46.

Nevoux, Pierre, «Las *Novelas ejemplares* de Cervantes en el campo de batalla de las interpretaciones: reflexiones metodológicas aplicadas», *Criticón*, nº 103-104, Ejemplar dedicado a La Literatura española en tiempos del os novatores (1675-1726), 2008, pp. 309-329.

Nicholls, Mark, «Tresham, Francis (1567—1605)», *Oxford Dictionary of National biography*, vol. 1 (online ed.), Oxford University Press, 2004,

Oliver Asín, Jaime, «La hija de Agi Morato en la obra de Cervantes». *Boletín de la Real Academia Española*, T. XXVII, 1947-48, pp. 245-339.

Önalp, Ertugrul. «Algunas realidades otomanas en dos obras de Cervantes: *El amante liberal* y *La gran sultana*: Doña Catalina de Oviedo». *Volver a Cervantes: actas del IV Congreso Internacional de la Asociación de Cervantistas*, Lepanto, 1-8 de octubre de 2000. Bernat Vistarini, Antonio Pablo (coord.), V. I, 2001, pp. 379-386.

Ostoni, Marco, «Da como a Milano atraverso la Spagna: La carriera di Muzio Parravicino (1579-1615)". *Congreso Internacional "Felipe II (1598-1998), Europa dividida, la monarquía católica de Felipe II (Universidad Autónoma de Madrid, 20-23 abril 1998)*. Tomo, 2. Madrid: Parteluz, 1998, pp. 585-608.

Pabón, Christine A. «El simbolismo animal en La Gitanilla: El entierro de la mula con sus alhajas». *Actas del VIII Coloquio Internacional de la Asociación de Cervantistas*: El Toboso, 23-26 de abril de 1998. Fernández de Cano y Martín, José Ramón (coord.); Excmo. Ayto del Toboso, 1999, pp. 393-401.

Pantoja Rivero, Juan Carlos. «Toledo: Marco geográfico de la *Ilustre fregona*», *Anales Toledanos*, nº 42, 2006, pp. 175-192.

Parada y Barreto, Diego Ignacio. *Hombres ilustres de la ciudad de Jerez de la Frontera*. Jerez, Imprenta del Guadalete, 1875.

Parodi, Alicia, «El episodio del cautivo, poética del «Quijote»», *Verosímiles transgredidos y diálogo para la construcción de una alegoría. Actas del II Coloquio Internacional de la Asociación de Cervantistas*, Alcalá de Henares, 6-9 de noviembre de 1989, Barcelona, Anthropos,1990, pp. 433-442.

Peiró Mateos, María del Carmen, *El comercio y los comerciantes en la Murcia de finales de la Edad Media a través de la documentación*. Tesis doctoral. Molina Molina,

Ángel Luis (dir.) Universidad de Murcia, Departamento de Historia Medieval, Murcia, 1999 (inédita).

Pelorson, Jean-Marc, «El desafío del Persiles». Seguido de un estudio onomástico por Reyre, Dominique; *Anejos de Criticón*, n.º 16. Presses Universitaires Du Mirail, 2003.

Pérez de Tudela y Velasco, María Isabel. «El tratamiento de la mujer en las Cantigas de Santa María». *La condición de la mujer en la Edad Media: Actas del Coloquio celebrado en la Casa de Velázquez, del 5 al 7 de noviembre de 1984*, 1986, pp. 51-74.

Pérez Latre, Miquel, *Diputació i monarquía. El poder polític a Catalunya, 1563-1599*. Tesis doctoral. Serra i Puig, Eva (dir.). Instituto Universitario de Historia Jaume Vicens i Vives, Universitat Pompeu Fabra, 2001.

Pérez Pastor, Cristobal, *Documentos cervantinos hasta ahora inéditos*. Tomos I y II, Madrid, Fontanet, 1897, 1902.

Pérez Pla, María; Sola Castaño, Emilio, *Cervantes y Berbería*. Fondo de Cultura Económica de España, Madrid, 1996.

Pérez Priego, Miguel Ángel, «Sobre la genésis literaria de "La elección de los Alcaldes de Daganzo"», *Anuario de Estudios Filológicos*, vol. 5, 1982, pp. 137-144.

Pérez-Rincón, Héctor. «De retratos, bellas y monjas». *Istor: revista de historia internacional*, año 12, nº 45, 2011, Ejemplar dedicado a "*El Islam en América Latina*", pp. 133-143.

Periáñez Gómez, Rocío. *La esclavitud en Extremadura (siglos XVI-XVIII)*. Tesis doctoral, Sánchez Rubio, Rocío y Testón Núñez, Isabel (dir.). Universidad de Extremadura, Cáceres, 2008.

Pini, Donatella, «Contrapunto hispano italiano en "La señora Cornelia"», *Crítica del testo*, T. XX, 3, 2017, pp. 121-138.

Pons y Umbert, Alfonso, *El ideal de justicia de don Quijote de la Mancha*, Madrid, Aranzadi, 1922.

Porras Arboledas, Pedro Andrés, «La vida cotidiana en el Motril de la Época Moderna a través de los Autos de Buen Gobierno», *Cuadernos de Historia del Derecho*, nº 12, 2005, pp. 151-177.

———. *Los molinos de viento de la Mancha santiaguista. El molino como síntoma y como símbolo*. Excma. Diputación Provincial de Ciudad Real, Excmo. Ayuntamiento de Campo de Criptana, 2016.

Prat Ferrer, Juan José, «El mito de Edipo en la tradición culta occidental y sus interpretaciones», *Revista de folklore*, nº 303, 2006, pp. 75-87.

Prieto Cantero, Amalia. *El buen cristiano Mahudes y los perros Cipión y Berganza*. Discurso de entrada la Real Academia de Bellas Artes de la Purísima Concepción de Valladolid, Valladolid, 1977, pp. 1-54.

Quinteros Cortés, Javier, «Los genoveses, el adelantado Pedro Fajardo y Enrique IV Comercio, fraudes y ambiciones territoriales en el reino de Murcia (1454-1474)», *Anuario de Estudios Medievales, (AEM)*, nº 41/1, enero-junio de 2011, pp. 99-123.

Ramírez de Arellano, Rafael, *Juan Rufo, jurado de Córdoba. Estudio biográfico y crítico,* Madrid, Hijos de Reus, 1912.

Redondo, Agustín, «Nuevas consideraciones sobre el episodio de Andrés en el Quijote (I, 4 y I, 31)». NRFH (*Nueva Revista de Filología Hispánica*), 1990, pp. 857-873.

Redondo, Alicia y Sáinz de la Maza, Carlos, «"La ilustre fregona": cuatro cuartos y una cola», Lenguaje, ideología y organización textual en las Novelas Ejemplares, Actas del Coloquio celebrado en la Facultad de Filología de la Universidad Complutense, 1982, Universidad Complutense, Université de Toulouse-Le Mirail, *Criticón,* nº 27, 1984, pp. 109-119.

Rey Hazas, Antonio, «Las comedias de cautivos de Cervantes», *Los imperios orientales en el teatro del Siglo de Oro. Actas de las XVI Jornadas de Teatro Clásico,* Ciudad Real, Universidad de Castilla-La Mancha, 1994, pp. 29-56.

———. «Cervantes, la corte y la política de Felipe II». *Felipe II (1527-1598): Europa y la monarquía católica: Congreso Internacional "Felipe II (1598-1998), Europa dividida, la monarquía católica de Felipe II.* Universidad Autónoma de Madrid, 20-23 abril, 1998, Martínez Millán, José (dir.). V. 4, 1998, pp. 437-462.

———. «Cervantes se reescribe: teatro y *Novelas Ejemplares*». *Criticón,* nº 76,1999, pp. 119-164.

———. *Poética de la libertad y otras claves cervantinas.* Madrid, Ediciones Eneida, 2005.

———. «Andalucía en las *Novelas ejemplares* de Cervantes: una reflexión sobre el espacio novelesco cervantino», *Anales Cervantinos,* T. V, XLI, 2009, pp. 189-215.

Rey Hazas, Antonio; Campa, Mariano. *El nacimiento del Quijote. Edición y estudio del Entremés de los romances.* Guanajuato, México, Museo Iconográfico del Quijote, 2006.

Reyes, Luis, «El rapto de la mujer más bella del mundo». *Tiempo,* nº 1679, 2014, pp. 68-69.

Reyre, Dominique, *Dictionnaire des noms des personnages du Don Quichotte de Cervantès, suivie d'une analyse structurale et linguistique.* París: Éditions hispaniques, 1980.

———. «Los nombres de los personajes de la novela de Miguel de Cervantes *Don Quijote de la Mancha*», *Príncipe de Viana,* nº 236, septiembre-diciembre de 2005, pp. 727-741.

Ricapito, Joseph V, *Cervantes's Novelas Ejemplares: Between History and Creativity,* Purdue University Press, West Lafayette, Indiana, 1999.

Riley, Edward C., *Teoría de la novela en Cervantes,* Madrid, Taurus, 1966.

———. , «Cervantes: una cuestión de género», *El Quijote,* Haley, G. (ed.), Madrid, Taurus, 1984, pp. 37-51.

Riquer, Martín de, «Los episodios barceloneses de las "dos doncellas"», *Cervantes en Barcelona,* Cuadernos del Acantilado, nº 15. Barcelona, Acantilado, 2005, pp. 95-98.

Rivero Rodríguez, Manuel, «El conde duque de Olivares, mecenas de la Historia y creador de opinión». *Docta y Sabia Atenea. Studia in honorem Lía Schwartz.* López Poza, Sagrario; Nieves Pena Sueiro, Nieves; de la Campa, Mariano de la Campa, et allí (ed.). Servizo de Publicacións, Universidade da Coruña, 2019, pp. 701-722.

Robles, Eugenio de, *Compendio de la vida y hazañas del Cardenal don fray Francisco Ximenez de Cisneros y del Oficio y Missa muzarabe*, Toledo, Pedro Rodriguez, 1604.

Rodríguez Marín, Francisco, *Novelas ejemplares*, Madrid, Colección Clásicos Castellanos, Espasa-Calpe, 1914-17.

Rodríguez, Alfred; Irwin, Ángela. «El *Capitán cautivo* de Cervantes. ¿Barroca hibridación de historia y folklore?», *Anales Cervantinos*, v. 32, 1994, pp. 259-263

Rodríguez, Alfred y Velázquez, María Dolores. «El fondo tradicional del "Cuento del cautivo"». *RILCE (Revista del Instituto de la Lengua y Cultura Españolas)*, n° III, 2, 1987, pp. 253-259.

Rodríguez-San Pedro Bezares, Luis E., «Atmósfera universitaria en Cervantes», Historia de la Universidad, n° 29, Ediciones Universidad de Salamanca, 2006, pp. 320-328

Rohland de Langbehn, Régula, «La teoría de las *"formas simples"* de André Jolles (1874—1946): una reconsideración», *Hispanic Research Journal*, n° 3:3, 2002, pp. 243-260.

Roig, Adrien, «Originalidad del episodio catalán del *Quijote*», en Giusseppe Grilli (ed.), *Actas del II Congreso Internacional de la Asociación de Cervantistas*, Nápoles, Napoli, IUO, 1994, pp. 535-546.

Romo Feito, Fernando, «Giraldi Cinthio, de Lollis y Riley: Un episodio del cervantismo», *El Quijote y el pensamiento teórico-literario; Actas del Congreso Internacional celebrado en Madrid los días del 20 al 24 de junio de 2005,* Garrido Gallardo, Miguel Ángel; Alburquerque García, Luis (eds.), Madrid, Consejo Superior de Investigaciones Científicas (CSIC), 2008, pp. 591-600.

Rubiera Mata, María Jesús. «Dos cuentos árabes medievales en la literatura hispánica: *"El viejo celoso"* y el *"Aterrizaje sin cola"*». *Sharq Al-Andalus: Estudios mudéjares y moriscos*, n° 8, 1991, pp. 55-59.

Rubio Muñoz, Francisco Javier, «Los manuscritos sobre los linajes de Trujillo del siglo XVI. Algunas consideraciones acerca de los Tapia-Paredes». *Revista de Estudios Extremeños*, 2017, T. LXXIII, n° I, pp. 443-468.

Rubio, Fanny (Ed.), *El Quijote en clave de mujeres*, Madrid: Instituto de Investigaciones Feministas, Universidad Complutense de Madrid, 2005.

Ruffinatto, Aldo, «Doce novelas ejemplares nunca impressas (El juego de la 'experimentación' en la narrativa cervantina)». *Artifara*, v. 13 bis, *Monográfico: Las Novelas ejemplares en su IV centenario*, 2013, pp. 167-194.

Ruiz Castellanos, Alfonso, *Hidalgos y conversos en la Mancha cervantina (siglos XV-XVI)*, Toledo, Diputación Provincial de Toledo, 2014.

Ruiz Pilares, Enrique José, «La formación de oligarquía jerezana y la patrimonialización de los oficios concejiles (siglos XIII al XV)». *Revista de Historia de Jerez*, nº 16/17, 2010-2012, pp. 67-78.

Ruiz Pilares, Enrique José; Mingorance Ruiz, José Antonio, «La movilidad social de las naciones extranjeras en las ciudades andaluzas bajomedievales: los Adorno y la sociedad política de Jerez de la Frontera (1470-1520)», *Hispania*, nº 79/263, Madrid, 2019, pp. 669-698.

Ruiz Rodríguez, Ignacio; Hernández Delgado, Alexander, *Elena o Eleno de Céspedes. Un hombre atrapado en el cuerpo de una mujer, en la España de Felipe II*. Madrid, Dykinson, 2017.

Sáez, Adrián J. «Estrategias de la verosimilitud en *El coloquio de los perros*», *Anuario de Estudios Cervantinos*, V. VI, 2010, pp. 215-228.

———. «El 'divino don de la habla': *El coloquio de los perros* desde la tradición clásica y bíblica (contribución al estudio de sus fuentes)», *VII Congreso Internacional de la Asociación de Cervantistas*, Münster, 30 de septiembre-4 de octubre de 2009, Strosetzki, Christoph (coord..), Asociación de Cervantistas, Centro de Estudios Cervantinos, Alcalá de Henares, 2011, pp. 797-806.

———. «Vida del capitán Ruy Pérez de Viedma: La autobiografía soldadesca en *Don Quijote* (1.39). *Cervantes*, V. 36.1, 2016, pp. 85-104.

———. *Información de Argel*. Madrid, Cátedra, 2019.

Salas Almela, Luis, «Nobleza y fiscalidad en la Ruta de las Indias: el emporio señorial de Sanlúcar de Barrameda (1576-1641)», *Anuario de Estudios Americanos*, nº 64, 2, julio-diciembre, 13-60, Sevilla, 2007, pp. 13-60.

Salazar Rincón, Javier, «Hidalgos contra oficiales. Trasfondo ideológico y social de la polémica entre Cervantes y Lope», *Anales Cervantinos*, V. XLII, 2010, pp. 209-250.

Salazar y Acha, Jaime de, *Estudio histórico sobre una familia extremeña, los Sánchez Arjona*, Real Academia de Extremadura, 1996.

Salomon, H.P., «Myth or Anti-myth? The oldest account concerning the origin of portuguese judaism at Amsterdam», *The contribution of the jews to the culture in the Netherlands*. APA-Holland University Press. Amsterdam & Maarssen, Bots, Hans, Roegiers, Jan (eds.). *Lias,* nº 16, 1989, nº 2, pp. 275-316.

Sâmbrian-Toma, Oana Andreia. «La imagen de Transilvania en "El prodigioso príncipe Transilvano" y "El rey sin reino" de Lope». *Actas selectas del XIV Congreso de la Asociación Internacional de Teatro Español y Novohispano de los siglos de oro.* Olmedo, 20 al 23 de julio de 2009, Vega García-Luengos, Germán; Urzáiz Tortajada, Héctor (eds.), Olmedo Clásico, 2010, pp. 947-955.

Sánchez Duque, Isabel; Escudero Buendía, Francisco Javier. *Manjavacas: La venta del caballero*. Guadalajara, AACHÉ, 2014.

Sánchez Jiménez, Antonio, «Cervantes y el césar Carlos de Habsburgo: Don Quijote I, 32 y el Carlo Famoso (1566), de Luis Zapata de Chaves», Álvarez Barrientos, Joaquín; Cornago Bernal, Óscar; Madroñal Durán, Abrahám; Menéndez-Onrubia, Carmen (coord.): *En buena compañía: Estudios en honor de Luciano García Lorenzo*, Madrid: CSIC, 2009, pp. 639-648.

———. «"Fanfarronería española en "La contienda de García de Paredes y el capitán Juan de Urbina"», *Lope de Vega ante la Leyenda Negra". XXXIII Jornadas de teatro clásico*. Almagro, 2010, Pedraza, Felipe B.; González Cañal, Rafael; Elena E. Marcello, Elena E. (coord..); 2012. pp. 83-98.

———. «El Sansón de Extremadura según Tamayo de Vargas», *Vidas en armas. Biografías militares en la España del Siglo de Oro*, Castellano López, Abigaíl; Sáez, Adrián J. (eds.) *Anejo n.º 4 de Etiópicas. Revista de letras renacentistas*, 2019, pp. 183-202.

Sánchez Jiménez, Antonio; Sánchez Jiménez, Mario. «La Suma de las cosas que acontecieron a Diego García de Paredes y de lo que hizo: apuntes sobre su autoría», *Revista de Estudios Extremeños*, V. 60, nº 1, 2004, pp. 231-242.

Sánchez Ramos, Valeriano, «Los Fernández de Córdoba, señores de Fines y Somontín (Almería)». *Los Fernández de Córdoba: nobleza, hegemonía y fama: Segundo congreso. Homenaje a Miguel Ángel Ladero Quesada*. Peláez del Rosal, Manuel et allí (coord..); Ayuntamiento de Alcalá la Real, 2021, pp. 759-774.

Sánchez Romeralo, Jaime, «Una hidalga familia mozárabe de Esquivias en los siglos XVI y XVII», *Genealogías Mozárabes: ponencias y comunicaciones presentadas al I Congreso Internacional de Estudios Mozárabes*, T. 1, Toledo, 1975, Instituto de Estudios Visigótico-Mozárabes de San Eugenio, 1981, pp. 3-43.

Sánchez Sánchez, Jesús, «Miguel de Cervantes en la geografía de la Mancha», *Hipogrifo*, nº 6.2, 2018, pp. 269-281.

———. «Los Ludeña, regidores madrileños y familia hidalga principal de la Mancha: una relación clientelar de Miguel de Cervantes», Sáez, Adrián J. (ed.), *Admiración del mundo. Actas selectas del XIV Coloquio Internacional de la Asociación de Cervantistas*, Venezia, Edizioni Ca' Foscari, 2021, pp. 367-381.

Sánchez Saus, Rafael, «Los Saavedra y la frontera con el Reino de Granada en el siglo XV». *Estudios sobre Málaga y el Reino de Granada en el V Centenario de la Conquista*, Málaga, 1987, pp. 163-182.

Sánchez-Pérez, María, «Cautivas y renegadas: un caso sucedido a finales del siglo XVI y su posible influencia en la redacción de la "Historia del cautivo" inserta en el Quijote de Cervantes». *Anales Cervantinos*, 54, 2022, pp. 231—247.

Sancho de Sopranis, Hipólito; De la Lastra y Terry, Juan. *Historia de Jerez de la Frontera: Desde su incorporación a los dominios cristianos*. Tomo II: "El siglo de oro" (s. XVI), Jerez de la Frontera, Editorial Jerez Industrial, 1965, p. 335-336.

Santos de la Morena, Blanca; Piqueras Flores, Manuel, «Cervantes y la corte: La española inglesa y la lógica del servicio-merced», *Anales Cervantinos*, V. III, 2021, pp. 221-237

Sardone, Sergio, «Redes y negocios de los hermanos Ruy Díaz de Segura y Pedro Gutiérrez entre Sevilla y las Indias (siglo XVI)», *Entre espacios: la historia latinoamericana en el contexto global Actas del XVII Congreso Internacional de la Asociación de Historiadores Latinoamericanistas Europeos (AHILA)* Freie

Universität Berlín, 9-13 de septiembre de 2014, Rinke, Stefan (ed.); Berlín Freie Universität. Colegio Internacional de Graduados "Entre Espacios", 2016, pp. 3263-3286.

Schevill, Rodolfo; Bonilla y San Martín, Adolfo, «Introducción a las "Novelas exemplares"», *Obras completas de Miguel de Cervantes Saavedra. Novelas exemplares,* T. III, Gráficas Reunidas, Madrid, 1922, pp. 371-406.

Schlaefli Fust, Stefan, «Un paseo por la Nicosia de Cervantes: El amante liberal». *V Jornadas de Formación para Profesores de Español en Chipre 13—15 de junio de 2013,* Molina Muñoz, Pedro Jesús (Ed.), Universidad de Chipre Nicosia, 2013, Edición digital: http://www.ucy.ac.cy/, pp. 10-23.

Sherman, Kátia; Reeves, Kacey, «1595, Día de la Ascensión del Señor: nota sobre el simbolismo religioso en "La gitanilla" de Cervantes"». *Hispanic Journal,* vol. 41, n° 2, 2020, pp. 189-199.

Sliwa, Krysztof, «Hija y nieta de Miguel de Cervantes Saavedra, Isabel de Cervantes y Saavedra e Isabel Sanz», *Actas del VIII Coloquio Internacional de la Asociación de Cervantistas: El Toboso, 23-26 de abril de 1998,* Fernández de Cano y Martín, José Ramón (coord.), 1999, pp. 267-274.

———. *Vida de Miguel de Cervantes Saavedra: En conmemoración del IV centenario de El ingenioso hidalgo don Quijote de la Mancha*. Barcelona, Reichenberger, 2006.

———. «Miguel de Cervantes Saavedra quiso emigrar dos veces a América Latina». *eHumanista 25,* 2013, pp. 271-272.

———. «30 nuevos documentos inéditos y 3 nuevas firmas autógrafas de Miguel de Cervantes Saavedra (...)». *eHumanista,* n° 47, 2021, pp. 176-186.

Sliwa, Krzysztof; Eisenberg, Daniel, «El licenciado Juan de Cervantes, abuelo de Miguel de Cervantes Saavedra». *Cervantes: Bulletin of the Cervantes Society of America,* n° 17.2, 1997, pp.106-14.

Sola, Emilo; de la Peña, José Francisco; *Cervantes y la Berbería. Mundo turco-berberisco y servicios secretos en la época de Felipe II*. Madrid, Fonde de Cultura Económica, 1996.

Sola, Emilio, «Reseña de: Alonso Acero, Beatriz, *Sultanes de Berbería en tierras de la cristiandad. Exilio musulmán, conversión y asimilación en la Monarquía hispánica (siglos XVI y XVII),* Barcelona (Bellaterra), 2006», *Aljamía,* V. 19, 2007, p. 334-338.

Soria Mesa, Enrique. «Juan Rufo, judeoconverso. El origen judío del autor de La Austríada». *Creneida,* n° 6, 2018, pp. 8-45.

Spínola y Torres, Juan, *Descripción de las fiestas de cañas y toros celebradas en Jerez de la Frontera en el año 1630, con motivo del nacimiento del Príncipe don Baltasar Carlos,* Madrid, Sucesores de Rivadeneyra, 1916.

Starkie, Walter, «Cervantes y los Gitanos», *Anales Cervantinos,* T. IV, 1954, pp. 139-186.

Tamayo de Vargas, Tomás, *Diego García de Paredes y relación breve de su tiempo,* Madrid, Luis Sánchez, 1621.

Taylor, Archer, «The Emperor's New Clothes», *Modern Philology*, 25, 1927, pp. 17-27.

Teijeiro Fuentes, Miguel Ángel, *Cervantes: Camina e inventa, un recorrido literario por la España cervantina*. Colección iluminaciones, Renacimiento, Universidad de Extremadura, 2014.

Teijeiro Fuentes, Miguel, «La trágica comedia de "La señora Cornelia" de Cervantes», *Castilla: Estudios de literatura*, nº 18, 1993, pp. 153-166.

Torremocha Silva, Antonio. «Jerez y el abastecimiento de Jimena y Castellar (1431-1451)», *Almoraima, Revista de Estudios Campogibraltareños*, nº 45, octubre 2016, pp.

Touil, Khalida, «Historia y ficción en *El gallardo español* de Miguel de Cervantes». *CIEG, Revista arbitrada del Centro de Investigación y estudios gerenciales*, Barquisimeto, Venezuela, nº 52, noviembre—diciembre 2021, pp. 79-89.

Trambaioli, Marcella, «El amigo hasta la muerte de Lope de Vega y *El gallardo español* de Miguel de Cervantes: Entre intertextualidad y proyección autobiográfica», *Arte Nuevo*, nº 1, 2014, pp. 106-129.

Varela Merino, Elena, «Los galicismos en el español de los siglos XVI y XVII», *Anejos de la Revista de Filología Española*, Instituto de la Lengua, Literatura y Antropología, Vol. 1. Madrid, 2009, pp. 2208.

Vargas Díaz-Toledo, Aurelio, «En torno a Manuel de Sousa Coutinho, compañero de cautiverio de Cervantes: reconstrucción de su vida». *Cervantes y los mares. En los 400 años del «Persiles». In memoriam José María Casasayas*, Berlin, Bern, Bruxelles, New York, Oxford, Warszawa, Peter Lang, 2019, pp. 85-119.

Vian Herrero, Ana, «"El embajador" de Juan Antonio Vera y Figueroa (1620) y su difusión editorial española», *Hipogrifo*, nº 8.2, 2020, pp. 817-829.

Vicente García, Luis Miguel, «La Cañizares en *El coloquio de los perros*: ¿bruja o hechicera?», *Mester*, nº 18, California, Universidad de California, 1989, pp. 1-8.

Vidal, Silvina Paula, «Cervantes y el humanismo: Del elogio a la parodia», *CHE*, LXXXII, 2008, pp. 165-190.

Vila, Juan Diego, «La madre sin nombre: Violación, clausura e ideología en *La ilustre fregona*». *Para leer a Cervantes: Estudios de literatura española Siglo de Oro*, vol. I. Romanos, Melchora (ed.) Eudeba, Instituto de Filología y Literaturas Hispánicas "Dr. Amado Alonso", Universidad de Buenos Aires, 1999, pp. 171-188.

Vilches y Marín, Ernesto de, *Cervantes: Apuntes históricos de este apellido*. Madrid, Artes gráficas Mateu, 1905.

Villalmanzo, Jesús. «Nuevos documentos sobre Miguel de Cervantes Saavedra hallados en el Archivo del Reino de Valencia (1580-1581)». *Anales Cervantinos*, 49, 2017, pp. 355-389.

Villanueva Prieto, Darío, «"El Quijote": dialogismo y verosimilitud», *Revista chilena de literatura*, nº 67, 2005, pp. 11-30.

Viñas Mey, Carmelo; Paz, Ramón, *Relaciones histórico-geográfico-estadísticas de los pueblos de España hechas por iniciativa de Felipe II: Reino de Toledo*. Madrid, CSIC, 1951.

VV.AA. *El Quijote en Extremadura: Estudios e investigaciones*. Badajoz, Alborayque, 2015.

Wernham, R. B., «Queen Elizabeth I, the Emperor Rudolph II, and Archduke Ernest, 1593-1594», Kouri, E.I., Scott, T. (eds) *Politics and Society in Reformation Europe*. Palgrave Macmillan, London, 1987, pp. 437-451.

Zapatero Ballesteros, Emilio, «Sobre el personaje representado por "El Greco" en su "Retrato de un médico"», *Boletín del Seminario de Estudios del arte y arqueología*, T. 17, 1950-1951, pp. 75-84.

Zimic, Stanislav, *Las novelas ejemplares de Cervantes*. Madrid, Siglo XXI de España, 1996.

Zugasti, Miguel, «En torno al criterio de verosimilitud en las comedias de secretario de Tirso de Molina», Ibáñez, Isabel (ed.), *Similitud y verosimilitud en el teatro del Siglo de Oro*, Pamplona, Eunsa, 2005, pp. 215-232.

Fuentes documentales

AHN (Archivo Histórico Nacional), OOMM (Sección de Órdenes Militares dentro del AHN), AGS (Archivo General de Simancas), RGS (Registro General del Sello, sección Simancas), ACHGR (Archivo de la Real Chancillería de Granada), ACHVA (Archivo de la Real Chancillería de Granada), AHT (Archivo Histórico de Toledo, sección AHN), ADC (Archivo Diocesano de Cuenca), RAH (Real Academia de la Historia), AHPTO (Archivo Histórico Provincial de Toledo), AGI (Archivo General de Indias, Sevilla).

Portal PARES, MCU de España. Consultados los índices de los archivos estatales. El resto en los inventarios de cada uno de los archivos.

1. Archivo General de Indias, Sevilla.

[Andrés Hernández el Romo, hijo de Antón Ruiz el Romo y de Juana Hernández Anrique, vecinos de Córdoba, al Río de la Plata. 1535-07-31] AGI. Contratación,5536, L.3, F.347(6).

[Autos del inventario de bienes de Juan Herver de Cervantes, vecino de México y corregidor de Tepeapulco. 1622-07-20] AGI. México,259, N.117.

[Beatriz de Torreblanca] Expediente de información y licencia de pasajero a indias de Beatriz de Torreblanca, natural de Córdoba, hija de Gonzalo de Triguillos y Victoria Diaz, casada con Luis Sánchez Jurado, con sus hijos: Luisa y María, a Perú, Sevilla, 1594/01/18. AGI. Contratación, Leg. 5246, n° 2, R. 8.

[Expediente de información y licencia de pasajero a indias de Antón Ruiz Triguillos, natural de Córdoba y vecino de Sevilla, Agustina, Isabel, Francisco, María, Josefa y Antonio, y con su suegra Ana de los Ángeles, todos naturales y vecinos de Sevilla, a Nueva España. No pasaron, Sevilla, 1596/06/29]. AGI. Contratación, Leg. 5252, n° 1, R. 7

[Expediente de información y licencia de pasajero a indias de Bartolomé Calvete, vecino de Sevilla, mercader, hijo de Juan Benito Creus y Leonor Calvete, a Santo Domingo. 1611-06-14] AGI. Contratación, Leg. 5321, nº 2, R. 46.

[Expediente de información y licencia de pasajero a indias de Juan de Avendaño, tesorero de Arequipa, con su criado Pedro de Gojenola, natural de Arratia, la mujer de éste Magdalena de Guerra y su hijo Pedro de Gojenola, a Perú. 1582-02-26]. AGI. Contratación, Leg. 5229, nº 3, R. 44.

[Expediente de información y licencia de pasajero a indias de María Torreblanca, criada de Francisco Díaz Durán, natural de Sevilla, hija de Luis Sánchez Jurado y Beatriz Torreblanca, a Perú, Sevilla, 1603/06/13]. AGI. Contratación Leg. 5276A, n 42.

[Expediente de información y licencia de pasajero a indias de Bartolomé Calvete, criado de Alonso Tarancón, natural y vecino de Sevilla, hijo de Juan Benito Creus y Leonor Calvete, a Nueva España. 1597-06-09] AGI. Contratación, Leg. 5254, nº 1, R. 29

[Hernando el Romo, hijo de Juan Romo y de Catalina Sánchez, vecinos de Sevilla 1515-05-22]. AGI. Contratación, 5536, Leg.1, F.405(1).

[Libro de asientos de pasajeros a Indias. Juan de Ocampo, natural de Cáceres, hijo de Diego de Cáceres y de Marina Álvarez, Alonsico su paje, hijo de Diego Alonso y de Juana Hernández, vecinos de Cáceres y Juan de Carrizales; 1512/10/08]. AGI. Contratación, 5536, Leg.1, F.185(4).

[Licencia de criados para Antonio Álvarez del Romo, tesorero. 1554-12-19, Valladolid] AGI. Lima,567, L.7, F.485R.

[Real Cédula a los oficiales de la Casa de la Contratación dando licencia a Alonso de Pasillas, clérigo presbítero, para pasar a Michoacán. 1567-05-28, El Escorial] AGI. Indiferente,1967, L. 16, f.202 v.

[Real Cédula al gobernador o juez de residencia de la Isla de San Juan, para que hagan justicia en lo que pide a Francisco del Guijo, vecino de Trujillo, sobre que devuelvan a un hijo natural de su cuñado Juan de Carrizales, que murió en dicha isla, y a quien éste dejó por heredero, los indios que estaban en su hacienda y entre ellos su madre, y que el albacea de dicho menor vendió, juntamente con la hacienda a Pedro de Aranda, quien no quiere devolverlos. 1528/06/05. Monzón]. AGI, Indiferente,421, L.13, f.150v.-151r.

[Real cédula dando licencia Nuflo de Colindres, vecino de Sevilla, para enviar a Indias, 6 garañones libres del almojarifazgo. 1549-11-09, Cigales] AGI. Indiferente,424, L. 22, f.29 V/2.

[Real Provisión nombrando escribano y notario público de las Indias a Luis Rincón de Carrizales, vecino y natural de México. 1603-06-09, Lerma]. AGI. Patronato, 293, N.25, R.19.

2. Archivo General de Simancas, Valladolid.

[Carta a Pedro de Vique, vecino de Jerez de la Frontera, para que diga a qué precio vendió los esclavos canarios que Pedro de Vera, gobernador de la Gran Canaria, había traído de la isla de La Gomera, y los que también había vendido por Doña Beatriz de Bobadilla, ordenándole lleve ante los del Consejo las escrituras y autos que sobre ellos hubieren pasado-Consejo. 1490-08, Córdoba]. AGS. RGS, Leg. 149008,50.

[Diversas cartas del Alcalde de Sevilla, Juan Sarmiento Valladares]. AGS. PTR, Leg. 81, DOC.282.

[Francisco Adorno de Hinojosa, su hermano Pedro y otros del linaje de los Adorno, de Jerez de la Frontera, contra Pablo Núñez de Villavicencio, del linaje de los Villavicencio, casado con una hermana de Francisco, por las heridas causadas a su cuñado en una reyerta. Jerez de la Frontera, 1563/1564]. AGS. Consejo Real de Castilla, leg. 239,22.

[Merced a Gómez Manrique, corregidor de Toledo, en remuneración de los buenos servicios y gastos hechos para la conservación de los alcázares de la ciudad, de 150.000 maravedís sobre los bienes confiscados a Juan Rótulo, mercader genovés, ahorcado en la ciudad por desacato a la autoridad real. 1478-07-30] Sevilla. AGS. RGS, LEG,147807,56

[Perdón concedido a Pedro de Herrera, vecino de Jerez de la Frontera, de la muerte de Pedro de Vique y de Juan de Ajo. 1477-10-30, Jerez de la Frontera]. AGS. RGS, LEG,147710,217

[Proceso del fiscal de S.M., Pedro Martínez, contra Fernando de Vera, corregidor que fue de la ciudad de Murcia; Luis de Roda y Vicente de Miranda, por homosexualidad y escándalo público]. AGS. CRC, Leg. 389, 1

[Restitución de bienes, caballo y salario a Pedro de Contreras, escudero; 1501-03-22, Granada]. AGS. CCA, CED, 5, 80, 2.

[Testigo María Blanca, esclava libre que fue de doña Jerónima, viuda de Pedro de Hinojosa Gedeón. Jerez de la Frontera, 1562]. AGS. Consejo Real de Castilla, leg. 239,22.

[Testimonio de Francisco Riquelme de Villavicencio, vecino de Jerez de la Frontera]. AGS. Consejo Real de Castilla, leg. 239,22.

[Visita hecha al Hospital Real de Sevilla por el licenciado Juan Sarmiento Valladares, asistente de Sevilla y del Consejo Real]. AGS. CRC,517,1.

3. Archivo Histórico Nacional, Madrid.

[Alonso de Cárdenas contra Juan de Gamboa, contador, sobre los frutos de la vacante de la alcaldía de Bienvenida, Madrid, 1598] AHN. OOMM. AHT. Leg. 15484.

[Alonso Suarez contra Juan de Cervantes sobre cierta provisión para el desembargo de unos bienes. Ocaña, 1525] AHN. OOMM. AHT. Leg. 24965.

[Andrés de Carrión, hidalgo de Miguel Esteban, contra Pedro de Encinas, de Quintanar de la Orden y ex alguacil de Cartagena, por espaldarazos en el juego de pelota. 1578] AHN. OOMM. AHT. Leg. 12003, pp. 97-99.

[Andrés de Carrión, hidalgo de Miguel Esteban, contra Pedro de Encinas, de Quintanar de la Orden y ex alguacil de Cartagena, por espaldarazos en el juego de pelota. 1578] AHN. OOMM. AHT. Leg. 12003; pp. 81.

[Declaración de Diego López de Lara, Contador de la Mesa Maestral, presentado por Pedro de Encinas; en Quintanar de la Orden a 23 días de junio de 1578]. Segunda pregunta añadida. AHN. OOMM. AHT. Leg. 12003, p. 77.

[El dicho Juan López Haldudo, vecino de la Mota, testigo jurado. Mota del Cuervo, 1520]. Dentro de: [La villa de La Mota del Cuervo contra la villa de los Hinojosos, por el monte Zagarrón y otros términos. 1520] AHN, OOMM, Leg. 18.971. Testigo XXVIII, s/f.

[El fiscal contra Fernando de Acuña, de Miguel Esteban, por portar armas. 1581]. AHN. OOMM. AHT. Leg. 5311.

[El fiscal contra Francisco Maldonado gitano, para enviarle a galeras. Úbeda (Jaén). 1640] AHN. Consejos, Leg. 27694, exp.11.

[El juez eclesiástico contra Hernando García Carrizales y María Alonso sobre las misa y aniversario que fundó Fernando García Pantoja. Mérida, 1603] AHN. OOMM. AHT. Leg. 22568.

[Expediente de pruebas para la concesión del título de caballero de la orden de San Juan de Jerusalén a Bernardo Agustín Agustín Albanel y Urries, natural de Zaragoza. 1574] AHN. OOMM. Caballeros San Juan de Jerusalén, Exp. 24305.

[Fernando de la Cerda, Comendador de las Casas de Córdoba, contra Nicolás de Miranda y Catalina Carducho, su mujer, sobre un censo. Madrid, 1628]. AHN. OOMM. AHT. Exp. 508.

[Fiscal contra Bernardino de Mendoza, Capitán General de las Galeras de España sobre libelos y sobre los excesos cometidos en la playa de Valencia contra el estandarte y galeras de la orden de Santiago. Mérida, 1554] AHN. OOMM. AHT. Leg. 17118.

[Francisco de Muñatones (hijo), vecino de Murcia, contra Alonso Hernández de Quintanar de la Orden sobre propiedad y administración de bienes]. Murcia, Quintanar de la Orden (Toledo), 1614. AHN. OOMM. AHT. Leg. 2479.

[Información genealógica de Gabriel Francisco Quijada Salazar, natural de Esquivias. Madrid, 1629/07/12] AHN. Inquisición,1460, Exp. 1

[Inventario realizado por el alguacil de Quintanar Francisco Sánchez y el escribano Alonso Pérez, por encargo de Andrés Pérez, teniente de alcalde, el día 2 de septiembre de 1591]. AHN. OOMM. AHT. Leg. 2479; fol. 45 r.-v.

[Juan Antonio de Vera, conde la Roca, con don Fernando de Vera y Acevedo, su hermano y otros consortes, sobre la tenuta de cierto mayorazgo llamado de los Acevedos. Badajoz]. AHN, Consejos, 24869, Exp.6. ff. 17-r y 18—v.

[Juan Rodríguez, guarda de la saca de la moneda de Sevilla, contra Tan Gilibrer, bretón, sobre sacar moneda acuñada de estos reinos. 1570]. AHN. CONSEJOS,25407, Exp.7.

[La villa de Almagro con Gaspar Rótulo y sus hijos sobre cobrarles tributos. Valladolid, 1542] AHN. OOMM. AHT. Leg. 36713.

[La villa de Borox con Pedro Díaz del Rincón sobre haberle nombrado por depositario del pósito siendo Alcalde de la Hermandad. Madrid, 1606/06/26] AHN. OOMM. AHT. Leg. 36449, p. 5.

[Leonor García y María García, su hija contra Elvira de Rengela, mujer de Pedro Hernández y Simón López sobre esclavos y ejecución de sentencia. Almendralejo, Mérida, 1570] AHN. OOMM. AHT. Leg. 16950.

[Martín López Haldudo, mesonero de El Toboso, contra Cristóbal de Benavente, sobre agravios que le hizo siendo juez de comisión. 1530]. AHN. OOMM. AHT. Leg. 11450.

[Pedro Hernández de Lodeña contra Juan de Cepeda, por la muerte de Alonso de Lodeña. Quintanar de la Orden, 1544-1584] AHN. OOMM. AHT. Leg. 14443.

[Pleito entre la ciudad de Badajoz (Badajoz) contra la villa de Talavera la Real (Badajoz) junto con el Consejo de la Mesta sobre la pretensión de prorrogar el arbitrio de la dehesa de Piedehierro y destinarlo a la asistencia de la casa y hospital de niños expósitos en dicha ciudad. 1723, Badajoz (Badajoz)] AHN. Consejos, Leg. 35169, Exp.1

[Proceso entre frey Pedro Barba, comendador del Pozuelo e Ana Gutiérrez Barba, su hermana, con Gaspar Rótulo, como heredero de frey Antonio de Torres, comendador de Torrubia. Almagro, 1541/01/27] AHN. OOMM. AHT. Leg. 38690.

[Pruebas para la concesión del Título de Caballero de la Orden de Santiago de Alonso de Luna y Cárcamo, natural de Amberes. 1611] AHN. OOMM, Caballeros de Santiago, Exp. 4684.

[Pruebas para la concesión del Título de Caballero de la Orden de Santiago de Alonso Quijada Salazar y de Pereña, natural de Esquivias (Toledo). Esquivias, 1627,01/05] AHN. OOMM. Caballeros de Santiago, Exp.6770.

[Pruebas para la concesión del Título de Caballero de la Orden de Calatrava de Alonso de Cárcamo y López de Haro Figueroa y de Guzmán, natural de Córdoba. 1592] AHN. OOMM, Caballeros Calatrava, Exp. 452.

[Pruebas para la concesión del Título de Caballero de la Orden de Santiago de Gaspar del Salto y Castilla y de Guevara Carriazo, natural de Illescas. 1653]. AHN. OOMM. Caballeros de Santiago, exp.7497.

[Testigo Juana Mexía, mujer de Diego Rodríguez, vecina de Almendralejo]. [Marina Esteban, mujer de Luis de Carrizales contra Miguel Sánchez e Isabel Guerra, su mujer, sobre injurias. Almendralejo (Badajoz). 1574]. AHN. OOMM. AHT. Leg. 3967.

4. Archivo Histórico Provincial de Toledo

AHPTO. Protocolos notariales de Esquivias (Toledo). Libro 18405 P-6920. 1607.

AHPTO. Protocolos notariales. Escribano Jerónimo de Caviedas. Esquivias. Libro 18402/01. P-6915, 1594.

AHPTO. Protocolos notariales. Escribano Juan Hidalgo. Esquivias. Libro 18416. P-6937. 1599-1, fols. 306r-308v.

AHPTO. Protocolos notariales. Escribano Pedro Palomo Vaillo. Esquivias (Toledo). Libro 18402/02. P-06916, 1596.

AHPTO. Protocolos notariales. Esquivias. Libro 18416/02. Escribano Juan Hildalgo. P-6937/02, 1604.

AHPTO. Protocolos notariales. Esquivias. Escribano Pedro Palomo Vaillo. Libro 18408. P-6923, 1612-1613.

5. Archivo de la Real Chancillería de Granada.

[Avendaño Vizcaíno, Fortuno. Real provisión ejecutoria de hidalguía. Sevilla. 1534/08/14]. ACHGR. Sign. 04502-011.

[Carta de receptoría de Luis de Carrizales, Almendralejo (Badajoz). Mayo, 1530] ACHGR. Sign. 5092-4.

[Cifuentes, Francisco de. Real provisión ejecutoria de hidalguía. 1587-07-23]. ACHGR. Caja 4568-004, fol. 10 r.-10 v.

[Expediente de concesión de licencia para pasar a Cartagena a favor de Lorenzo Martín, vecino de Almendralejo, hijo de Juan Galindo, para vivir con su tío Lorenzo Martín. 1578]. AGI. Indiferente,2090, N.27, p. 4-5.

[Expediente de confirmación del oficio de escribano a Luis Rincón de Carrizales. 1603/04/23]. AGI. México,176, n. 47.

[Expediente de hidalguía de Álvaro de Cervantes y Loaysa. Antequera (Málaga), Talavera de la Reina (Toledo), 1560] ACHGR. Leg. 4860, 004.

[Expediente de hidalguía de Valentín Cepeda. Argamasilla de Alba, 1582] ACHGR. Sign. 4564, exp. 41

[Ortiz, Miguel. Probanza. Puebla de Almuradiel (To). 1532]. ACHGR. Sign. 4817-006.

[Villaseñor, Diego de. Real Provisión Ejecutoria de Hidalguía. Almendros (Cu) y Miguel Esteban (To). 1573-12-15]. ACHGR. Sign. 4550-041.

6. Archivo de la Real Chancillería de Valladolid.

[Ejecutoria del pleito litigado por Diego de Carriazo, vecino de Valladolid, con el fiscal del rey y el concejo y pecheros de Zaratán (Valladolid) sobre su hidalguía.1559-12-20]. ARCHVA. Registro de ejecutorias, caja 963,38.

[Ejecutoria del pleito litigado por Francisco de Cifuentes, vecino de Sevilla, con María Sanz de Rozas, viuda, como curadora de Hernando Gil de Valle, vecinos de Valle, en el valle de Ruesga (Cantabria), sobre un juro que había sido de Juan de Valle. 1597-4-12]. ARCHVA. Registro de ejecutorias, C. 1837, doc. 49.

[Ejecutoria del pleito litigado por Inés de Cepeda, viuda, curadora de Simón, Diego, Jerónimo y Gaspar Carriazo, sus hijos y Juan de Guevara, hermano de los dichos menores, vecinos de Esquivias (Toledo), con el fiscal del rey y el concejo y pecheros de dicha villa, sobre su hidalguía. 1574-5-25]. ACHVA. Registro de ejecutorias, C. 1291, exp. 21.

[Ejecutoria del pleito litigado por Lope de Salazar y Diego García de Salazar, hermanos, vecinos de Esquivias (Toledo), con el fiscal del rey y el concejo y pecheros de dicho lugar, sobre su hidalguía. 1571-07-31]. ACHVA. Registro de ejecutorias, C. 1210, exp. 22.

[Ejecutoria del pleito litigado por María Sanz de Rozas y Catalina Hernández de Arredondo con Francisco de Cifuentes, vecino de Sevilla, sobre ejecución de bienes por 195.000 maravedíes que les debían de los réditos de un juro sobre las salinas de Rosío (Burgos). 1589-6-25] ARCHVA. Registro de ejecutorias, C. 1643, doc. 38

[Ejecutoria del pleito litigado por Pedro de Argüello, receptor en el Santo Oficio de la Inquisición, vecino de la villa de Borox (Toledo) y morador en la ciudad de Toledo, con Álvaro Alderete, fiscal, y los concejos de Toledo y Borox (Toledo), sobre la guarda y posesión de hidalguía y la devolución de prendas por empadronamiento. Toledo, 1557/12/24]. ARCHVA. Registro de Ejecutorias, C. 902, doc. 38.

[Ejecutoria del pleito litigado por Juan de Avendaño, vecino de Carrión de los Condes (Palencia), con los fiscales del rey y el concejo y pecheros de dicha villa, sobre su hidalguía. 1579]. ARCHVA. Registro de ejecutorias, C. 1404, doc. 11

[Expediente de hidalguía de Antonio de Salazar, 1571] ARCHVA. Sala de Hijosdalgo, Leg. 87, exp. 3.

[Pleito de Francisco de Cifuentes, vecino de Sevilla. 1580] ACHVA. Sala de hijosdalgo, C. 1732, n° 7, p. 3.

[Pleito de Hernán Gil del Valle, menor, y su curador en su nombre, de Valle (Cantabria), con Francisco de Cifuentes, de Sevilla, sobre el juro que Juan del Valle, contador de Panamá, que disfrutaba en Salinas del Rosío (Burgos), y que ahora están en poder del demandado. 1586/1597]. ACHVA. Pleitos civiles, Fernando Alonso (F), C. 281, doc. 2.

[Pleito de Juan de Avendaño, vecino de Carrión de los Condes (Palencia), con el fiscal del rey y el concejo y pecheros de dicha villa, sobre su hidalguía. 1563]. ACHVA. Sala de hijosdalgo, C. 1996, doc. 1.

[Pleito del fiscal del rey con Gonzalo Alonso, clérigo beneficiado de la iglesia de Santa María de Villadiego (Burgos), Juan de Avendaño y sus hijos, vecinos de Carrión de los Condes (Palencia), y Juan Alonso y Jerónimo Alonso, vecinos de Villadiego (Burgos), sobre heridas, injurias y malos tratos al doctor Becilla de Salazar, vecino de Villadiego (Burgos), testigo presentado por el fiscal en el pleito de hidalguía de Juan de Avendaño. Valladolid, 1572]. ACHVA. Sala de Hijosdalgo, Caja 1996, doc. 2, pp. 8-9.

[Pleito del fiscal del rey y el concejo de Carrión de los Condes (Palencia) con Juan de Avendaño y su hijo Juan Alonso de Avendaño, vecinos de Carrión de los Condes (Palencia) y Jerónimo Alonso de Avendaño, su primo, vecino de Villadiego (Burgos), sobre falsificación de pruebas documentales y soborno de testigos en el pleito de hidalguía de Juan de Avendaño. 1575] ACHVA. Sala de hijosdalgo, C. 1996, doc. 3.

[Pleito litigado por Lope de Salazar y Diego García de Salazar, hermanos, vecinos de Esquivias (Toledo), con el fiscal del rey y el concejo y pecheros de dicho lugar, sobre su hidalguía. Valladolid, 1566/09/07] ACHVA. Sala de Hijosdalgo, L. 87, nº 3, f. 11. Salazar; 1566: 87-3, 364.

[Sobre pedir Constantín Gentil, genovés, residente en Madrid, que Pirro Boqui, boloñés, le pague 1.200 escudos de oro que le debe en virtud de letra de cambio. 1568— 1569]. ACHVA. Pleitos Civiles, Fernando Alonso (F), C. 215, exp. 6.

7. Otros archivos.

[Bautizo de Diego, hijo de Alonso Hernández y María Alonso, 1558, 03, 09. Almendralejo] Archivo Parroquial de la Iglesia de Santa María de la Purificación (Almendralejo, Badajoz). Registros parroquiales. Libro de bautismos 1548-1567 / 1569-1645. Fol. 8 v.-9 r.

[Certificación de Manuel López Pereira, contador de cuentas la Contaduría Mayor de la Real Hacienda del pago hecho por Bernardino de Velasco y Tovar, Condestable de Castilla, de las alcabalas de la villa de Arnedo y lugares de su tierra y jurisdicción. 1641-05-24] Archivo de la Nobleza, Frías, C.1382, doc. 9.

[Hernández, Agustín, barbero. El Toboso. 1599]. Profanar una cruz. Penitenciado; fol. 1 r. En la portada pone 3 de marzo de 1599; el hecho ocurrió tres o cuatro años antes. ADC. Leg. 349. 4978.

[Informaciones de testigos a petición de Gaspar de Gaete Cervantes sobre el abono de 200.000 maravedís que presenta como fiador Juan Pizarro. Madrid, 20 de febrero de 1608]. AHPM, Protocolo de Francisco Testa, T. 2630, folios 350r-351r.

[Pleito en la Chancillería de Granada entre Alonso Manuel de Ludeña y su hermano Fernando de Ludeña contra Luis Ortiz por cuchilladas en la plaza de Quintanar de la Orden, 1591-1592]. ADC, Inquisición Leg. 766, exp. 1315.

[Primer libro de matrimonios de la iglesia parroquial de San Antonio Abad de El Toboso (Toledo)]. APTO. Matrimonios, Libro I. Años 1566-1592.

[Tabla genealógica de la familia Isunza de Vitoria] RAH, Colección Salazar y Castro, Sign. 9/307, f. 140 v.

"Capitulado de la ciudad de Vitoria, concedido por Fernando el Católico, en Burgos a 22 de octubre 1476, a petición del concejo, alcalde y regidores de dicha ciudad. 1628". [Traslado manuscrito] BN. MSS/9530, f. 5 r.

www.ingramcontent.com/pod-product-compliance
Lightning Source LLC
Chambersburg PA
CBHW021940290426
44108CB00012B/906